权威·前沿·原创

皮书系列为
"十二五""十三五"国家重点图书出版规划项目

中国社会科学院创新工程学术出版资助项目

休闲绿皮书
GREEN BOOK OF CHINA'S LEISURE

2016~2017年
中国休闲发展报告

ANNUAL REPORT ON CHINA'S LEISURE DEVELOPMENT
(2016-2017)

顾　问／杜志雄　夏杰长　刘德谦
主　编／宋　瑞
副主编／金　准　李为人　吴金梅
中国社会科学院旅游研究中心

社会科学文献出版社
SOCIAL SCIENCES ACADEMIC PRESS (CHINA)

图书在版编目(CIP)数据

2016-2017年中国休闲发展报告/宋瑞主编.--北京:社会科学文献出版社,2017.7
（休闲绿皮书）
ISBN 978-7-5201-1069-3

Ⅰ.①2… Ⅱ.①宋… Ⅲ.①闲暇社会学-研究报告-中国-2016-2017 Ⅳ.①D669.3

中国版本图书馆CIP数据核字（2017）第165141号

休闲绿皮书
2016~2017年中国休闲发展报告

| 主　　编 / 宋　瑞 |
| 副 主 编 / 金　准　李为人　吴金梅 |

| 出 版 人 / 谢寿光 |
| 项目统筹 / 郑庆寰 |
| 责任编辑 / 王　展　郑庆寰 |

| 出　　版 / 社会科学文献出版社·皮书出版分社（010）59367127 |
| 地址：北京市北三环中路甲29号院华龙大厦　邮编：100029 |
| 网址：www.ssap.com.cn |
| 发　　行 / 市场营销中心（010）59367081　59367018 |
| 印　　装 / 北京季蜂印刷有限公司 |

| 规　　格 / 开　本：787mm×1092mm　1/16 |
| 印　张：18.25　字　数：264千字 |
| 版　　次 / 2017年7月第1版　2017年7月第1次印刷 |
| 书　　号 / ISBN 978-7-5201-1069-3 |
| 定　　价 / 79.00元 |

皮书序列号 / PSN G-2010-158-1/1

本书如有印装质量问题，请与读者服务中心（010-59367028）联系

▲ 版权所有 翻印必究

休闲绿皮书编委会

顾　问　杜志雄　夏杰长　刘德谦

主　编　宋　瑞

副主编　金　准　李为人　吴金梅

编　委　（以姓氏音序排列）

陈　田　杜志雄　高舜礼　Geoffrey Godbey

金　准　李为人　刘德谦　马惠娣　宋　瑞

王诚庆　王琪延　魏小安　吴必虎　吴金梅

夏杰长　张广瑞　赵　鑫

本书编撰人员名单

主报告

  撰稿人：课题组

  执笔人：金 准　宋 瑞　刘耀芳

专题报告撰稿人　（以专题报告出现先后为序）

  宋　瑞　凌　平　刘慧梅　沈晓云　程遂营　荣培君
  楼嘉军　徐爱萍　李　婷　吴金梅　沈　涵　贺怡萌
  蒋　艳　过　竹　赵　鑫　李洪波　姜　山　吴银鸿
  林章林　符全胜　李　虹　王婉飞　毛润泽　王琪延
  韦佳佳　李　真　卢慧娟　李　享　Geoffrey Godbey
  Geoffrey Wall　Noel Scott　苏明明　赵丽丽

休闲绿皮书编辑部办公室

  刘军林　曾　莉

主要编撰者简介

宋 瑞 产业经济学博士，中国社会科学院旅游研究中心主任，中国社会科学院财经战略研究院研究员，长期从事休闲基础理论与公共政策、旅游可持续发展等方面的研究。

金 准 管理学博士，中国社会科学院旅游研究中心秘书长，中国社会科学院财经战略研究院副研究员，长期从事旅游与休闲相关研究工作，主要关注旅游政策、城市旅游等问题。

李为人 管理学博士，中国社会科学院旅游研究中心教育培训部部长，中国社会科学院研究生院税务硕士教育中心副主任，长期关注国际旅游发展趋势、公共管理等方面的研究。

吴金梅 管理学博士，中国社会科学院旅游研究中心副主任，中国社会科学院研究生院 MBA 特邀导师，长期从事旅游产业发展、旅游投资、旅游房地产等领域的研究与实践。

摘 要

《2016~2017年中国休闲发展报告》(《休闲绿皮书》No.5)由中国社会科学院旅游研究中心组织相关专家编写完成。本书是社会科学文献出版社"皮书系列"的重要组成部分,全书由总报告和十余篇专题报告组成。

总报告指出,当前我国经济步入新常态,L形走势明显,投资、进口和消费"三驾马车"中消费增长对总体经济的支撑更加重要,服务消费特别是旅游、文化、体育、健康、养老五大幸福产业的消费对经济增长的驱动作用越发突出。在此背景下,休闲发展环境不断完善。具体而言,在国家战略基础方面,国家发展的国民幸福导向正在形成;在宏观经济基础方面,经济结构推动休闲需求持续深化;在区域实践基础方面,各地休闲发展各具特色、各有突破;在公共服务基础方面,休闲公共服务体系形成制度化保障;在产业发展基础方面,各路资本热潮涌动,正在形成新的投资格局。总体而言,以旅游、文化、体育等为依托的休闲核心产业在经历"十二五"时期的成长之后,在消费者需求高涨、国家对幸福产业整体推进、休闲产业供给侧改革、休闲相关政策密集颁布实施等因素的推动下,"十三五"期间将释放新的发展动能。当前及未来一段时期,我国休闲要素更加国际化;休闲进入产业红利期,独角兽休闲企业崛起;科技成为休闲产业发展新引擎,"互联网+休闲"成为产业升级主流;业态发展日益复合化,逐步形成幸福混业态。未来,为了适应小康决胜期发展需求,要立足国家发展战略,同步推进休闲领域的顶层设计和地方实践,移除休闲发展的体制障碍;推进休闲产业的持续发展,推动休闲产业的快速迭代转型;要摒弃工业化发展思维,防范休闲领域的系统性风险。

十余篇专题报告分属政策篇、空间篇、产业篇、需求篇、海外借鉴篇等

五个部分，分别涉及我国休闲公共政策、休闲体育产业政策、休闲教育政策、城市休闲空间、文化休闲、运动休闲用品、房车露营、旅游休闲产业融合、乡村休闲等领域的发展以及杭州等地的典型经验。《北京市居民生活时间分配20年的变迁》和《餐饮消费休闲化背景下的就餐环境需求》两份调查则为了解休闲需求的变化提供了一手材料，来自美国、加拿大、澳大利亚等国家的知名学者围绕国外休闲发展经验的分析也颇有启发性。

序

丁酉近半，盛夏将至，草长莺飞，万物繁盛。今年的《休闲绿皮书》终于出版了。

作为国内最早关注休闲研究的国家级学术机构，中国社会科学院早在2003年就将原财政与贸易经济研究所旅游研究室更名为旅游与休闲研究室，相关人员在旅游经济与管理研究之外，开始了休闲领域的研究和探索。此后的十余年中，我国国内外环境和社会经济发展有了巨大变化，休闲在个体生活、家庭关系、社会活动和经济构成中扮演着越来越重要的角色。如何从活动、政策、市场、产业、研究等角度勾画并预测这些趋势，如何在纷繁复杂、飞速变化的休闲发展实践中梳理出清晰的研究脉络，如何为推动中国的休闲发展和社会进步尽绵薄之力，是我们始终努力的方向。

2010年我们出版了国内第一本休闲发展报告——《2009～2010年中国休闲发展报告》，此后的发展可谓一波三折。在经历了各种不可预期的曲折之后，2016年该书得到中国社会科学院哲学社会科学创新工程的资助，获得了独立研究的长期保障。

延续往年的惯例，全书由总报告和十余篇专题报告组成。总报告指出，以旅游、文化、体育等为依托的休闲核心产业在经历"十二五"时期的成长之后，在消费者需求高涨、国家对幸福产业整体推进、休闲产业供给侧改革、休闲相关政策密集颁布实施等因素的推动下，"十三五"期间将释放新的发展动能。当前及未来一段时期，我国休闲要素更加国际化；休闲进入产业红利期，独角兽休闲企业崛起；科技成为休闲产业发展新引擎，"互联网+休闲"成为产业升级主流；业态发展日益复合化，逐步形成幸福混业态。除总报告外，十余篇专题报告分属政策篇、空间篇、产业篇、需求篇、

海外借鉴篇等，从各个角度全面揭示了当前我国休闲发展全貌，提供了可资借鉴的国际经验。

感谢中国社会科学院哲学与社会科学创新工程，感谢十余年来始终坚守的作者们，感谢长期关注并寄予厚望的读者们，感谢社会科学文献出版社的编辑们。我们期望通过这本书，聚合国内外各方面的研究力量，反映国民休闲生活，跟踪休闲相关政策，把握产业发展规律，推进休闲学术研究，借鉴国际发展经验，并从休闲的视角，记录我国社会经济发展与社会科学研究的轨迹。

愿您开卷有益，愿我们心愿达成。

宋 瑞

目 录

Ⅰ 总报告

G.1 2016~2017年中国休闲发展与未来展望
　　　　　　　　　　　　　　中国社会科学院旅游研究中心课题组 / 001
　　一　休闲发展环境 …………………………………………… / 002
　　二　休闲相关产业特征 ……………………………………… / 009
　　三　我国休闲发展趋势与相关建议 ………………………… / 013

Ⅱ 政策篇

G.2 中国休闲相关政策与法规的新进展 ………………… 宋　瑞 / 018
G.3 中国休闲体育产业政策的解读和思考 ……………… 凌　平 / 029
G.4 中国休闲教育政策初探 …………………… 刘慧梅　沈晓云 / 045

Ⅲ 空间篇

G.5 公共文化空间与我国城市居民休闲 ………… 程遂营　荣培君 / 062

G.6 上海体育休闲场所布局特征及空间分布差异化研究
　　………………………………… 楼嘉军　徐爱萍　李　婷 / 077

G.7 城市中央休闲区建设的实践与思考
　　——以北京奥林匹克公园为例 ……………………… 吴金梅 / 090

G.8 社交媒体信息传播模式对中小城镇休闲空间的影响
　　……………………………………………… 沈　涵　贺怡萌 / 103

G.9 养生理念下的老年人友好型城市休闲空间营造
　　——以杭州市为例 ……………………… 蒋　艳　过　竹 / 114

Ⅳ 产业篇

G.10 中国文化休闲业分析与展望
　　……………………………………………………… 赵　鑫 / 126

G.11 中国运动休闲用品行业发展与展望
　　…………………………………… 李洪波　姜　山　吴银鸿 / 140

G.12 中国房车露营旅游发展状况 ……………… 林章林　符全胜 / 156

G.13 旅游休闲产业融合发展路径及探索
　　——以杭州市为例 ……………………………………… 李　虹 / 171

G.14 我国乡村休闲产业发展
　　——以浙江省为例 ……………………… 王婉飞　毛润泽 / 181

Ⅴ 需求篇

G.15 北京市居民生活时间分配20年的变迁 …… 王琪延　韦佳佳 / 194

G.16 餐饮消费休闲化背景下的就餐环境需求
………………………………………… 李 真 卢慧娟 李 享 / 209

Ⅵ 海外借鉴篇

G.17 中国城市化进程中的休闲前景：和美国模式有关吗？
………………………………… Geoffrey Godbey 著 蒋 艳 译 / 223
G.18 加拿大的休闲与户外游憩……… Geoffrey Wall 著 苏明明 译 / 238
G.19 澳大利亚休闲与户外游憩中的地方政府服务
………………………………………… Noel Scott 著 赵丽丽 译 / 247

Abstract ………………………………………………………… / 259
Contents ………………………………………………………… / 261

皮书数据库阅读**使用指南**

总报告

General Report

G.1 2016~2017年中国休闲发展与未来展望

中国社会科学院旅游研究中心课题组*

摘 要： 随着我国经济步入新常态，服务消费特别是旅游、文化、体育、健康、养老五大幸福产业的消费对经济增长的驱动作用越来越突出。中国休闲产业已上升到国家战略高度，正从实现国民幸福的手段走向支撑国家发展的支柱。休闲产业在经济新常态中体现出三个"新"，即国家发展的新战略、持续增长的新支撑、经济转型的新标志。

关键词： 幸福产业 休闲产业 消费升级

---

* 执笔人：金准，中国社会科学院旅游研究中心秘书长，中国社会科学院财经战略研究院副研究员，研究方向为城市旅游、旅游产业政策、休闲产业；宋瑞，中国社会科学院旅游研究中心主任，中国社会科学院财经战略研究院研究员，重点关注休闲基础理论与公共管理、旅游产业政策等；刘耀芳，北京第二外国语学院硕士研究生，研究方向为旅游市场营销与电子商务。

2016年是"十三五"的开局之年，是推进供给侧结构性改革的攻坚之年，是全面建成小康社会决胜阶段。总体上看，我国经济步入新常态，L形走势明显，投资、进口和消费"三驾马车"中消费增长对总体经济的支撑越来越重要，服务消费特别是旅游、文化、体育、健康、养老五大幸福产业的消费对经济增长的驱动作用越来越突出。2016年6月27日，国务院总理李克强在夏季达沃斯论坛开幕式致辞中谈道："中国经济正在从过度依赖自然资源向更多依靠人力资源和创新驱动转变。"这种转变，是投资驱动向消费驱动的转变，是经济结构的逐步优化。服务业跃升为第一大产业不仅拉动了消费增长，促进了消费升级，更推动了五大幸福产业的发展。2016年11月28日，国务院办公厅印发的《关于进一步扩大旅游文化体育健康养老教育培训等领域消费的意见》（以下简称《意见》）指出，要"着力推进幸福产业服务消费提质扩容"。五大幸福产业涵盖的旅游、文化、体育、健康、养老五个领域，也是构成休闲产业的主体。以五大幸福产业为代表的中国休闲产业站上国家战略高度，说明了休闲产业的扩容升级，正成为我国经济增长的重要支撑，在我国当前经济阶段中发挥出不可替代的作用，标志着我国经济结构转变的阶段和层次。休闲产业在经济新常态中体现出三个"新"，即国家发展的新战略、持续增长的新支撑、经济转型的新标志。

一 休闲发展环境

（一）国家战略基础——国家发展的支柱正在建立

最大限度地提升国民幸福感是休闲产业发展的基本目标。在《国民旅游休闲纲要（2013~2020年）》中，早已明确了"以满足人民群众日益增长的旅游休闲需求为出发点和落脚点"这一基本方针，而2016年《意见》"着力推进幸福产业服务消费提质扩容"的提法，将个人的休闲需求和国家的战略要求更为紧密地捆绑在了一起，休闲不仅是社会进步的标志，更是国家发展的支柱。综观《中华人民共和国国民经济和社会发展第十三个五年规划纲要》，中国当前面临四大任务，分别是：第一，跨越中等收入陷阱，实现向高收入跨越；第二，决胜小康社会建设，推动人民生活水平和生活质量普遍提高；第三，推进经济结构转型，构建现代产业体系；第四，不断增强国家文化软实力，中国梦和社会主义核心价值观深入人心，实现大国复兴。与之对应的是休闲产业的四大特性：第一是牵引性，五大幸福产业从消费端对当前的国民经济形成纵深牵引，助推总体经济上行；第二是标志性，在从工业化后期到后工业化时期的很长一个阶段，国民生活水平的标志都不再是简单地实现温饱，而是其精神价值的实现，休闲产业的质量和水平标志着小康社会的实现程度；第三是结构性，休闲产业的强化，对经济转型具有深入的结构性作用；第四是价值性，休闲产业在满足精神需求的同时，丰富和拓展了社会主义核心价值观，强化了国家文化软实力。休闲产业，因其与国家战略的对应关系而成为国家发展的支柱。

《意见》指出要围绕五大幸福产业的重点领域，引导社会资本加大投入力度，休闲产业的发展正得到具体支撑，主要表现如下。

1. 在旅游消费加速升级方面，《意见》提出要增加全域旅游示范区创建单位，实施乡村旅游"后备厢行动"，研究出台支持政策；指导旅居挂车登记、改进旅居车准驾管理制度、出台旅居车营地用地政策；制定出台邮轮旅游规划、规范通关手续、开拓邮轮航线；制定出台游艇旅游发展指导意见，有序推动粤港澳游艇自由行，探索试点游艇租赁业务；出台体育与旅游融合发展的指导意见。

2. 在创新文化消费方面，《意见》提出要支持实体复合式文化场所发展；通过试点形成一批可供借鉴的文化消费模式；适时将产品开发试点扩大至地市级博物馆等单位；出台文化娱乐行业转型升级的意见，提升行业经营管理水平；出台推动数字文化产业发展的指导意见，丰富内容和形式，创新技术和装备。

3. 在促进体育消费方面，《意见》提出要完成体育类社团组织第一批脱钩试点，以三大球联赛改革为带动，推进职业联赛、丰富各类赛事活动；要盘活现有资源，提高体育场馆使用效率，推动体育场馆多层次开放利用；制定实施冰雪运动等专项运动产业发展规划。

4. 在培育健康消费方面,《意见》提出要适时向全国推广商业健康保险个人所得税税前扣除政策；重点推进医养结合管理机制和服务模式；建设健康医疗旅游示范基地，针对医疗旅游先行区推动落实支持政策。

5. 在提升养老消费方面,《意见》提出要落实政策，增加产品和服务供给；支持整合改造将闲置社会资源改造成养老服务设施；探索长期护理保险制度政策框架，解决重度失能人员所需费用。

（二）宏观经济基础——经济结构推动休闲需求持续深化

休闲需求是随着经济发展而发展的。2015年我国人均GDP、城镇化率和第三产业占GDP比重等三个与休闲产业发展密切相关的基础性宏观数据同步跨越临界点，形成了休闲社会发展的宏观经济基础。这三个数据继续增长，推动了休闲需求的持续深化。

按照2017年1月20日国家统计局发布的数据，2016年全国国内生产总值达744127亿元，按可比价格计算，比上年增长6.7%，人均GDP达5.38万元；城镇化率为57.35%，总体上呈稳步上升的趋势；第三产业（服务业）增加值占GDP的比重为51.6%，比上年提高1.4个百分点，高于第二产业11.8个百分点。

我国居民收入和消费均持续提升。2016年，全国居民人均可支配收入23821元，扣除价格因素的影响实际增长6.3%，社会消费品零售总额达到332316.3亿元，扣除价格因素，实际增长9.6%，高于GDP增速2.9个百分点，全年最终消费支出对GDP增长的贡献率为64.6%。随着居民收入的增多，休闲方面的支出随之增加，从旅游、文化、体育、健康、养老五大幸福产业发展的统计情况来看，2016年1~11月，规模以上服务业企业中，五大幸福产业营业收入合计同比增长12.6%，比全部规模以上服务业的总体增速高出1.2个百分点，其中，旅游、文化、体育、健康和养老营业收入同比分别增长8.1%、15.5%、24.4%、16.4%和17.1%。居民消费由基础性支出向幸福性支出过渡，标志着休闲社会的持续发展。

（三）区域实践基础——全面开花的休闲格局逐步推进

随着国家休闲政策的发布，各地依据自身情况制定相关方面的政策法规，助力当地经济发展、社会进步。休闲格局由点串线，线面相连，全面开花。

第一，带薪休假。继《关于进一步促进旅游投资和消费的若干意见》鼓励弹性作息、适当拼假后，一些省市相继推出带薪休假制度落实试点。江西省上饶市持续探索夏季周末两天半短假制度；江西省吉安市在4月1日至10月31日实行弹性作息；贵州省黔南州各单位在5月1日至10月31日期间的每周五下午可自行安排轮流休假；江苏省出台《关于推进旅游业供给侧结构性改革促进旅游投资和消费的意见》，提出江苏要制定带薪休假制度实施办法，并将落实情况纳入劳动监察工作考核范围；《吉林省推进旅游业攻坚发展实施方案》提出积极推动落实职工带薪休假制度，探索实行周末2.5天休假模式。当前，实施带薪休假制度正处于攻坚克难阶段，各省市还需要细化完善实施办法。

第二，休闲产业区域合作化。为促进休闲产业的发展，各区域正开展合作谋求自身发展。京津冀联手打造休闲产业圈，在体育、休闲农业等多个方面开展合作。按《全面深化京冀对口帮扶合作框架协议》《深入推进京津冀体育协同发展议定书》，京津冀以"1+4"合作框架协议的精神，加快推动京津冀协同发展。第一届京津冀运动休闲体验季暨京津冀冰雪运动体验旅游季活动，将在河北、北京、天津各县域城市举办。广东省中山市与澳门特区于2016年11月开通点对点游艇自由行，中山市也成为内地首个拥有国务院批准对外开放游艇码头的城市。广东省旅游局与澳门特别行政区旅游局签署了《粤澳旅游合作备忘录2016》，双方将建立沟通机制，在联合推广、行业管理、旅游执法、粤港澳游艇自由行、青少年游学等方面加强合作，携手建设世界旅游休闲目的地。

第三，休闲产业规划全面铺开。以全国的旅游业、文化业、体育业等产业"十三五"规划为背景，各个省市根据自身发展情况制定实施本地区的

"十三五"规划,为本地区休闲产业的发展保驾护航。多个省市成立休闲产业孵化器、助推器,并在政策、资金等方面予以支持。北京市、天津市、江苏省、四川省、浙江省、广东省、青海省等相继出台涉及旅游、文化、体育发展的规划,提出"十三五"期间的发展目标。青海省出台了《关于加快发展休闲农业与乡村旅游的意见》和《青海省乡村旅游扶贫项目实施意见(2016~2020)》,对今后一个时期乡村旅游、休闲农业和旅游扶贫工作做出了安排。宁夏银川市将丰富文化产品供给体系、刺激带动消费作为试点的重点任务之一,根据《银川市获国家级和自治区级文艺作品奖励办法》,对5个重点文艺项目、9项重点文化活动给予项目资助经费。

第四,休闲节事活动接连不断。2016年,休闲节事活动获得长足发展,一年节事不断、遍地开花、影响深入。2016年,第十三届全国冬季运动会在乌鲁木齐举行,这是冬运会首次走出东北,也是新疆第一次单独举办全国综合性运动会,有力地助推了西部地区冰雪运动的发展。中国运动休闲大会在浙江宁海举办;河北石家庄市打造了"一月一名剧"活动,满足广大戏曲爱好者多样化的欣赏需求;"北京市第四届文化惠民消费季"通过发放惠民文化消费电子券撬动大众文化消费;长沙市举办长沙阳光娱乐节、长沙图书交易会、公益电影放映月、长沙印博会,实现了多行业联动发展;海南省积极举办2016(第十七届)海南国际旅游岛欢乐节。

(四)公共服务基础——休闲公共服务体系形成制度化保障

休闲的发展与公共服务水平息息相关,与休闲相关的公共服务,既有通用的基本公共服务,也有各领域自身的专项公共服务。2016年,在旅游、文化、体育领域,公共服务的推进已经逐步制度化,有力地保障了休闲的发展。

第一,国家基本公共服务的制度体系正在形成。2016年颁布的《"十三五"推进基本公共服务均等化规划》,以"普惠性、保基本、均等化、可持续"为总体方向,推动基本公共服务的标准化、法制化、规范化,奠定了休闲公共服务体系发展的基础。

第二,旅游休闲公共服务体系形成系统与专项的突破。《国务院关于印发"十三五"旅游业发展规划的通知》提出要加强基础设施建设,加强旅游集散体系建设,扩大旅游咨询中心覆盖面,完善旅游观光巴士体系和旅游绿道体系建设,推进残疾人、老年人旅游公共服务体系建设,此规划对"厕所革命""交通建设""完善公共服务体系"三个方面提出了针对性意见。此外,2017年国家旅游局将组织实施《"十三五"全国旅游公共服务规划》,还将发布《城市游客中心服务规范》。顶层的引领带来地方实践的跟进,以"厕所革命"为例,截至2016年11月底,全国共新(改)建旅游厕所43663座,完成3年行动计划的76.6%。

第三,文化休闲公共服务颁布里程碑文件。2016年12月25日具有里程碑意义的《中华人民共和国公共文化服务保障法》颁布,提出充分利用公共文化设施促进优秀文化产品传播,开展全民阅读、全民普法、全民健身、全民科普和艺术普及等活动,建设公共数字文化平台、文化资源库、公共文化服务网络。同时,《中央补助地方公共文化服务体系建设专项资金管理暂行办法》将专项资金分为补助资金和奖励资金,分门别类加强文化公共服务的补助。

第四,体育休闲公共服务提出普及化目标。2017年初颁布的《"十三五"公共体育普及工程实施方案》提出,到2020年人均体育场地面积达到1.8平方米,改造、新建社会足球场地2万块,支持农民体育健身工程项目建设,支持社区多功能运动场建设,形成布局合理、覆盖面广、类型多样、普惠性强的公共体育服务网络,提升各类体育设施的利用率,基本满足群众体育健身需求。

(五)产业发展基础——资本涌动,塑造发展新格局

2016年是休闲投资涌动的一年,资本的持续涌入带动了休闲产业发展的快速增长,休闲产业投资呈现产业投资规模化、投资手段多元化、发展元素融通化等特点。

第一,休闲产业投资规模化。以旅游业为例,国家旅游局局长李金早在

2017全国旅游工作会议上公布了一系列官方数据：2016年旅游业投资达到12997亿元，比2015年的10072亿元增长29.05%，高出全国固定资产投资增速20个百分点；据国家旅游局预测，我国旅游业直接投资在未来3年将超过3万亿元，这些直接投资将带动15万亿元以上的综合投资；此外，2016年文化体育和娱乐业的投资增长率也达到了16.4%。

第二，休闲资本投资手段多元化。随着休闲产业的发展，休闲产业投资市场火热，特色小镇、全域旅游、"一带一路"倡议，都直接转化为各种形式的休闲投资热潮。国家旅游局与国家开发银行等8家金融机构签订战略合作协议，"十三五"期间将为旅游产业发展提供2.1万亿元贷款额度支持；国家旅游局还与10家银行联合推出两批共1397个全国旅游投资优选项目，总投资1.6万亿元。2016年6月8日，财政部联合文化部等部委印发了《文化部办公厅关于做好第三批政府与社会资本合作示范项目申报筛选工作的补充通知》，面向社会征集政府与社会资本合作项目，引导社会资本投资文化产业。国家体育总局发布的《2016年体育产业工作报告》表示，将配合国家发改委尽快设立、运营国家体育产业投资基金。

第三，休闲发展元素融通化。密集出台的政策，将旅游、文化、体育、健身、农业、中医药等多种产业要素和休闲产业发展整体融合在一起，推动休闲产业迸发出新的生机和活力。2016年，国务院中央一号文件提出要大力发展休闲农业和乡村旅游，根据国家旅游局预测，2017年乡村旅游投资将突破5000亿元，乡村旅游消费达到1万亿元以上。国务院发布的《"健康中国2030"规划纲要》提出要支持健康医疗旅游等新业态；国务院发布的《关于加快发展健身休闲产业的指导意见》提出要大力发展体育旅游，制定发展纲要、实施精品示范工程、编制重点项目名录；国家旅游局发布的《国家绿色旅游示范基地》（LB/T 048—2016）、《国家蓝色旅游示范基地》（LB/T 049—2016）、《国家人文旅游示范基地》（LB/T 050—2016）、《国家康养旅游示范基地》（LB/T 051—2016）四项标准，覆盖了多产业多领域；《关于开展国家中医药健康旅游示范区（基地、项目）创建工作的通知》提出，要建设国家中医药健康旅游示范区、中医药健康旅游示范基地、中医药健康旅游示范项目;《关于加快推进2016年自驾车房车营地建设的通知》提出,要从多个角度推动自驾车、房车营地的建设。在一系列政策出台的条件下,休闲发展要素呈融通化发展之势。

(六)民间舆情基础——民间休闲成为发展的全新力量

休闲产业近些年发展快速,关于休闲产业发展的讨论层出不穷,形成了民众热议的舆情基础,推动了休闲产业的发展。2016年里约奥运会女排精神引发民众强烈广泛的讨论;"中国休闲30人"的推出,将旅游、文化、体育等行业专业人士聚集在一起,共同促进休闲发展;《奔跑吧兄弟》《爸爸去哪儿》《极限挑战》等综艺节目成功地宣传了旅游目的地;《鬼吹灯》《盗墓笔记》等文化产品成为2016年最火的IP之一,文化产品种类多元化趋势加强;G20杭州峰会文艺晚会《最忆是杭州》展示了中国的文化自信;《我在故宫修文物》等一批文化精品进入文化市场,广受关注;话剧《杜甫》《徽商传奇》《玩家》《白鹿原》《比萨斜塔》等广受欢迎。民间休闲活动的丰富化、普遍化,令休闲走进新闻、走入微信、走进街头巷尾,舆情成为推动休闲发展的全新力量。

二 休闲相关产业特征

经历了"十二五"时期的成长,"十三五"期间,以旅游、文化、体育等为依托的休闲核心产业在消费者需求高涨、国家对幸福产业的整体推进、休闲产业供给侧改革等相关因素的推动下,将释放新的发展动能。

(一)旅游休闲

2016年,我国旅游总收入为4.69万亿元,比上年增长13.6%,其中,国内旅游人数超过44.4亿人次,国内旅游收入达3.9万亿元,旅游作为休闲产业重要一极的作用逐步显现,旅游综合效应更加凸显。据世界旅游组织测算,2016年中国旅游业对社会就业综合贡献超过10.26%,与世界平均水

平基本持平。在新的发展规模下，旅游休闲也在发生一些变化。

第一，需求品质化。2016年中国旅游业处于变革发展的区间，受社会节奏加快、城市生活压力加大、智能手机使用率提高、信息传播日趋快速等因素的影响，旅游消费者不再满足于简单的游览观光，希望深度体验的需求越来越强烈，更趋向于自由行的旅游方式。度假类、休闲类、体验类产品更能获得消费者青睐。

第二，政策密集化。从政策方面看，从国家到地方都制订了旅游发展规划，细化旅游行业的政策法规，规范旅游行业的发展。2016年与旅游休闲密切相关的文化、体育、林业、农业、汽车租赁、民用航空、医药、贸易等产业的发展受到重视。在新型城镇化、城市群发展、新一轮东北老工业基地振兴、平潭国际旅游岛建设等区域发展战略中，旅游也被置于重要位置。

第三，旅游综合要素体系化。国家旅游局局长李金早在2017年旅游工作会议上总结2016年旅游业情况中提到，在传统的"吃、住、行、游、购、娱"六大要素的基础上，正在形成"吃、厕、住、行、游、购、娱"和"文、商、养、学、闲、情、奇"旅游综合要素体系。2016年旅游业综合要素体系化特征明显，传统旅游要素与新兴旅游要素并重，由"厕所革命"引发的旅游公共服务设施革新也在迅速推进。

（二）文化休闲

随着居民消费结构的优化，2016年1～11月，文化及相关产业服务业中，文艺创作与表演、游乐园等行业企业的营业收入同比分别增长21.6%、44.4%。万达院线报告显示，2016年，万达院线观影人次达1.85亿，同比增长22%；实现票房76亿元，同比增长21%。文化休闲产业繁荣的背后是一系列的结构性变化。

第一，文化行业进入法制化建设轨道。2016年11月7日，我国文化产业领域的第一部法律《中华人民共和国电影产业促进法》通过，加强对票房收入的监管、让虚报瞒报票房收入行为承担相应罚责等内容被写入其中，为电影产业的健康发展保驾护航。文化部还刊发了《文化市场黑名单管理办法》，搭建了文化市场信用监管总体框架，黑名单将在天津、上海等9个城市试行。此外，国务院发布了《互联网上网服务营业场所管理条例》，加强了互联网上网服务场所的管理，推进了上网服务行业的转型升级。

第二，文化成为消费新热点。为了形成多种各具特色的文化消费模式，发挥典型示范和辐射作用，在2015年"拉动城乡居民文化消费试点项目"的基础上，2016年，全国根据《关于开展引导城乡居民扩大文化消费试点工作的通知》开展了引导城乡居民扩大文化消费试点工作，共有26个城市被列为国家文化消费试点城市。文化部、财政部于2016年发布了《关于进一步扩大旅游文化体育健康养老教育培训等领域消费的意见》，指出要通过提升服务品质、增加服务供给不断释放潜在消费需求，着力推进幸福产业服务消费提质扩容。

第三，文化产业供给侧改革步伐加快。为适应消费者需求的变化，2016年文化产业供给侧改革步伐加快，颁布了多部涉及文化行业的法规政策。《国务院办公厅关于发挥品牌引领作用推动供需结构升级的意见》鼓励传统出版企业与互联网企业、广播影视企业合作，创新出版形式。《中华人民共和国公共文化服务保障法》旨在促进优秀公共文化产品的提供和传播，统筹规划公共数字文化建设，构建标准统一、互联互通的公共数字文化服务网络。《文化部办公厅关于开展2016年度戏曲剧本孵化计划项目申报工作的通知》将在财政部中央文化产业发展专项资金大力支持下，实施戏曲剧本孵化计划，加大戏曲剧本创作扶持力度。《文化部关于推动文化娱乐行业转型升级的意见》提出要加快研发适应不同需求的游戏游艺设备，鼓励生产企业开发新产品；鼓励歌舞娱乐场所利用场地和设备优势，打造城市文化娱乐综合体。

（三）体育休闲

2016年体育休闲成为推动经济增长，提供社会福利，保障人民生活安康的重要产业，得到了快速发展。国家统计局数据显示，2016年限额以上

单位体育娱乐用品类比上年增长13.9%，高出社会消费品零售总额增速3.5个百分点；限额以上单位通信器材类商品保持近12%的较快增长。2016年，国家层面和社会层面均给予体育业高度重视以及政策上的扶持，其特点包括以下四点。

第一，产业规划为休闲产业发展指明方向，确定目标。《体育产业发展"十三五"规划》在明确了体育产业发展目标的同时，还提出要通过政府购买服务等方式，鼓励各类资本进入健身休闲业，支持体育健身企业开展社区健身设施的品牌经营和连锁经营。

第二，休闲健身获得发展新动能。2016年6月，《全民健身计划（2016~2020年）》正式印发，提出要大力发展群众喜闻乐见的运动项目，积极培育时尚休闲运动项目，扶持推广具有民族民俗特色的运动项目。《国务院办公厅关于加快发展健身休闲产业的指导意见》提出要完善健身休闲服务体系，培育健身休闲市场主体；优化健身休闲服务业、器材装备制造业及相关产业结构，加强健身休闲设施建设，在供给端和需求侧同时发力。《"健康中国2030"规划纲要》确定以"共建共享、全民健康"为健康中国的战略主题，提出要积极发展健身休闲运动产业，进一步优化市场环境，培育多元主体，打造健身休闲综合服务体。

第三，休闲体育产业融合多产业，多要素跨界发展。2016年，"体育+旅游""体育+文化""体育+教育""体育+医疗""体育+互联网"等跨界合作成为休闲体育发展的新趋势，拓宽了休闲体育产业发展的广度。国家旅游局、国家体育总局《关于大力发展体育旅游的指导意见》提出要引领健身休闲旅游发展，培育赛事活动旅游市场，提升体育旅游装备制造水平，要大力发展"体育+"，丰富产品体系、盘活体育资源。

第四，体育产业多元化格局形成。2016年体育休闲产业多种新业态开始发展，体育产业欣欣向荣。冰雪体育休闲、山地户外运动、航空运动、极限运动等多种新业态共同促进了休闲体育产业发展。《冰雪运动发展规划（2016~2025年）》提出要加快推动冰雪健身休闲业，《全国冰雪场地设施建设规划（2016~2022年）》提出了滑冰馆、滑雪场、冰雪乐园建设的具体目标;《关于做好通用航空示范推广有关工作的通知》提出要促进航空与旅游、体育等融合发展;《航空运动产业发展规划》提出要加强航空飞行营地建设,优化航空运动赛事活动格局,推动航空运动器材装备制造、竞赛表演、休闲体验、运动培训等重点领域发展;《山地户外运动产业发展规划》提出要建立立体、多元的山地户外运动场地设施体系;《水上运动产业发展规划》提出要加强水上装备业发展,完善水上运动基础网络,推动运动码头船艇建设等,进一步丰富体育休闲产业。

(四)其他休闲

2016年,全国餐饮业收入为35798.6亿元,比上年增长10.8%,增速快于商品零售业0.4个百分点;占社会消费品零售总额的比重为10.8%,比上年提高0.1个百分点。2016年餐饮业处于调整阶段,互联网带动的餐饮业获得长足发展,政策方面也为餐饮业发展带来利好。2016年5月1日起全面实行的营业税改征增值税试点中涵盖了住宿餐饮业,《关于明确金融房地产开发教育辅助服务等增值税政策的通知》明确了"餐饮服务"缴纳增值税的相关政策。整体行业环境的变化要求餐饮企业走进顾客,关注顾客的需求,转换自身的经营模式和思路,回归行业本质。

三 我国休闲发展趋势与相关建议

(一)发展趋势

休闲需求的高速增长,必然带来休闲事业及休闲产业的整体推进,也必将打开休闲的整体发展空间,为其带来发展红利。总体而言,我国休闲发展正呈现出一些新的发展趋势。

1. 休闲要素日趋国际化,中国休闲进入地球村时间

当前,我国的休闲要素正日趋国际化,国际化元素的引入和中国休闲者走向世界,是两大相应的发展趋势。旅游方面,海南航空、中国人寿、锦江

旅游、安邦保险、开元酒店集团等企业近年来重点发展全球性旅游集团，展开并购，加速向海外布局。文化方面，虽然2016年电影票房的前十名①中有五部为引进大片，但是中国电影产业的链条也在向国际延伸。例如，万达集团连续收购了美国第二大影视公司AMC、澳大利亚第二大院线Hoyts、美国传奇影业公司、好莱坞电影娱乐整合营销公司Propaganda GEM等，形成了国际化发展之势。体育方面，奥运会、世界杯、澳洲网球公开赛、NBA早已拥有一大批中国粉丝。另据体育BANK不完全统计，2016年中国企业在海外赛事版权的总投资数超过7.5亿美元，折合人民币超过53.5亿元，中国企业进行海外赛事版权投资（获得的版权性质主要为赛事转播权②）的代表有乐视体育、阿里体育、腾讯体育、万达体育、苏宁体育以及暴风体育。中国的休闲要素日趋国际化，令中国的休闲者快速步入地球村，中国休闲正进入地球村时间。

2. 中国休闲进入产业红利期，独角兽休闲企业崛起

持续高涨的需求和一系列政策的出台，预示着中国休闲已经进入产业红利期，其重要的标志是一批独角兽休闲企业的崛起。独角兽企业通常指估值达到10亿美元及以上的私营企业。据CBInsights统计，全球有142家独角兽企业，其中中国有4家，包括滴滴出行、大众点评网、神州专车和途家。大众点评网和途家为典型的休闲企业，滴滴出行和神州专车也是休闲相关企业。独角兽休闲企业对休闲产业的影响是颠覆性的，例如途家通过自身体系建设，不仅收购了蚂蚁短租，还收购了携程和去哪儿网公寓民宿频道的整体业务及团队。截至目前，途家房源总库存达44万套，其中自营房源1.4万套，C端订单用户数量达数百万，2016年全年交易额占整体市场规模的30%以上，已经对中国酒店行业产生了重大影响。

---

① 2016年电影票房前十名依次为《美人鱼》《疯狂动物城》《魔兽》《美国队长3》《西游记之孙悟空三打白骨精》《湄公河行动》《澳门风云3》《盗墓笔记》《功夫熊猫3》《奇幻森林》。
② 《盘点 | 中国有哪些公司在进行海外赛事版权收购与购买（2015～2016）?》，https：//sanwen8.cn/p/593EVpJ.html，最后访问日期：2017年6月1日。

3. 科技成为休闲产业发展新引擎,"互联网+休闲"成为产业升级主流

科技层面,新一轮全球科技革命和产业革命正蓄势待发。信息技术、移动互联网、云计算、大数据、物联网、生物技术、新能源、新材料、3D打印、节能环保、生物识别、可穿戴智能产品等新技术的突破和应用发展,为休闲带来了新的创新空间。2016年,科技与休闲产业启动新的融合,"互联网+休闲"成为产业升级主流。旅游方面,国内在线旅游网站结束了几百家大混战,最终形成携程、阿里巴巴、新美大三足鼎立的局面。2015年,中国在线旅游交易市场规模突破4000亿元,旅游业的互联网之芯已经被植入。此外,VR、AR、机器人、人工智能等科技圈内的概念均被迅速引入旅游体验中,快速产业化。

文化层面,在视频网站领域,2016年中国视频网站的付费用户接近6000万人。互联网电视领域,在过去的数年中,互联网电视无论是从出货量还是渗透率均取得了极大的发展,电视智能化网络化的趋势十分明显。艾瑞咨询的数据显示,2015年,中国互联网电视渗透率已达到76.4%,并在进一步提升,以乐视、微鲸、小米为代表的互联网公司纷纷杀入这一领域,互联网电视取代传统电视的趋势已经非常明显。在VR领域,百度、阿里巴巴、腾讯、乐视、华人文化控股、暴风等互联网公司和互联网媒体平台已经开始发力,小米、华为、ViVO等手机制造商也已经启动布局。

4. 业态发展日益复合型,逐步形成幸福混业态

业态的复合型发展最终会将旅游、文化、体育、健康、养老五大幸福产业融合在一起,逐步形成幸福混业态。在业态融合中,有"旅游+文化"形成的文化旅游,"旅游+体育"形成的体育旅游,"旅游+健康"形成的健康旅游,"旅游+养老"形成的养老旅游,"文化+体育"形成的文化体育,"体育+健康"形成的康体活动,"体育+养老"形成的老年体育等。在两两组合之外,这五大幸福产业还将以幸福为主题,以需求为引领,更深入地融合。复合型将成为休闲发展的主要形态,并最终主导我们的休闲生活。

(二)相关建议

1. 立足国家发展战略,休闲领域的顶层设计和地方实践同步推进

进入国家战略令休闲产业进入难得的发展窗口期,但发展休闲产业需要顶层设计和地方实践的共同推进。一方面,《国民旅游休闲纲要(2013~2020年)》的落实和一系列国家顶层设计都需要政策层面的整合、深化与细化;另一方面,顶层设计需要地方实践的推进,无论多么理想的政策框架,如果没有地方的响应以及探索,都无法真正落实下去。地方应抓住难得的发展窗口期,广泛探索、大胆尝试、多维实践,只有形成休闲战略的地方版,休闲发展才能真正落到实处。

2. 破除休闲发展的体制障碍,推进休闲产业的持续发展

尽管我国休闲发展的体制环境在近年来获得了改善,但从其发展的宏观机制来看,前一阶段的增长模式仍在产生很大的影响:资源配置机制、工业价格等产业发展机制还在影响中国休闲业;资源、用地、能源等高成本的问题依然制约着中国休闲业发展;出口导向战略诱使劳动密集型产品生产专业化,技术和产业结构升级缓慢,并影响到休闲业的发展模式,带来宏观风险。党的十八届三中全会启动了宏观体制机制的改革,休闲业也在启动综合改革,但在政策层面仍有巨大的提升空间。

3. 推动休闲产业迭代转型,适应全面建成小康社会决胜期的发展需求

休闲产业的发展,一方面需要解决供应量不能匹配人民群众日益增长的需要的问题,应该迅速扩容,推动增长;另一方面要关注休闲需求的转型升级问题。当前休闲需求拉开了层次,但是适应当前迅速崛起的中产阶级休闲需求的产品仍然有较大缺口,导致部分需求被挤到国外。休闲产业要特别注意匹配这部分人群的需求,发挥市场、科技等多方面的力量,推动休闲产业快速迭代转型,适应全面建成小康社会决胜期的发展需求。

4. 摒弃工业化发展思维,防范休闲领域的投资风险

近年来,休闲投资持续增长,投资形态不断变化,投资规模不断刷新历史纪录,大规模、复合型的休闲投资逐渐成为主流。但是,一些地方仍然在用工业化的思维发展休闲，追求投资规模和速度，遍地开花的文化新城、旅游产业园、养老新区即是例子。在大量休闲投资项目攀上几十亿甚至上百亿的高数量级时，投资风险急剧增加。大量投资的背后，不排除有投机性投资、盲目性投资、重复性投资、超前性投资和泡沫性投资行为，圈地型投资、烧钱型投资也有出现，不够理性的投资加剧了休闲投资的同质竞争、低价竞争和垄断竞争。科学合理引导投资，发挥市场的调节作用，利用科学动态的市场信号，引导投资规范市场供给，压缩泡沫、防范风险、提高行业的效益和效率，是当前促进休闲产业发展的重要手段。

政策篇

Policy Reports

G.2 中国休闲相关政策与法规的新进展

宋 瑞

摘　要： 公共政策和法律法规对引导休闲发展具有重要作用。2016年以来，我国政府部门通过夯实法制基础、规划公共服务体系、引导产业发展等方式积极推动休闲领域的健康发展。总体来看，休闲产业受到决策者高度重视，但政策、法规均未有休闲之名，休闲产业相关政策处于分散、间接状态，多以供给侧为主。未来要从意识、机构、政策整合、需求管理等方面加以完善。

关键词： 休闲政策　公共休闲服务体系　幸福产业

人的休闲活动具有广泛的社会属性。在满足居民休闲需求、提高国民幸福指数方面，政府的公共管理，包括相关立法、公共政策、管理机构及其职能设置、公共休闲设施和服务供给等发挥着举足轻重的作用，而其中，公共政策和法律法规最为关键。

根据《中共中央关于制定国民经济和社会发展第十三个五年规划的建议》，今后五年是我国全面建成小康社会的决胜阶段。在此背景下，对近两年来我国休闲政策与法规的最新发展加以回顾，并就如何改善公民休闲生活、提升国民幸福感提出建议，就显得尤为必要了。

一 2016年以来我国休闲相关政策与法规的新进展

（一）通过立法和修法夯实休闲发展的法制基础

2016年以来，以《中华人民共和国公共文化服务保障法》和《中华人民共和国电影产业促进法》的颁布，以及《中华人民共和国旅游法》和《中华人民共和国体育法》的修订为标志，我国休闲领域的立法工作得到了较大推进。

我国文化产业领域的第一部法律《中华人民共和国电影产业促进法》于2017年3月1日起正式施行。这部法律对国产电影保护、票房监管、艺人行为等进行了规范，将有效地促进我国电影产业的健康发展。

2016年11月，全国人民代表大会常务委员会对2013年10月1日起正式实施的《中华人民共和国旅游法》（以下简称《旅游法》）进行了修订，主要涉及"领队证"等问题。作为我国改革开放初期就启动的立法项目之一，该法早在1988年就列入第七届全国人大常委会立法规划和国务院立法计划，但是直到2009年12月才开始起草，于2013年4月通过，并于当年10月1日起开始实施。《旅游法》以综合法的形式规定了旅游产业发展中的主要关系，尤其是针对长期困扰旅游业的一些顽疾，如旅游部门协调力度小、旅游市场恶性竞争、景区景点超载运营、导游无薪无酬收取回扣、旅游者投诉处理困难、游客不文明旅游行为等，制定了具体条款。《旅游法》实

施近五年来取得了一定成效，尤其是随着政府有关部门市场整顿力度的不断加强，旅游警察、工商旅游分局、旅游巡回法庭相继在各地设立，备受关注的旅游市场秩序问题得到明显改善，但是由于各种社会因素的存在，旅游购物中的欺骗、胁迫或变相强迫消费也尚未根除。不容忽视的是，这些问题的解决在很大程度上还主要依靠行政力量，真正通过法律途径进行治理的格局尚未完全形成，尤其值得关注的是，随着旅游产业的延伸，旅游经营主体日益多元，旅游行业边界更加模糊。随着互联网的普及，对于各种主体在线上和线下从事的旅行服务活动，《旅游法》如何加以规范；如何界定和处理旅游行业中的不正当竞争和违法竞争；如何全方位保护消费者的各种合法权益……都成为立法者和执法者需要面对的新问题。

《中华人民共和国体育法》于1995年颁布，是我国与休闲直接相关的、最早的一部法律。2016年11月，全国人民代表大会常务委员会对其进行了修改，删去了第三十二条——"国家实行体育竞赛全国纪录审批制度。全国纪录由国务院体育行政部门确认。"今后，体育竞赛全国纪录项目将不再采取行政审批方式管理，而是由各全国单项体育协会以行业自律的形式自行确定，国家体育总局由直接审批管理改为业务指导和行业监管。

2016年12月，启动立法两年之后，《中华人民共和国公共文化服务保障法》得以通过，并于2017年3月1日起施行。这部法律被视作民众基本文化权益从行政性维护到法律性保障的重要跨越。该法规定：县级以上人民政府应将公共文化服务纳入本级国民经济和社会发展规划，国务院将制定、调整国家基本公共文化服务指导标准。值得一提的是，该法打破了行政隶属界限，明确将科技馆、体育场馆、工人文化宫、青少年宫、妇女儿童活动中心等纳入公共文化设施范畴；同时规定，地方各级人民政府可采取多种方式，加强乡镇（街道）、村（社区）基层综合性文化服务中心建设；要建立公共文化设施使用效能考核评价制度、公共文化机构开展服务情况的年报制度、公共文化服务资金使用监督和公告制度等。随着该法的实施，可以期待我国公共文化服务将改变过去的随机发展方式，走上规范化、标准化、均等化的发展道路。

（二）制定"十三五"规划推动休闲公共服务体系建设

2016年是我国"十三五"规划开局之年。2016~2017年，关乎我国社会经济总体发展及各个领域的"十三五"规划相继出台。在此背景下，以基本公共服务均等化为主线，与休闲发展相关的规划也陆续颁布，勾画出我国当前和未来一段时期休闲公共服务体系建设蓝图。

2016年7月，国家体育总局发布《体育产业发展"十三五"规划》，对"十三五"期间体育产业的发展基础、面临形势、总体要求、主要任务、重点行业和主要措施等方面做了系统部署。

2016年12月，由国家旅游局牵头，多部委共同参与编制的《"十三五"旅游业发展规划》由国务院正式颁布，首次被纳入国家重点专项规划。该规划指出，"十三五"期间，我国旅游业将呈现消费大众化、需求品质化、发展全域化、产业现代化、竞争国际化等五大发展趋势，并努力实现旅游经济稳步增长、综合效益显著提升、人民群众更加满意、国际影响力大幅提升等四项目标。其中特别强调要加强基础设施建设，加强旅游集散体系建设，完善旅游咨询中心体系覆盖面，完善旅游观光巴士体系和旅游绿道体系，推进残疾人、老年人旅游公共服务体系建设。

2017年3月，国家旅游局公布《"十三五"全国旅游公共服务规划》，提出"十三五"期间要全面构建与大众旅游新时代相匹配的结构完善、高效普惠、集约共享、便利可及、全域覆盖、标准规范的旅游公共服务体系，着重完善旅游基础设施、优化旅游交通便捷服务体系、提升旅游公共信息服务等。

2017年3月，国务院公布《"十三五"推进基本公共服务均等化规划》，首次提出建立公共教育、就业创业、社会保险、医疗卫生、社会服务、住房保障、文化体育、残疾人服务等八个方面的国家基本公共服务清单，以促进基本公共服务在城乡、区域、人群之间的均等化。从政府履行职责和公民享有权利的角度，该规划明确将81个基本公共服务项目列入清单。其中《基本公共文化体育》部分明确规定了公共文化设施免费开放、送地方戏、收听广播、观看电视、观赏电影、读书看报、少数民族文化服务、参观文化遗产、公共体育场馆开放、全民健身服务等10项服务（见附录）。

2017年4月，文化部印发《"十三五"时期文化产业发展规划》，提出要进一步坚定文化自信，增强文化自觉，坚持创新驱动，推动文化产业转型升级、提质增效，把文化产业建设成为国民经济支柱性产业。其中特别强调，要落实创新驱动发展战略，促进演艺、娱乐、动漫、游戏、创意设计、网络文化、文化旅游、艺术品、工艺美术、文化会展、文化装备制造等的跨越式发展。

2017年5月，中共中央办公厅、国务院办公厅印发了《国家"十三五"时期文化发展改革规划纲要》。按照《纲要》要求，中央网信办、文化部、国家新闻出版广电总局等已经或正在编制部门规划，全国大部分省（区、市）也已编制出台了地方规划，从财政保障、税收政策、文化科技、文化金融、文化贸易、文化建设用地保障等方面给予支持。

（三）出台意见促进"幸福产业"发展

2016年夏季达沃斯论坛上，李克强总理指出，旅游、文化、体育、健康、养老五大"幸福产业"快速发展，既拉动了消费增长，也促进了消费升级，由此，"幸福产业"的概念不胫而走。"幸福产业"概念的提出，体现了以提升人民群众幸福感和获得感为改革发展根本出发点的理念。

2016年11月，围绕"幸福产业"的发展，国务院办公厅出台《关于进一步扩大旅游文化体育健康养老教育培训等领域消费的意见》，具体涉及加速升级旅游消费、创新发展文化消费、大力促进体育消费、培育发展健康消费、全面提升养老消费等内容。

2017年3月，国务院办公厅再次出台《关于进一步激发社会领域投资活力的意见》，从放宽行业准入、扩大投融资渠道、落实土地税费政策、促进融合创新发展、加强监管优化服务等方面提出要求，以期进一步激发医疗、养老、教育、文化、体育等社会领域投资活力，增加产品和服务供给，优化质量水平。

此外，国务院办公厅还颁布了《关于加快发展健身休闲产业的指导意见》等文件，提出普及足球、篮球、排球、乒乓球、羽毛球等日常健身活动，发展冰雪、山地户外、水上、航空等运动，推动极限、电竞、龙舟等特色运动发展，通过发展一批体育旅游示范基地、拓宽健身休闲服务贸易领域和"互联网+"等形式促进健身休闲与旅游、文化、养老等领域的深度融合。

（四）引导和鼓励社会投资和项目建设

近年来，相关政府部门积极引导各类社会资本进入休闲领域。例如，2016年，国家发改委和国家旅游局出台《关于实施旅游休闲重大工程的通知》，重点引导企业开展以下8个领域的项目建设：旅游公共服务保障工程、重点景区建设工程、旅游扶贫工程、红色旅游发展工程、贫困户乡村旅游"三改一整"工程、新兴旅游业态培育工程、旅游创业创新工程和绿色旅游引导工程等。2017年国务院办公厅出台的《关于进一步激发社会领域投资活力的意见》则从更大的范围、以更大的力度引导各类资本投入医疗、养老、教育、文化、体育等领域。

二 对当前我国休闲相关政策与法规的简要评述

（一）休闲相关政策密集出台

综上可见，随着我国经济进入新常态，居民消费，尤其是其中的服务型消费受到空前重视。不论是制定和修改法律，还是出台政策文件，以文化、旅游、体育、养老等为代表的休闲领域都成为政策制定者的关注重点。2016年以来新出台的相关政策、法规充分体现出政策制定者对城乡居民休闲需求的重视，并将其作为提升幸福感、获得感的重要途径。

不过令人遗憾的是，尽管这些政策的具体内容均覆盖或针对城乡居民的休闲需求和休闲活动，但是没有一项清晰而直接地冠以休闲之名。究其原因，大体有三方面缘由：一是我国社会长期以来对"休闲"一词存有偏见，对其不以为然甚至存在负面认知从而避之不及；二是考虑到相关部门的行政管理权限，政策名称和关注范围仅限于政策起草者本部门管辖范围内与休闲相交叉的部分；三是由于休闲涉及内容极为广泛，哪些活动算是休闲活动，哪些政策应该归为休闲政策，依然存在诸多争议。正如《欧洲的休闲政策》一书所指出的，20世纪60年代以来，休闲已经成为欧洲各国的重要政策议题①。尽管不一定在字面上体现出"休闲政策"或"休闲公共政策"的字样，但是所有国家都出台过与休闲有关的政策。

（二）相关政策处于分散、间接状态

人们的休闲活动范围很广，休闲供给多种多样，与休闲相关的管理部门为数众多。就我国而言，至少包括：国家旅游局（对应人们的消遣旅游活动）；文化部（对应与文化、演艺、网络游戏等有关的文化休闲活动以及涉及文物、文化遗产的休闲活动）；国家体育总局（对应各种体育健身休闲活动）；住房与城乡建设部（管理各类公园及风景名胜区）；工业和信息化部（对应与互联网有关的各种休闲活动）；国家新闻出版广电总局（对应与广播电视及阅读有关的休闲活动）……此外，还有许多其他综合职能部门间接与人们的休闲活动相关，如国家发展和改革委员会、财政部、商务部、国土资源部、环境保护部、国家统计局、国家工商总局等。这些部门出台的一些法规、政策也会对人们休闲需求的满足、休闲活动的引导、休闲设施的提供以及对相关产业的推动起到一定作用。

由于前述原因，上述部门以及更高层级的政府部门所制定的休闲相关政策往往具有如下三个特征：一是局部的，只对应人们的一部分休闲活动（如体育休闲、旅游休闲、文化休闲）和相关供给，没有哪项政策和法规是直接针对休闲发展整体的；二是分散的，不同政策相互分散，

---

① P. Bramham, I. P. Henry, H. Mommass, and H. van der Poel (eds.), *Policy Leisure Policies in Europe* (University of Arizona Press, 1992).

彼此之间的关联性、衔接性不强;三是间接的,这些政策,其名称不仅没有"休闲"二字,其着力点也不直接或主要针对休闲,更多地体现为间接性推动。

(三)多以供给侧为着力点

综观上文所列政策,多以供给侧为改革着力点,其核心目的是增加供给数量,改善供给结构,提升供给质量,这在以供给侧结构性改革为主线的当下,是非常必要的。不过辩证地看,供给与需求相互依存,供给政策和需求端管理也相辅相成。就我国休闲发展现实而言,既存在供给侧改革的必要,例如加大公共性休闲设施、休闲服务和休闲空间的供给,完善休闲产品与服务使之更好地适应多层次的民众需求,对商业性休闲设施与公共性休闲设施制定明确的政策等;也存在激发需求端的必要,例如提高人们的休闲意识,提高城乡居民的休闲支付能力(包括休闲时间和可自由支配收入),引导健康的休闲习惯和文明的休闲行为等。总体来看,目前的相关政策多强调政府对公共性休闲设施和服务的供给以及对商业性休闲产品供给的引导,对需求的重视不够。实际上,要使这些供给真正发挥作用,还应该重视需求端管理,尤其是通过调整公共政策来激发和释放人们的休闲需求。

三 推动休闲发展的相关政策建议

(一)重视休闲的社会经济功能,为其正名

人们享有休闲的程度是一个国家(地区)生产力水平高低的标志,也是其社会文明程度的体现。早在 20 世纪 90 年代,英国学者 K. Roberts 在《现代社会中的休闲》一书中就已指出,"休闲已成为人们日常生活中的重要组成部分,也是人们生活质量的标志……休闲时间、休闲花费、人们对休闲活动的参与比例都在不断增加。人们的财富——物质的、精

神的、社会的，都越来越取决于其休闲"①。随着我国社会经济的发展，休闲在社会经济中的作用日益凸显。除其显著的经济功能外，休闲对于促进个体身心健康、融洽家庭关系、增进文化交流、促进社会和谐、推动社会进步都具有不可替代的作用。因此，政府、媒体和相关主体应充分重视休闲的社会经济价值，纠正对休闲的负面理解。在公共政策的制定中，要改变目前将休闲混同在旅游、体育、文化等相关领域之中用"社会领域"等概念加以称呼的做法，给予休闲应有的正名、清晰的界定和整体的考虑。

（二）明确休闲的行政管理机构，强化职能

2007年《政府工作报告》中明确提出"积极培育休闲消费热点"，首次将休闲纳入经济社会发展的工作部署；2009年，国务院在"三定"方案中明确将"引导休闲度假"确定为国家旅游局的职能，这意味着"休闲"作为一个专门领域，正式被纳入行政管理范畴。此后国家旅游局确定由综合协调司行使"引导休闲度假"的职能，具体工作由假日处承担。2009年以来，在国家旅游局的总体领导和相关部门的支持配合下，综合协调司开展了一系列开拓性工作。但是由于各种原因，特别是休闲的广泛性以及行政体系的刚性，近年来相关工作推进总体上相对缓慢，不能适应休闲需求和休闲供给的快速发展。

从全球范围来看，目前绝大多数国家政府中设有负责休闲事务的部门，尽管其名称中不一定有"休闲"两个字。根据我国目前的行政管理体制，建议成立"全国休闲发展委员会"，统一协调、全面负责有关休闲发展的重大政策、决策。委员会可设在国家旅游局，成员包括国家体育总局、文化部、住房与城乡建设部、工业和信息化部、国家新闻出版和广电总局、教育部等。通过该委员会的倡导和推动，同时激发地方政府的积极性，形成上下联动、横向交融的休闲发展新格局。

---

① K. Roberts, *Leisure in Contemporary Society* (CABI Publishing, 1999).

(三)加强相关政策的评估和对接,重视效果

总体来看,我国近年来出台了不少与休闲相关的政策。这些政策出发点、侧重点和目标任务各有不同,其主要内容和具体措施也不一样。未来要在明确国家休闲发展总体思路和顶层设计的基础上,对所有涉及休闲发展的政策进行必要的梳理,强化政策之间的衔接性。同时要对既有政策的实施效果进行全面评估。以广大民众最为关注的休假制度为例,《国民旅游休闲纲要(2013~2020年)》中提出"到2020年全面推行带薪休假制度";2015年出台的《关于进一步促进旅游投资和消费的若干意见》中提出2.5天休假模式。这些政策的实施效果如何,应给予全面评估。

(四)强调地方政府休闲管理职能,纳入规划

地方政府在休闲的公共管理,特别是供给方面扮演重要角色。要推动休闲发展,就必须充分调动各级地方政府的积极性。本报告建议,可以按照"三纳入"的要求,将休闲发展纳入各级地方政府的经济社会发展规划、财政预算和年度工作报告,来促使其对休闲相关产业发展、居民休闲按需求的满足给予更高重视。在有条件的地方,甚至可以考虑推行"六纳入"的做法,将休闲发展纳入政府实事工程、政府部门目标管理体系和文明城市指标体系。

附录 "十三五"国家基本公共服务清单中与休闲直接相关的项目

公共文化设施免费开放	城乡居民	公共图书馆、文化馆(站)、公共博物馆(非文物建筑及遗址类)、公共美术馆等公共文化设施免费开放,基本服务项目健全	地方人民政府负责,中央财政适当补助	文化部、国家文物局、财政部
送地方戏	农村居民	根据群众实际需求,采取政府购买服务等方式,为农村乡镇每年提供戏曲等文艺演出服务	地方人民政府负责,中央财政适当补助	文化部、教育部、国家新闻出版广电总局、财政部

续表

收听广播	城乡居民	为全民提供突发事件应急广播服务。通过直播卫星提供不少于17套广播节目，通过无线模拟提供不少于6套广播节目，通过数字音频提供不少于15套广播节目	中央和地方人民政府共同负责	国家新闻出版广电总局、财政部
观看电视	城乡居民	通过直播卫星提供25套电视节目，通过地面数字电视提供不少于15套电视节目，未完成无线数字化转换的地区提供不少于5套电视节目	中央和地方人民政府共同负责	国家新闻出版广电总局、财政部
观赏电影	农村居民、中小学生	为农村群众提供数字电影放映服务，其中每年国产新片（院线上映不超过2年）比例不少于1/3。为中小学生每学期提供2部爱国主义教育影片	地方人民政府负责，中央财政适当补助	国家新闻出版广电总局、财政部
读书看报	城乡居民	公共图书馆(室)、文化馆(站)和行政村(社区)综合文化服务中心(含农家书屋)等配备图书、报刊和电子书刊，并免费提供借阅服务；在城镇主要街道、公共场所、居民小区等人流密集地点设置公共阅报栏(屏)，提供时政、"三农"、科普、文化、生活等方面的信息服务	地方人民政府负责，中央财政适当补助	文化部、国家新闻出版广电总局、财政部
少数民族文化服务	主要少数民族地区居民	通过有线、无线、卫星等方式提供民族语言广播影视节目；提供民族语言文字出版的、价格适宜的常用书报刊、电子音像制品和数字出版产品。提供少数民族特色的艺术作品，开展少数民族文化活动	地方人民政府负责，中央财政对部分事项予以补助	国家新闻出版广电总局、文化部、财政部
参观文化遗产	未成年人、老年人、现役军人、残疾人和低收入人群	参观文物建筑及遗址类博物馆实行门票减免，文化和自然遗产日免费参观	中央和地方财政分别负担	国家文物局、财政部
公共体育场馆开放	城乡居民	有条件的公共体育设施免费或低收费开放；推进学校体育设施逐步向公众开放	地方人民政府负责，中央财政对部分事项予以补助	国家体育总局、教育部、财政部
全民健身服务	城乡居民	提供科学健身指导、群众健身活动和比赛、科学健身知识等服务；免费提供公园、绿地等公共场所全民健身器材	地方人民政府负责，中央财政对部分事项予以补助	国家体育总局、教育部、财政部

G.3
中国休闲体育产业政策的解读和思考*

凌 平**

摘　要： 政策是国家或政党为实现一定历史时期的路线而制定的行为准则，规划则是长远的发展计划和未来的行动方案。2016年中共中央、国务院先后下发了与健康休闲产业相关的8个重要文件，其力度之大、发文之密集可谓前所未有。本报告以休闲体育产业为视角，以国家文件为依据，从时代背景、发展目标、发展格局、主要困惑和思考等方面对我国的冰雪运动产业、山地户外运动产业、水上运动产业、航空运动产业、居民日常休闲体育产业、体育旅游和体育文化创意产业进行了政策解读和分析，并提出了未来我国休闲体育产业发展的若干思考。

关键词： 健康中国　健康休闲产业　全民健身计划　休闲体育产业　体育旅游

2016年以来，国家在促进休闲体育发展上陆续出台了《"健康中国2030"规划纲要》《全民健身计划（2016~2020年）的通知》《关于加快发展健身休闲产业的指导意见》《关于进一步扩大旅游文化体育健康养老教育

---

* 2016年度国家社会科学基金重大项目：中国体育深化改革重大问题的法律研究，项目编号：16ZDA225，子项目：体育产业深化改革的法律问题。
** 凌平，博士、教授、博导，杭州师范大学全民健身研究中心主任，研究方向为体育休闲与体育产业。

培训等领域消费的意见》。国家体育总局为贯彻《国务院关于加快发展体育产业促进体育消费的若干意见》精神，联合国家发改委等部委正式印发了《山地户外运动产业发展规划》《水上运动产业发展规划》《航空运动产业发展规划》《冰雪运动发展规划（2016~2025年）》；国家旅游局和国家体育总局联合出台了《关于大力发展体育旅游的指导意见》。短短一年时间里，围绕健康休闲产业出台如此高规格的系列文件，这在中国历史上是绝无仅有的。伴随中国大健康时代的到来，中国健康休闲产业必将获得全面发展，并成为国民经济的支柱产业。为了了解这一产业的市场结构、市场规模、产业布局、产业形态、人才特征和人才培养，必须深入解读我国休闲体育产业的宏观政策。

一 国家休闲体育产业政策出台的时代背景

（一）我国休闲体育产业发展进入成熟阶段

社会经济的发展为休闲体育产业的快速崛起提供了重要的物质基础，人们逐渐增多的闲暇时间为休闲体育产业的产生和发展提供了条件；休闲体育产业的发展，则从文化层面提升了人们休闲的意识。在各种因素的相互影响下，休闲体育产业的发展可以划分为三个阶段。第一阶段，休闲体育产业的萌芽阶段。这一阶段与经济社会发展相适应（人均GDP尚未达到3000美元），休闲体育文化的存在和发展主要依靠经济社会。第二阶段，休闲体育产业持续发展阶段。第三阶段，休闲体育产业成熟阶段。在此阶段，人均GDP超过8000美元，休闲体育文化已经非常流行，且已形成强大的推动力，休闲体育产业已经形成自我发展机制。在此阶段，休闲体育产业在经济运行中占有重要地位，成为国民经济的支柱产业。

目前我国休闲体育产业正在开始从第二阶段向第三阶段迈进。第一，我国经济社会多年来持续健康发展，据国家统计局报告显示，2016年我国人均GDP达到7250美元，部分沿海城市的人均GDP在2014年已经超过

12000 美元。但我国区域之间、城乡之间还存在很大的发展差距，不能单就人均 GDP 这一指标就断定我国休闲体育产业已经进入了成熟阶段。这一指标表明，我国休闲体育产业已经具备了走向成熟的经济基础。第二，休闲体育产业对社会经济发展的贡献还比较有限。2014 年我国体育产业对国民经济的贡献率只有 0.9%，距离发达国家有很大差距，也表明我国休闲体育产业发展还有巨大的发展空间。第三，休闲体育文化正在形成，但尚未成为社会主流文化共识。随着人们休闲意识的不断提升，休闲行为选择逐渐成为热议话题，休闲体育逐步向科学化、系统化方向迈进，因此，党和政府的系列文件出台将极大地促进这一产业的快速发展。

（二）全民健身已经上升为国家战略

全民健身是一项可以从多方面提升国家综合实力的社会事业。2014 年 10 月，国务院印发《关于加快发展体育产业 促进体育消费的若干意见》，将全民健身上升为国家战略，意味着一个以满足人民群众健身需求为基础，引发健身消费，产生经济效益，带动经济发展，提供全民健身软硬件产品服务的上、中、下游产业链由此形成。这条产业链包括体育健身健美、体育休闲娱乐、体育竞赛表演、体育场馆服务、体育培训与教育、体育经纪与文化创意、体育产品研发及制造和销售等环节，是一个共生共荣的有机体。全民健身产业链依据全民健身的特殊性以及时代发展的需要，有主导产业链、配套产业链和关联产业链之分，是一个与科技、文化、教育、健康、养老、旅游等相关行业紧密联系、横向串联、纵向整合的链条网。

（三）体验经济的到来催生休闲体育产业的发展

体验经济[①]的观点一经提出就受到了人们的关注。居民需求上升、企业发展转型、物质基础加强、科技保障有力，这些要素在近一个时期全方位地促进了体验经济的发展。

---

① 约瑟夫·派恩、詹姆斯·H. 吉尔摩：《体验经济》，毕崇毅译，机械工业出版社，2002。

休闲体育恰恰吻合了这一特征，为信息化时代的人们提供了各类缺失的身体体验和精神体验，更是人类反抗现代化对人类机体迫害的一种回应，也是人类感性生命对理性生命的一种回补，还是人类理性生命对感性生活的一种呼唤。由此可见，体验经济为休闲体育供给的产生与发展奠定了理论基础，休闲体育必将成为第三产业发展中的支柱产业。

休闲体育产业的体验主要是通过"玩"的方式来实现的，而好玩、会玩、能玩是现代人追求休闲人生的境界，教会人玩、组织人玩、带领人玩是休闲体育产业发展的关键，让人玩出文化、玩出精彩、玩出人生是休闲体育的极致追求。应该充分利用各种自然资源、社会资源和文化资源发展休闲体育产业，通过保护山水灵魂、丰富山水产品、引导山水度假、做足山水创意、优化山水体验、完善山水服务，把我国的山水资源、滨海资源、冰雪资源、航空资源打造成生态涵养地、山水大观地、历史文化地、避暑养生地、运动休闲地和国民度假地。

二 2016年国家颁发与休闲体育产业相关政策的主要目标

（一）《"健康中国2030"规划纲要》

中国30多年的改革开放，在政治、经济、社会、文化、科技上取得了举世瞩目的成就，要实现中国的两个百年梦想，推进"健康中国"建设是全面提升中华民族健康素质、实现人民健康与经济社会协调发展的重要基础，是履行2030年可持续发展议程国际承诺的重大举措。《"健康中国2030"规划纲要》要求优化市场环境、培育多元主体、引导社会力量参与健身休闲设施建设运营；加快开放体育资源，创新健身休闲运动项目推广普及方式，鼓励发展多种形式的体育健身俱乐部，丰富业余体育赛事；积极培育冰雪、山地、水上、汽摩、航空、极限、马术等具有消费引领特征的时尚休闲运动项目；打造具有区域特色的健身休闲示范区、健身休闲产业带。

（二）健身休闲产业

健身休闲产业是在人们闲暇的时间里，以体育运动为载体、以直接或间接的身心体验为主要形式，以满足机体健康、心理快乐为目的，向大众提供相关产品和服务的一系列经济活动，涵盖健身服务、休闲娱乐、运动竞技、体育培训、体育科技、体育文化、场馆设施建设、器材装备制造等业态。《关于加快发展健身休闲产业的指导意见》对此提出了五个方面的主要目标。

一是普及日常健身。日常健身主要包括一些普及性广、关注度高、市场空间大的运动项目，如足球、篮球、排球、乒乓球、羽毛球、网球、游泳、徒步、路跑、骑行、棋牌、台球、钓鱼、体育舞蹈、广场舞等。

二是发展户外运动。户外运动主要包括以下四个方面。（1）冰雪运动。以举办2022年冬奥会为契机，围绕"三亿人参与冰雪运动"的发展目标，以东北、华北、西北为带动，以大众滑雪、滑冰、冰球等为重点，深入推进"南展西扩"，推动冰雪运动设施建设，全面提升冰雪运动普及程度和产业发展水平。（2）山地户外运动。推广登山、攀岩、徒步、露营、拓展等山地户外运动项目，推动山地户外运动场地设施体系建设，健全山地户外运动赛事活动组织体系，加强户外运动指导员队伍建设，完善山地户外运动安全和应急救援体系。（3）水上运动。推动公共船艇码头建设和俱乐部发展，积极发展帆船、赛艇、皮划艇、摩托艇、潜水、滑水、漂流等水上健身休闲项目。（4）汽车、摩托车运动。推动汽车露营营地和中小型赛车场建设，利用自然人文特色资源，举办拉力赛、越野赛、集结赛等赛事，组织家庭露营、青少年营地、主题自驾等活动，不断完善赛事活动组织体系。（5）航空运动。推动航空飞行营地和俱乐部发展，推广运动飞机、热气球、滑翔、飞机跳伞、轻小型无人驾驶航空器、航空模型等航空运动项目，构建以大众消费为核心的航空体育产品和服务供给体系。

三是发展特色运动。推动极限运动、电子竞技、击剑、马术、高尔夫等时尚运动项目健康发展，培育相关专业培训市场；发展武术、龙舟、舞龙舞狮等民族民间健身休闲项目；传承推广民族传统体育项目，加强体育类非物质文化遗产的保护和发展；加强对相关体育创意活动的扶持，鼓励举办以时尚运动为主题的群众性活动。

四是促进产业互动融合。大力发展体育旅游，支持和引导有条件的旅游景区拓展体育旅游项目，促进健身休闲与文化、养老、教育、健康、农业、林业、水利、通用航空、交通运输等产业融合发展。

五是推动"互联网+健身休闲"。鼓励开发以移动互联网、大数据、云计算技术为支撑的健身休闲服务，提升场馆预定、健身指导、运动分析、体质监测、交流互动、赛事参与等综合服务水平。

（三）全民健身计划

《全民健身计划（2016~2020年）》提出：到2020年，每周参加1次及以上体育锻炼的人数达到7亿，经常参加体育锻炼的人数达到4.35亿，体育消费总规模达到1.5万亿元，全民健身成为促进体育产业发展、拉动内需和形成新的经济增长点的动力源。

（四）旅游文化体育健康养老教育培训

《关于进一步扩大旅游文化体育健康养老教育培训等领域消费的意见》对旅游、文化、体育、健康、养老、教育培训等重点领域做出发展规划。对体育提出的目标主要有三点：一是要在2016年内完成体育类社团组织第一批脱钩试点，以足球、篮球、排球三大球联赛改革为带动，推进职业联赛改革；二是要提高体育场馆使用效率，盘活存量资源，推动有条件的学校体育场馆设施在课后和节假日对本校学生和公众有序开放，运用商业运营模式推动体育场馆多层次开放利用；三是要制定实施冰雪运动、山地户外运动、水上运动、航空运动等专项运动产业的发展规划。

三 新时期我国休闲体育产业的发展格局

（一）冰雪运动产业

《冰雪运动发展规划（2016~2025年）》提出，到2025年，直接参加冰雪运动的人数超过 5000 万，并带动 3 亿人参与冰雪运动，力争在 2022 年冬奥会上综合实力跻身世界先进行列；2020 年冰雪产业总规模达到 6000 亿元，2025 年冰雪产业总规模达到 10000 亿元。

直接参加冰雪运动的人群是指以运动竞技、健身休闲等为目的，进行冰雪运动的人群，如冰雪项目的运动员、教练员、裁判员，冰雪运动爱好者，参加学校冰雪运动课程的学生等。直接参加冰雪运动的人群是冰雪运动的核心人群，也是冰雪运动产品的主要提供者、培训者、管理者和消费者，目前距 5000 万直接参加冰雪运动的人数差距甚远。提高直接参加冰雪运动的人群主要可通过推行"百万青少年上冰雪"计划和"校园冰雪计划"，促进青少年冰雪运动的普及。

间接参与冰雪运动的人群是指冰雪运动影响到的相关人群，包括冰雪赛事及相关活动的观众，参与冰雪嘉年华、冰雪旅游节、冰雪冬令营等冰雪体验活动的人群，冰雪产业的从业人员等。提高间接参加冰雪运动的人群可借助筹办 2022 年冬奥会的契机，积极推动冰雪旅游产业发展；指导冰雪资源大省做好冰雪旅游专项规划，充分发挥市场作用；整合现有资源，建设一批复合型冰雪旅游基地和冰雪运动中心；鼓励冰雪运动场地开发大众化冰雪旅游项目，建设一批融滑雪、登山、徒步、露营等多种健身休闲运动为一体的体育旅游度假区或度假地；促进冰雪产业与相关产业深度融合，增强产业创新能力，提供多样化产品和服务。

（二）山地户外运动产业

《山地户外运动产业发展规划》提出：到 2020 年，山地户外运动产业总规模达到 4000 亿元，成为推动经济社会持续发展的重要力量。

山地户外运动产业主要包括登山、徒步、露营、骑行、自然岩壁攀登、定向与导航等项目，是以自然山地环境为载体、以参与体验为主要形式、以促进身心健康为目的，向大众提供相关产品和服务的一系列经济活动。到 2020 年我国将建设 3~5 个国家级山地户外运动示范区、50 条山地户外运动精品线路、50 个山地户外运动精品项目。初步估计，到 2020 年我国将有 1

亿人经常参加登山、徒步运动，汽车、房车和山地自行车露营基地达到2000个，将直接拉动房车的生产和销售1000亿元，拉动山地自行车的生产和销售1000亿元。

（三）水上运动产业

《水上运动产业发展规划》指出，到2020年，水上运动产业总规模达到3000亿元，水上俱乐部达到1000个，全国水上（海上）国民休闲运动中心达到10个。

以帆船、赛艇、皮划艇、钓鱼项目为引领，以海洋、江河、湖泊为载体，以竞技、休闲、娱乐、探险、旅游为主要形式，大力发展帆船（板）、赛艇、皮划艇（激流）、摩托艇、滑水、潜水（蹼泳）、钓鱼、极限（冲浪、漂流）等项目，改造一批国家级水上运动训练基地，推动运动船艇码头建设，逐步构建水上运动赛事体系，努力打造水上运动品牌赛事，繁荣水上运动企业主体，全面提升水上运动教育质量。

（四）航空运动产业

《航空运动产业发展规划》指出，到2020年，航空运动产业经济规模将达到2000亿元，建立航空飞行营地2000个，各类航空运动俱乐部1000家，参与航空运动消费人群达到2000万人。到2020年，建成各类航空飞行营地2000个，五星级、四星级、三星级及以下级别航空飞行营地分别占建成总数的1%、29%和70%，四星级以上航空飞行营地基本覆盖国内经济发达的主要城市和地区。以运动飞机、热气球、滑翔、飞机跳伞、轻小型无人驾驶航空器、航空模型为主体，带动相关系列产品、服务和产业链的发展，推动我国时尚体育运动的健康发展。

（五）居民日常休闲体育产业

《国务院关于加快发展体育产业促进体育消费的若干意见》提出，到2025年，我国的人均体育场地面积将达到2平方米，经常参加体育锻炼的人数达到5亿人。如果按照每年人均体育消费2000元计算，2025年居民日常体育消费可达1万亿元。中国经济近十年的持续高涨和人民生活水平的快速提高，使得国家和地方政府拥有了大量的资金建造体育运动设施，人均体育消费持续提高，人均闲暇时间逐步增加，人们活动的空间和范围日益扩大。随着居民体育观念的改变，花钱买健康、花钱买娱乐、花钱买快乐已经开始成为趋势，城镇公共体育场馆和设施的需求与日俱增。以足球、篮球、排球、乒乓球、羽毛球、网球、游泳、徒步、路跑、骑行、棋牌、台球、钓鱼、体育舞蹈、广场舞等为主要内容的居民日常休闲体育是当今中国居民重要的生活方式之一，更是中国居民核心的运动休闲方式。

（六）体育旅游

《关于大力发展体育旅游的指导意见》指出：到2020年，在全国建成100个具有重要影响力的体育旅游目的地，建成100家国家级体育旅游示范基地，推出100项体育旅游精品赛事，打造100条体育旅游精品线路，培育100家具有较高知名度和市场竞争力的体育旅游企业与知名品牌，体育旅游总人数达到10亿人次，占旅游总人数的15%，体育旅游总消费规模突破1万亿元。届时以体育运动为核心，以现场观赛、参与体验及参观游览为主要形式，以满足健康娱乐、旅游休闲为目的，向大众提供相关旅游产品和服务的体育旅游将成为一股势不可当的发展潮流。

（七）体育文化创意产业

体育文化创意产业是一种在经济全球化背景下产生的以创造力为核心的新兴产业，强调一种主体文化或文化因素依靠个人（团队）通过技术、创意和产业化的方式开发、营销体育知识产权的行业。体育文化创意产业主要包括"互联网+健身"休闲，以体育大数据、云计算技术为支撑的健身休闲服务，还包括体育贸易、体育资本运作、体育基金会、体育经纪、体育赞助、体育特许产品、体育保险、体育媒介、体育博彩、体育人才培养、体育

赛事运营、体育软件开发、体育网络游戏、体育营销策划、体育咨询、体育会展、体育科研等业态。

可以预见，"互联网+体育"的发展势头不可低估，体育金融、体育保险、体育资本运作、体育交易平台、体育媒体等已经吸引了大量非传统体育的专业人才进入体育产业的市场发展，体育人才培养、体育咨询和体育科研发展更加紧密地服务市场、服务地方经济、服务社会文化建设。在大众创业、万众创新氛围中，体育文化创意产业的发展前景较好、发展势头迅猛，产业增加值近几年出现高于50%的增长率，是一块无法估量的增长高地。

四　中国休闲体育产业发展的主要困惑

（一）体育竞赛表演市场缺乏球迷基础

我国发展体育竞赛表演市场的外环境良好，但内环境匮乏，至少需要10年的不懈努力才有可能真正形成规模。形成规模的体育竞赛表演市场必须具备以下一些基本条件：赛事的品牌、关注度、球迷队伍、体育组织、体育赛制、体育明星、职业体育俱乐部、体育赞助、门票收入、风险投资、资本运作、法制建设、网络媒体及老百姓的体育价值观念等。但是我国目前尚缺乏良好的赛事市场，体育协会实体化步履维艰，职业体育俱乐部生存艰难，球迷队伍捉襟见肘，品牌赛事难以落地，体育明星的社会价值少有体现，这些条件是很难在10年内形成的。

（二）休闲体育产业的业态和盈利模式不清晰

广义上讲，休闲体育产业是指那些为满足人们休闲体育消费而提供的产品和服务的集合，这里主要是指由体育组织或企业向社会提供的非公共体育用品和服务的集合，包括冰雪运动产业、山地户外运动产业、水上运动产业、航空运动产业、居民日常运动休闲产业、体育旅游和体育文化创意产业等业态。

围绕日常居民对运动休闲的需求导向,基于我国城市的地理环境、气候特点、文化氛围和休闲体育资源,目前在运动休闲领域初步形成以下一些产业集群。一是城市运动休闲产业集群,主要包括各种运动项目的俱乐部(乒乓球、羽毛球、网球、篮球、足球、游泳等)、健身房(健身、健美、武术、瑜伽、跆拳道等)、社区体育活动中心等,消费的主要对象为城市的中产阶层和城市中产阶层家庭的青少年人群。二是户外运动休闲产业集群,主要包括登山俱乐部、骑行俱乐部、户外拓展俱乐部、自驾游俱乐部、长跑俱乐部、滑翔俱乐部、高尔夫俱乐部、游艇俱乐部、钓鱼俱乐部等,其中滑翔、高尔夫、游艇的消费对象为城市精英阶层;登山、骑行、户外拓展的消费对象主要为大学生。三是体育旅游产业集群,主要包括赛事体育旅游(职业运动员、各项目业余运动员、相关赛事组织人员、赞助商、新闻媒体等参加各类比赛的旅游)、球迷赛事旅游、运动休闲度假旅游(滨海、滨水、山地、探险、极限)、体育养身旅游(海岛、森林、温泉、保健)、其他体育旅游(体育培训、体育夏令营、体育康复治疗等)。据国内一些运动休闲行业协会反映,一些新兴的体育"互联网+企业"因找不准市场切入点已经面临倒闭的风险;各类健身会所和体育俱乐部在销售会员卡方面存在严酷的价格竞争,而在后续的培训、指导和服务上又难以满足顾客的要求;户外运动蓬勃发展,但在培训、装备、安全意识、风险管控和组织管理上尚缺乏系统规范;体育旅游因涉及部门利益,体育主管部门和旅游主管部门多头管理,互相推诿,不敢承担责任的事件时有发生。

(三)体育健身服务业中的社会体育组织建设严重滞后

如何建设全民健身公共服务体系?如何完善基本公共体育服务标准?如何实现经常参加体育锻炼的人数比例占全国人口总数的38%?如何实现公共体育场地100%向社会开放,人均体育场所面积达到2平方米的目标?如何通过增加经常性参加体育锻炼的人数来拉动体育产业的发展?

相对身边的体育场地、体育活动、体育指导而言,体育组织是目前发展

严重滞后的领域，这既有体育行政主管部门不愿意下放权力的历史问题，也有难以在民政部门注册登记的问题。在蓬勃兴起的全民健身热潮中，民间体育组织和体育社团以不同的方式先后成立，有跑神俱乐部、山地自行车俱乐部、自驾游俱乐部、登山俱乐部、广场舞晨晚练习点等，它们有的是网络组织，有的是民办非企业组织，有的是微信或QQ群团体，有的是不以营利为目的开展经营活动的培训机构。但这些体育组织要么不正规，要么非常松散，多数组织没有在民政部门注册登记，它们开展的活动一般没有报批或备案，欠缺风险管理。

（四）扩大体育用品制造业的难度较大

以杭州体育用品制造业的现状为例，目前杭州规模以上的体育用品企业有66家，体育用品制造业并不发达，主要有富阳区上官乡的羽毛球、华鹰集团的皮划艇和赛艇、祥瑞的龙舟、淳安的渔具、临安的户外用品等，还有一些体育健身器材、体育场地用品、穿戴式便携智能体育用品、运动康复器材、体质测量器材等，但规模都不大，缺乏品牌效应，产业集聚度较低，市场规模较小。2014年杭州市体育产业增加值为84.8亿元，占地区生产总增加值的0.92%，如果按照体育用品制造业与体育服务业75%和25%的比例推算，2014年杭州市体育用品制造业的增加值应该在63.3亿元。如果2025年杭州市的体育总产值为1200亿元，体育用品制造业与体育服务业的比例为60∶40，那么体育用品制造业的总产值需要达到720亿元。这既是巨大的发展空间，也是严峻的挑战，究竟有哪些企业能够达到如此之大的产业规模？

根据杭州市现有的体育用品制造、体育装备制造和体育用品销售企业的品牌和规模推算，2025年杭州市的体育用品制造业的产值规模是达不到720亿元的。2015年，杭州富阳区华鹰集团生产的游艇、皮划艇和赛艇总产值接近2亿元，如果到2025年以翻两番的速度发展，2025年也只有8亿元，而杭州目前找不出50家同类规模的体育用品制造、体育装备制造和体育用品销售的企业。体育用品制造的小微企业很难在未来的市场竞争中存活下来，没有科技含量的体育用品是没有市场竞争力的，依靠价格优势和低廉的劳动力成本难以维系企业的生存。

（五）经营性体育场馆的匮乏限制体育场馆服务业的发展

体育场馆服务业是指利用体育场馆的各种功能向社会提供各类体育活动、运动竞赛、体育表演、体育培训、文艺演出、产品会展等服务的集合。

根据全国第六次体育场地普查结果，近十年来我国体育场地建设有了较快的发展，取得了可喜的成绩。然而，从数据上看，仍存在以下一些问题：人均体育场地面积虽有提高，但仍显不足；体育场地面积统计存在不确定性；体育场地建设的资金投入比例呈偏态现象；体育场地发展不平衡，大型体育场地的利用率低，居民小区的体育场地捉襟见肘；体育场地的功能单一，多元化开发尚显不足；私营企业介入不多，体育场地的专业化管理程度极低，场地经营亏损的远远大于盈利的；户外运动场地开发和建设速度远远大于室内运动场地的建设，以修建健身步道来快速提升人均体育场地面积已经成为各区发展体育场地面积的一种普遍手段。

（六）冰雪和航空运动产业发展不容乐观

我国冰雪和航空运动的普及程度不高、参与人数较少，群众参与率低的直接后果是运动员后备力量基数小；限于气候条件、投入等制约因素，目前我国冰雪和航空产业有效供给不足，规模不大，自主品牌尚未形成；场地设施数量不足，建设运营标准和制度缺失；建设运营的各类专业人才不足，体制机制还有待完善。

五 中国休闲体育产业发展的思考

中国的休闲体育产业已经进入一个全新的发展阶段，尽管困难重重、步履维艰，但前途光明，发展后劲势不可当。从国际上的成功经验来看，仍需处理好以下几个方面的问题。

（一）标准化与多元化需要共存

奥林匹克运动项目的竞赛规则是国际统一标准化的典型范例，是体育运动发展的重要基石，是体育运动文化在全世界普及、开展的重要标准，也是休闲体育运动发展的主要趋势。然而不同民族、文化、种族、社会制度、肤色、地域、性别、年龄的人们从事体育活动的内容、形式、项目都大相径庭。我们可以在精英体育中找到统一的标准，却不能在大众休闲体育中找到衡量的标准，精英体育项目的趋同化与大众休闲体育活动内容的多元化是当今和未来休闲体育发展的一大趋势。

（二）民族化与国际化需要融合发展

休闲体育运动项目层出不穷，令人目不暇接。有些是民族化的，如澳大利亚人与鸵鸟一起休闲，加拿大人学鸭子在水里扑腾，法国人在大街上滑旱冰，印度人的跑酷，这类项目一般没有标准，多与当地的民俗民风、民间文化相联系，是一种深耕于文化土壤中的休闲体育项目。休闲体育由民族化向国际化发展已经成为一大趋势，高尔夫运动由苏格兰放牛娃的挥杆击石发展为今天的PGA国际高尔夫球锦标赛，当初的民间休闲体育项目已经演变成全世界最热门的运动项目之一；中国的武术逐步走向世界也表明了这一发展态势。

（三）竞技体育与健身休闲需要相得益彰

从1984年我国开始实施《奥运争光计划》到1995年的《全民健身计划纲要》再到2013年的《国民旅游休闲纲要》，中国体育从服务国家、服务政治发展到服务社会、惠顾百姓、关注民生，其间发生了巨大的变化。竞技体育更加向商业化、产业化和市场化发展，成为观赏性体育的重要内容；休闲体育更加向大众化、社区化发展，成为参与性体育的重要内容，竞技体育与休闲体育相互促进，才能极大地丰富人们的生活内容和生活品质。

（四）陆地、水上和空中的运动项目需要全面发展

人类对未知世界的探索有些是从休闲体育项目发展中获得的，攀登珠穆朗玛峰、穿越罗布泊、翼装飞行、铁人三项、美洲杯帆船赛都是挑战山峰、海洋、天空、探索未知世界的体育活动，随着科学技术的发展，人类将以各种方式创造和发明出新型的体育项目。在休闲体育领域，相对成熟的陆地休闲体育将与海洋休闲体育、空中休闲体育融合发展，为人类的探索活动提供基础，为人类的新颖体验提供机会，为人类实现太空梦想、海底梦想提供可能。

（五）科学技术需要全面引入休闲体育项目

如果没有热气球的发明就不会有热气球运动；没有飞机的发明就不会有滑翔运动；没有帆船帆板的普及就不会出现冲浪运动；我们使用的乒乓球拍，也已经从铁板、木板、胶皮板、海绵板演变成今天的长胶、防弧、生胶、反胶、正胶等不同类型的乒乓球拍。人类运动项目的花样翻新、层出不穷，一方面得益于人类生活方式的变化，另一方面受益于科学技术的发展及将科学技术的研究成果有效地运用到休闲体育项目的开发和实践之中。

（六）休闲体育活动需要融入政治、经济、社会、文化、教育发展

2008年，80多个国家和地区的领导人应邀参加了北京奥运会开幕式；2014年3月，习近平主席在访问德国期间专程看望了在德国培训的中国青少年足球运动队；李娜先后两次夺得澳大利亚网球公开赛和法国网球公开赛的冠军，在中国掀起了一股网球热。休闲体育活动已经成为政治、经济、社会、文化和教育发展的重要内容，成为一个国家领导人亲和力的象征，成为经济发展的一个重要产业，成为文化创新的重要表现方式，成为青少年教育的重要手段之一，成为民众强身健体的重要内容，成为居民生活方式的重要组成部分。

参考文献

中共中央、国务院:《"健康中国2030"规划纲要》,2016年10月25日。

《国务院关于印发全民健身计划(2016~2020年)的通知》(国发〔2016〕37号),2016年6月15日。

《关于加快发展健身休闲产业的指导意见》(国办发〔2016〕77号),2016年10月28日。

《关于进一步扩大旅游文化体育健康养老教育培训等领域消费的意见》(国办发〔2016〕85号),2016年11月20日。

《国务院关于加快发展体育产业促进体育消费的若干意见》(国发〔2014〕46号),2014年10月20日。

《山地户外运动产业发展规划》(体经字〔2016〕691号)、《水上运动产业发展规划》(体经字〔2016〕690号)、《航空运动产业发展规划(体经字〔2016〕692号)》和《冰雪运动发展规划(2016~2025年)》(体经字〔2016〕693号),2016年11月3日。

《关于大力发展体育旅游的指导意见》(旅发〔2016〕172号),2016年12月22日。

G.4
中国休闲教育政策初探

刘慧梅　沈晓云*

摘　要： 近年来，尽管相关各界对休闲教育的关注热度不减，对休闲政策的研究也逐渐重视，但对休闲教育政策的研究仍显不足。本报告对休闲教育及休闲教育政策的定义进行了阐释，重点梳理了我国近期休闲教育政策的内容、制定主体和特点，指出其存在不足，结合美国休闲教育政策制定经验，对休闲教育政策的未来发展提出建议。

关键词： 休闲教育政策　带薪休假　假日制度

　　社会生产力的发展和新科技的不断涌现，让人们拥有更多的闲暇。中国自1995年5月1日起实行双休日制度，"十一五"期间又通过了带薪休假制度。2016年，我国公休法定假日共116天，接近4个月，但也要看到，还有很多问题制约着人们更好地享受闲暇。以带薪休假制度为例，"不能休、不敢休"依然是很多劳动者的现实心态。据调查，从政策颁布开始至今，有关带薪年休假应休未休而要求赔偿的单独诉求，仅占劳动报酬类仲裁案中的5%，即使是这5%，基本上也集中于劳动者离开用人单位、解除劳动关系之后而做出的追偿；单独就带薪年休假应休未休没有获得补偿而举报的，几乎为零。近3年来，被调查者中从未享受过带薪休假的占72.3%，休过

---

* 刘慧梅，浙江大学外国语言文化与国际交流学院、浙江大学亚太休闲教育研究中心教授、博导；沈晓云，浙江大学外国语言文化与国际交流学院研究生。

一次假的占 13.9%，仅有 7.8% 的人表示休过 3 次假①。带薪休假政策形同虚设有各种客观原因，这一结果也反映出国民对自身休闲权利认识的缺乏。自身权利意识的缺失正是我国休闲教育政策在增强休闲意识和提供休闲条件上的不足。

2016 年是"十三五"规划的开局之年，也是各项政策改革推进的攻坚之年，政府该如何推进休闲教育政策改革，为国民提供更好的休闲条件（如带薪休假制度）、休闲设施、休闲场地和休闲机会（如校园体育设施对外开放制度）还有待厘清。本报告主要聚焦三个研究问题：我国的休闲教育政策是什么？现有休闲教育政策的主体和特点是什么？我国休闲教育政策未来如何发展？

一　休闲教育政策

休闲教育的目的是培养人们对休闲行为的选择和价值判断的能力。休闲教育的内容十分广泛，包括对智力、欣赏能力、体力、社会交往能力等方面的培养。休闲教育立足于人的自身发展需要与社会的整体进步，在这过程中，它不但使每个人的身心达到质的飞跃，而且使整个社会文明程度得以提升。近几十年来，随着休闲的发展，休闲教育在休闲生活中的重要性日益突出，也逐步得到休闲研究领域的关注，休闲教育出现了几十种定义，其中世界休闲教育委员会（The World Commission on Leisure Education）认为"休闲教育的目的是协助儿童、青年和成年人，通过个人在智慧、情感、身体和社会等方面的发展培育，去获得美好生活，以最好的方式利用休闲"②。

我国国内对休闲教育也有不同的定义和解释，刘海春认为"休闲教育是指对人们休闲生活的理念和方法进行引导，使之成为人"③。马惠娣认为

---

① 《带薪年休假制度现状》，《中国劳动保障报》2016 年 8 月 10 日。
② 宋瑞、杰弗瑞·戈德比：《寻找中国的休闲——跨越太平洋的对话》，社会科学文献出版社，2015，第 168 页。
③ 刘海春：《论马克思的人本理想与休闲教育目标》，《自然辩证法研究》2005 年第 12 期。

"休闲教育强调以休闲活动的参与为基础，从最本质和最贴切的意义上理解休闲——一种思考和学习的过程，是规范社会生活与个人行为的基础性教育，积极、健康、文明的休闲方式，不仅让个人受益，也为社会发展注入活力"①。综上，本报告认为休闲教育是指"以科学的休闲价值观念为指导，引导公民在自由时间里提升自己的休闲意识和休闲能力，科学地安排休闲生活，以提升公民的休闲生活质量的终身教育实践活动，同时，这种休闲也有益于社会、文化、环境和经济"。目前学界对休闲教育的研究主要集中在休闲教育的具体内容方面，休闲教育政策则极少成为重点研究的对象，2010～2016 年，CNKI 中以休闲教育为主题的文章有 275757 篇，以休闲政策为主题的文章有 1472 篇，而以休闲教育政策为主题的文章却为零，只有几篇文章的部分内容涉及休闲教育政策②。而事实表明，休闲教育政策在休闲教育发展过程中是至关重要的，起到了推动性作用。

本报告所讨论的休闲教育政策指"国家机关、政党及其他政治团体在特定时期为实现或服务于一定社会政治、经济、文化目标所采取的与休闲教育活动相关的政治行为或规定的行为准则，它是一系列谋略、法令、措施、办法、方法、条例等的总称"③。休闲教育与创新意识和能力、全民的体格和体能、民族的创造力和竞争力等息息相关，因此休闲教育政策是休闲政策的核心，这些领域内的政策虽然没有直接冠上"休闲教育政策"的名字，但根据休闲教育政策的定义和意义，只要有推动休闲教育作用的政策，都应被纳入休闲教育政策的讨论范围。

二 我国的休闲教育政策

我国的休闲教育政策旨在增加国民休闲意识、提高国民休闲技能、为国

---

① 马惠娣：《学会休闲，受益一生——"休闲教育面面观"之完结篇》，《人民政协报》2014 年 5 月 30 日第 10 版。
② 笔者通过检索 CNKI 关键词整理出的数据。
③ 刘慧梅：《休闲政策研究》，待出版。

民提供多种休闲条件（设施、机会），以及鼓励国民参与户外休闲活动。作为我国休闲政策的核心，休闲教育政策也遵循我国休闲政策的总目标，即满足人们的休闲权利，提升生活质量。从政策文本具体内容看，从"十二五"规划开始至今（2010~2016年），我国的政策改革快速推进，取得了重大进展，我国休闲教育政策在这一时期也进入了加快发展阶段。要分析这一阶段我国休闲教育政策的主要内容及特点，首先要对第一手休闲教育政策文本进行收集和分析，因为通常以文本形式存在的政策被看作政治目的的表达，也是政策发展最为直观的表达，文本分析尤其是对官方文件的分析在社会科学研究中有着独特的地位[①]。表1按照时间顺序详细整理了2010~2016年间我国的休闲教育政策。

表1 2010~2016年我国的休闲教育政策*

发文时间	发文机关	政策名称	主要休闲教育内容
2016年12月7日	国务院	《"十三五"旅游业发展规划》	带薪休假制度加快落实，培育以文物保护单位、博物馆、非物质文化遗产保护利用设施和实践活动为支撑的体验旅游、研学旅行和传统村落休闲旅游，成立游学联盟，集中打造一批民族特色村镇，引导和鼓励特色体育场馆、设施和基地向旅游者开放共享
2016年11月20日	国务院办公厅	《国务院办公厅关于进一步扩大旅游文化体育健康养老教育培训等领域消费的意见》	围绕旅游、文化、体育、健康、养老、教育培训等重点领域，引导社会资本加大投入力度；通过提升服务品质、增加服务供给，不断释放潜在消费需求
2016年10月25日	国务院办公厅	《国务院办公厅关于加快发展健身休闲产业的指导意见》	加快发展健身休闲产业，增强人民体质，建设"健康中国"
2016年10月5日	国务院	《老年教育发展规划（2016~2020年）》	应对人口老龄化、实现教育现代化、建设学习型社会；满足老年人多样化学习需求、提升老年人生活品质、促进社会和谐

---

① 涂端午：《教育政策文本分析及其应用》，《复旦教育论坛》2009年第5期。

续表

发文时间	发文机关	政策名称	主要休闲教育内容
2016年6月15日	国务院	《全民健身计划（2016~2020年）》	到2020年，群众体育健身意识普遍增强，参加体育锻炼的人数明显增加，每周参加1次及以上体育锻炼的人数达到7亿，4.35亿人经常参加体育锻炼，群众身体素质稳步增强
2016年2月4日	教育部	《教育部2016年工作要点》	加强和改进德育工作；切实加强学校体育美育工作；出台关于深化学校改革、强化体育课和课外锻炼的实施意见，提升学生健康素养和体质健康水平
2015年10月11日	教育部	《教育部关于加强家庭教育工作的指导意见》	家庭教育工作开展得如何，关系到孩子的终身发展，关系到千家万户的切身利益，关系到国家和民族的未来
2015年9月15日	国务院办公厅	《国务院办公厅关于全面加强和改进学校美育工作的意见》	美育是审美教育，也是情操教育和心灵教育，不仅能提升人的审美素养，还能潜移默化地影响人的情感、趣味、气质、胸襟，激励人的精神，温润人的心灵。美育与德育、智育、体育相辅相成、相互促进
2015年7月12日	教育部、国家发改委、财政部、国家新闻出版广电总局、国家体育总局、共青团中央	《教育部等6部门关于加快发展青少年校园足球的实施意见》	加快发展青少年校园足球是贯彻党的教育方针、促进青少年身心健康的重要举措，是夯实足球人才根基、提高足球发展水平和成就中国足球梦想的基础工程
2015年5月5日	国务院办公厅	《国务院办公厅关于政府向社会力量购买服务的指导意见》	政府向社会力量购买公共文化服务，对满足人民群众精神文化和体育健身需求具有重要意义
2015年1月31日	教育部	《教育部2015年工作要点》	切实加强和改进中小学德育；鼓励学校组织学生参观博物馆；指导家庭教育。切实加强学校体育工作；开齐开足艺术课，多渠道解决艺术师资短缺问题；开展好全国大中小学生艺术展演、高雅艺术进校园、中华优秀文化艺术传承学校创建等活动
2014年8月9日	国务院	《国务院关于促进旅游业改革发展的若干意见》	积极发展休闲度假旅游，大力发展乡村旅游，创新文化旅游产品，积极开展研学旅行，大力发展老年旅游，优化旅游发展环境（包括完善交通、保障安全、减免门票等）
2014年6月11日	国务院办公厅	《高等学校体育工作基本标准》	对学生提出"掌握科学锻炼的基础知识、基本技能和有效方法，学会至少两项终身受益的体育锻炼项目"的要求

续表

发文时间	发文机关	政策名称	主要休闲教育内容
2014年1月22日	教育部	《教育部2014年工作要点》	面向青少年实施体质健康促进计划,推进阳光体育活动;研订义务教育学校体育器材配备标准;开齐开足艺术课。重点加强农村学校艺术教育
2013年9月6日	国务院	《国务院关于加快发展养老服务业的若干意见》	到2020年,全面建成以居家为基础、社区为依托、机构为支撑的,功能完善、规模适度、覆盖城乡的养老服务体系
2013年6月8日	教育部	《关于推进中小学教育质量综合评价改革的意见》	建立以学生发展为核心的评价体系,包括身心发展水平、兴趣特长养成等5个方面20个关键性指标
2013年2月2日	国务院办公厅	《国民旅游休闲纲要(2013~2020年)》	落实职工带薪年休假制度,推动休闲理念成为社会共识,旅游休闲质量显著提高,现代国民旅游休闲体系基本建成
2013年1月23日	教育部	《教育部2013年工作要点》	整体提高大中小学德育的实效;全面提高学生体质健康水平;开展义务教育学生课业负担情况及体育课和学生体质健康专项调查,开展"学校减负万里行"活动;全面推进学校艺术教育。继续大力开展高雅艺术进校园活动
2012年10月22日	教育部、国家发改委、财政部、国家体育总局	《关于进一步加强学校体育工作的若干意见》	保证学生体育课程和课余活动时间,学校体育教学质量,学生体质健康水平和综合素质提高;学校体育场地设施在"十二五"末达到国家标准
2013年10月9日	教育部	《3~6岁儿童学习与发展指南》	科学的保育和教育,以促进幼儿各方面协调发展为核心,让幼儿度过快乐而有意义的童年;明确儿童学习与发展目标并提出了相应的教育建议
2012年2月17日	教育部	《教育部关于建立中小学幼儿园家长委员会的指导意见》	要求家长协助学校进行安全和健康教育,减轻学生课业负担,建设良好的家校关系
2012年1月20日	教育部	《教育部2012年工作要点》	全国亿万学生阳光体育运动,高雅艺术进校园活动
2011年12月28日	教育部	《教育部关于规范幼儿园保育教育工作防止和纠正"小学化"现象的通知》	要坚持以游戏为基本活动,锻炼幼儿强健的体魄,促进幼儿身心全面和谐发展

续表

发文时间	发文机关	政策名称	主要休闲教育内容
2011年4月20日	教育部	《教育部办公厅关于在义务教育阶段中小学实施"体育、艺术2+1项目"的通知》	全面实施素质教育,促进学生健康成长全面发展,让每个学生至少学习掌握两项体育运动技能和一项艺术特长,为学生的终身发展奠定良好的基础
2011年2月15日	国务院	《全民健身计划(2011~2015年)》	全民体育健身意识增强,参加锻炼的人数增加,身体素质提高;到2015年形成覆盖城乡比较健全的全民健身公共服务体系
2011年1月30日	教育部	《教育部2011年工作要点》	进一步加强未成年人校外教育场所建设和管理,开展学生心理疏导,引导家长更新观念,丰富学生课外生活
2011年1月13日	教育部	《全国学校艺术教育工作经验交流会纪要》	学校艺术教育是促进学生全面而有个性发展的重要途径,美育和德育、智育、体育一样,有着自身特有的教育价值。作为美育的基本途径和主要内容,艺术教育对于"促进学生全面而有个性的发展"具有独特的作用
2010年11月21日	国务院	《国务院关于当前发展学前教育的若干意见》	坚持以游戏为基本活动,保教结合、寓教于乐,促进幼儿健康成长
2010年11月1日	教育部、国家体育总局、共青团中央	《教育部办公厅、国家体育总局办公厅、共青团中央办公厅关于开展第四届全国亿万学生阳光体育冬季长跑活动通知》	为推动全国亿万学生阳光体育运动的深入开展,本届冬季长跑活动主题为"阳光体育与健康同行";把冬季长跑活动纳入学校教育、教学计划
2010年10月24日	国务院办公厅	《国务院办公厅关于开展国家教育体制改革试点的通知》	推进素质教育,切实减轻中小学生课业负担,德育课程,"阳光体育运动"的长效机制
2010年7月29日	国务院	《国家中长期教育改革和发展规划纲要(2010~2020年)》	全面加强和改进德育、智育、体育、美育;遵循规律,坚持科学保教,保障幼儿快乐健康成长;开展增强学生体质的"阳光体育"运动;减轻中小学生课业负担;充分发挥家庭教育在儿童少年成长过程中的重要作用

续表

发文时间	发文机关	政策名称	主要休闲教育内容
2010年6月30日	教育部	《教育部办公厅关于在中小学开展创建中华优秀文化艺术传承学校活动的通知》	优化艺术教育环境,深化学校艺术教育教学改革,全面提升学校艺术教育质
2010年4月27日	教育部	《教育部关于深化基础教育课程改革进一步推进素质教育的意见》	严格落实综合实践活动、技术、音乐、美术、体育等课程
2010年1月20日	教育部	《教育部2010年工作要点》	着力推进素质教育、启发式教学和因材施教、减负、开展阳光体育

* 政策文本来源：中国政府网，http://www.gov.cn.

（一）政策文本内容

依据政策文本中所有实意词出现的频次高低，绘图得到标签云图（见图1），词语的大小与其频次和重要程度成正比。

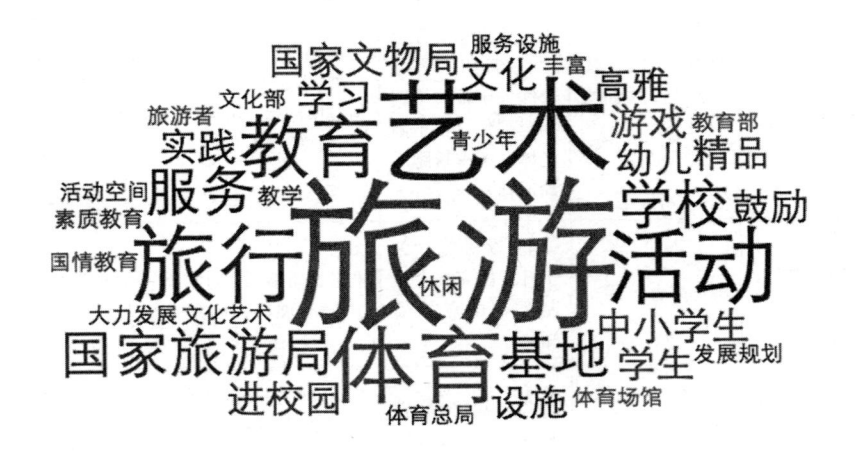

图1　休闲教育政策文本标签云

图 1 显示，占比最高的是"旅游""艺术""体育"等词，这些词集中体现我国休闲教育政策目前涵盖的几个主要领域，即旅游、体育、艺术。具体来看，在《全民健身计划》整体指导下，国家先后推出一系列旨在鼓励国民进行户外休闲体育活动的政策，如教育部、国家体育总局和团中央联合发出通知，要求从 2007 年开始，全面开展阳光体育运动，并以此为突破口推进素质教育。但国民日益高涨的休闲健身热情同运动设施不足的矛盾成为休闲教育政策制定的又一落脚点，研究表明，设施问题是制约人们参与休闲活动的重要因素[①]。因此，要全面贯彻《公共文化体育设施条例》和《全民健身计划纲要》，落实国家体育总局、教育部关于全国学校体育场馆向公众开放的决定精神，充分整合和利用学校体育资源，更好地满足广大人民群众就近、便捷地参加体育健身活动的需求。综上所述，我国休闲教育政策在为国民提供多种体育休闲条件（设施、机会）和鼓励国民参与户外休闲活动中发挥了重要作用，初步形成了覆盖校园和社会两个大类的休闲体育。

文化艺术类休闲教育政策主要依托学校休闲教育展开，2010~2016 年的《教育部工作要点》均将开展学校美育、德育作为一项重要工作。政府先后出台《全国学校艺术教育工作经验交流会纪要》《教育部办公厅关于在中小学开展创建中华优秀文化艺术传承学校活动的通知》《教育部关于深化基础教育课程改革　进一步推进素质教育的意见》等政策文件，鼓励学校开齐开足艺术课，多渠道解决艺术师资、文化艺术基地数量不足问题。2008年 1 月 23 日，中共中央宣传部、财政部、文化部、国家文物局联合下发了《关于全国博物馆、纪念馆免费开放的通知》，要求全国各级文化文物部门归口管理的公共博物馆、纪念馆、全国爱国主义教育示范基地全部免费开放。美育教育政策和博物馆免费开放政策提高了国民，特别是学生的休闲技能，为其提供更多文化艺术相关休闲条件（设施、机会）。

---

① Jackson, Edgar L. Will, "Research on Leisure Constraints Still Be Relevant in the Twenty-First Century?", *Journal of Leisure Research*, 2000.

从《中国旅游业"十二五"发展规划纲要》到《"十三五"旅游规划纲要》，我国旅游业规划政策从注重旅游的经济效益向培育以文物保护单位、博物馆、非物质文化遗产保护利用设施和实践活动为支撑的体验旅游、研学旅行和传统村落休闲旅游发展，这也是从纯旅游规划政策向旅游相关休闲教育政策发展的转变。2013年《旅游法》的实施，对保障旅游者的权益、规范旅游行业有序发展、保证游客体验和旅游质量上都起到了里程碑式的作用。2013年《国民旅游休闲纲要（2013～2020年）》的出台，在转变旅游休闲理念、增强国民旅游休闲意识、保障国民旅游休闲时间等方面发挥了积极作用。2016年国务院《政府工作报告》强调落实带薪休假制度，改善旅游设施以迎接大众旅游新时代。通过相关休闲教育政策，帮助国民树立正确的休闲观念，形成良好的休闲习惯，掌握积极有效的休闲技能，包括旅游文化鉴赏能力、遵循人与自然和谐能力及文明旅游能力，是国家和政府政策制定的重中之重。

（二）政策制定主体

从休闲教育政策制定的主体看，主要有国务院、国务院办公厅、教育部、国家发改委、财政部、国家新闻出版广电总局、国家体育总局、共青团中央。各部门具体所占比例情况见图2。

图2显示，我国休闲教育政策制定主体以教育部为主，在分析文本中占47.1%；其次是国务院，占23.5%；国务院办公厅占20.6%；而三部门及以上协同制定的休闲教育政策只占8.7%。目前我国的休闲教育政策制定主体还存在部门分散、部门之间职能不清晰、未能协调发展等问题，除政府机构外，社会团体、高校、相关企业单位的参与为零。从政策主体和政策内容来看，教育部制定的相关政策主要以推动教育体系内休闲教育发展、提高学生休闲教育意识和技能为目标，且内容多以体育、德育和美育为主；国务院及其他相关部门制定的政策旨在在全社会形成良好的休闲环境，为国民提供更多休闲条件（设施、机会），涉及的内容和覆盖的人群更为广泛。

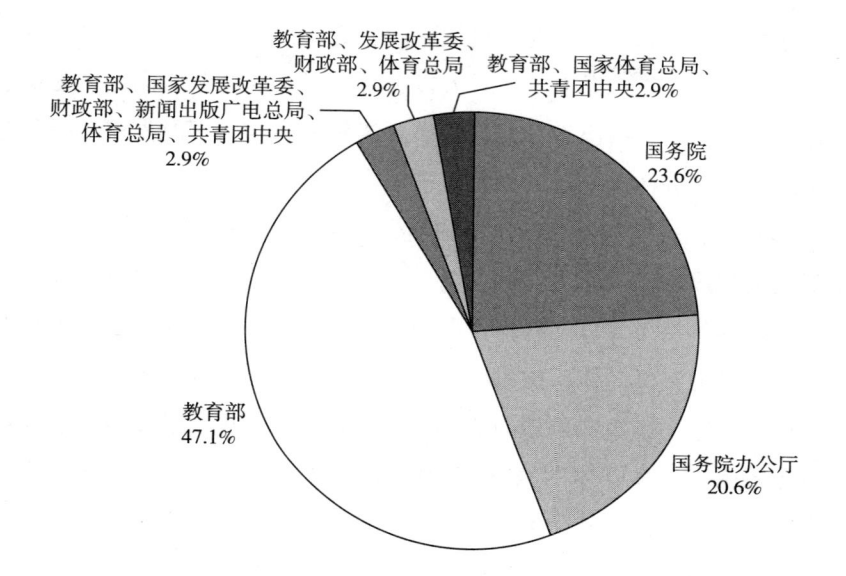

图2 休闲教育政策制定主体分布

饼图数据：
- 教育部 47.1%
- 国务院 23.6%
- 国务院办公厅 20.6%
- 教育部、国家发展改革委、财政部、新闻出版广电总局、体育总局、共青团中央 2.9%
- 教育部、发展改革委、财政部、体育总局 2.9%
- 教育部、国家体育总局、共青团中央 2.9%

（三）政策总体特点

1. 政策制定目标多重性。例如《国民休闲旅游纲要》的政策目标就具备多重性的特点，《纲要》既有"扩大旅游消费、推动带薪休假制度落实、推动制定鼓励居民旅游休闲消费的政策措施"的总目标，也有具体政策的目标和任务，并针对不同的目标任务给出相应的政策支持，从而实现总体目标和具体政策目标主次分明，互相推进。如依靠落实《职工带薪年休假条例》保障国民休闲旅游时间；凭借免费开放公共博物馆、纪念馆和爱国主义教育示范基地，提升改善国民旅游休闲的环境条件；制定旅游休闲服务规范和质量标准，健全旅游休闲活动的安全、秩序和质量的监管体系，促进国民旅游休闲质量保障体系的完善，提升国民旅游休闲服务质量。

2. 政策制定面向各群体。我国休闲教育政策旨在构建从小学到大学且贯穿人的各个生命周期的休闲教育。例如《3～6岁儿童学习与发展指南》提出3～6岁各年龄段儿童学习与发展目标和相应的教育建议，以促进幼儿体、智、德、美各方面的协调发展为核心，旨在为幼儿后继学习和终身发展奠定良好的素质基础，让幼儿度过快乐而有意义的童年。《老年教育发展规划（2016~2020年）》提出了应对人口老龄化、实现教育现代化、建设学习型社会的重要举措，指出教育发展是满足老年人多样化学习需求、提升老年人生活品质、促进社会和谐的必然要求。

3. 各政策内容紧密相关。休闲旅游、休闲文化和休闲体育在休闲教育政策下相辅相成、相互促进。例如《"十三五"旅游业发展规划》中涉及休闲教育的内容包括培育以文物保护单位、博物馆、非物质文化遗产保护等设施和实践活动为支撑的体验旅游、研学旅行和传统村落休闲旅游，引导和鼓励特色体育场馆、设施和基地向旅游者开放共享。开展研学旅游，以休闲文化开发休闲旅游，又以休闲旅游增强国民休闲文化意识；通过特色体育场馆、设施和基地建设提升休闲旅游环境，又以休闲旅游环境发展目标引出设施建设需要。

三 我国休闲教育政策的未来发展

（一）我国休闲教育政策不足

目前我国休闲教育相关政策的制定并不能满足当下休闲产业发展的需求，也明显落后于发达国家，学界和政府均尚未充分认识到休闲教育政策的价值，政府在提供休闲教育中应起到的作用还不够明确，相比休闲教育政策发展较早、发展程度更高的美国，我国休闲教育政策主要存在以下三点不足。

1. 政策主体欠缺协同性。休闲教育的发展具有很高的综合性，在我国休闲教育政策发展不完善的情况下，各政策主体合作才能使我国的休闲教育政策更加全面化和系统化。我国在休闲教育政策制定过程中主要以教育部和国务院为主，多部门合作制定的休闲教育政策很少，参与部门比较单一，更没有社会团体等社会组织的参与；而美国在政策制定时，注重政府机构与社会组织合作，联邦政府和州政府协作。其中，第三部门（The Third Sector）

（包括"非政府组织""民间组织""非营利性机构"等）参与并发挥作用是西方休闲政策制定的一大特点。①

2. 政策制定缺乏数据支撑。虽然"大数据"概念在各领域被频繁使用，但我国的休闲教育政策制度显然缺乏科学合理和系统性、全国性的数据支撑。以美国为例，美国科学完善的全国性休闲数据调查的一个主要目的就是为政策制定提供科学依据。如美国公共用地基金会（the Trust for Public Land）每年都会提供一份内容全面的美国城市公园现状报告（City Park Facts Report），为政府及相关部门在制定城市休闲设施建设政策提供参考。又如，"关于公众艺术参与的调查"是全美国规模最大、可信度最高的有关美国成年人（18周岁及以上）如何参与各项艺术的调查。受美国国家艺术基金会所托，美国人口普查局自1982年以来已进行过六次该项调查，最近一次于2012年进行。该调查主要收集公众的艺术参与、文学作品阅读、通过电子媒介进行的艺术消费、艺术创作与表演、艺术学习等五方面的数据。还有美国劳工统计局所做的美国时间使用调查（American Time Use Survey），美国林业部的"游憩与环境全国调查""全国游客使用检测项目"和"全国少年儿童游憩调查"，美国内务部土地管理局的"游客满意度调查"，美国内务部鱼及野生动物局的"全国钓鱼、狩猎及野生动物游憩"调查，美国内务部国家公园局的"国家公园局美国公众调查"，美国卫生部和公众服务部的"全国健康和营养检测调查""全国少年儿童健康调查"，等等。这些长期系统全面的调查，涉及美国公众的游憩、闲暇时间、阅读、艺术欣赏、运动健身、垂钓……包括公众休闲生活和休闲行为的方方面面。这些不同休闲活动及休闲时间使用的调查，为美国制定各项休闲政策包括休闲教育政策奠定了坚实的数据基础②。

目前我国还没有全国性、权威性的休闲调查、统计体系，政策制定没有科学的依据和支撑。我国带薪休假政策出台近3年却无法真正落实，其根源

---

① 郑准镐：《非政府组织的政策参与及影响模式》，《中国行政管理》2004年第5期。
② 详见钟永德、刘慧梅、邓金阳《美国全国性休闲/游憩数据抽样调查和收集》，待出版。

在于不同职业和企业存在差异，统一标准的休假制度难以在全社会起到预期效果。

3. 政策实施条件不完备。2014年12月正式公布的第六次全国体育场地普查结果显示，截至2013年底，我国共有169.46万个体育场地，用地面积超过39亿平方米，平均每万人拥有体育场地12.45个，人均体育场地面积1.46平方米①。这一数字与美国2013年人均2.2平方米②的体育场面积仍存在差距。中美两国鼓励国民积极参与户外休闲运动政策（中国的《全民健身计划》和美国的《业余体育法》）已从纸面规定走向地面落实，为此美国出台了体育设施标准，如美国"健康公民2000"（Healthy People 2000）规定至2000年，美国社区每一万人要建设1英里野营、自行车或健身路径，每25000人要建设1个公共游泳池，每1000人要建设4英亩开放的休闲公园③；但中国相关设施建设并没有同步跟上制定的政策。又如，我国政府近年来出台了许多鼓励中小学生进行文化游学的政策，如《国务院关于促进旅游业改革发展的若干意见》中提到积极发展休闲度假旅游，开展研学旅行。但美国的研学旅游政策有春假制度的保障，而中国的春假政策虽然在2015年全国人大会议上被提出，但至今没有通过。

（二）我国休闲教育政策的发展建议

《中国休闲发展年度报告（2014~2015）》以及《"十三五"规划报告》显示，在经济新常态下，我国休闲产业已经迎来了新的战略发展机遇期，我国国民将会拥有越来越多的休闲机会，休闲教育发展成为国家与社会的必修课，因此，配套的休闲教育政策发展变得尤为重要。进入新的发展机遇期，我国休闲教育政策大致有以下三个发展方向。

---

① 《第六次全国体育场地普查数据公报》，http://www.sport.gov.cn/n16/n1077/n1467/n3895927/n4119307/7153937.html，最后访问日期：2017年6月5日。
② *City Park Facts Report*，2014.
③ 李凤芝、索烨、刘玉：《美国公共体育服务社会化改革及启示研究》，《沈阳体育学院学报》2006年第2期。

1. 依托数据支撑和主体协同制定政策。首先，作为休闲大国，中国人口众多、人口分布情况复杂，全面的人口密度数据在休闲基础设施建设决策中至关重要。政府在进行休闲相关决策时需要大数据的支持，但目前对休闲和游憩的数据收集的关注还不够，无论是政府机构、科研单位、社团还是咨询公司都没有展开全面、系统、科学、持续性的休闲数据收集，基本上还是处于呼吁和探讨阶段，且多集中于旅游数据的收集统计与分析方面。① 其次，休闲教育政策目的的多重性，内容的相互促进性，要求政府部门在政策制定时发挥多部门协同效应。如在制定校园阳光体育运动政策时，除了教育部外，国家体育总局、各运动协会可以根据不同年龄制定不同的运动项目要求及体质健康标准；国家发改委、财政部可以根据各地区体育设施现状规划建设配套设施；发挥中国的第三部门在资金筹措和政策监管方面的作用，使政策实施得到全面的管理。

2. 完善休闲教育政策落实条件。转变以发展思政教育为基础的高校休闲教育政策，切实发展高校休闲相关专业。在我国，中山大学、浙江大学、中国海洋大学、湖南师范大学等19所高校设有休闲学研究专业；华东师范大学、浙江工商大学、华侨大学、华南理工大学、东北财经大学、四川师范大学和宁夏大学等7所大学开设有休闲学相关课程；东北财经大学、中国人民大学、浙江大学、湖南师范大学、西南林业大学、对外经贸大学和北京联合大学等7所大学设立了与休闲相关的研究中心和研究所，而浙江大学有唯一的休闲学博士点。因此，我国政府应尽快出台相关政策，支持和帮助高校建立、完善休闲相关专业。此外，在积极推行研学旅游政策的基础上，我国更应落实有针对性的带薪休假政策和学生春假制度，从制度上保证国民的休闲时间；通过出台安全法规，保障国民休闲过程中的人身安全；要积极加强相关基础设施建设，着力培育产业，加强产品开发与活动组织，不断完善公共服务，提升服务质量。

3. 创新发挥互联网时代休闲教育政策新载体。网络的便利性使得教育

---

① 钟永德、刘慧梅、邓金阳：《美国全国性休闲/游憩数据抽样调查和收集》，待出版。

资源可以在全球共享,"互联网+教育"理念被提上议事日程,休闲教育政策在此环境下,便有了新的发展载体。

如世界休闲组织作为一个世界性的非政府组织机构,致力于发现和发展有利于人类发展的休闲,其官网(http://worldleisure.org)为各国休闲专家、学者及个人爱好者提供了学习、参考和借鉴的平台;中国休闲研究网(http://www.chineseleisure.org)作为中国国内第一家以休闲经济与休闲文化研究为宗旨的专业网站,开启了休闲研究与休闲教育的新大门。再如杭州生活艺术中心,定期通过微信公众号推送休闲讲座、活动信息来推广休闲教育理念。国家有关部门应当及时根据时代发展动向,制定新时代下互联网休闲教育政策。政府从总体上进行宏观调控和指导,由专业队伍负责网络平台的建设和日常维护,充分发挥互联网的优势和作用。

四 小结

中国悠久的休闲传统和丰富的休闲哲学理念为我国休闲教育奠定了良好的基础。在中国人口众多、休闲资源有限和经济水平有待发展等不同于西方发达国家的背景下,我们不应盲目模仿西方休闲教育政策的发展模式,必须在充分考虑国情的基础上,对比中西方政策、寻找相似的发展规律,使我国的政策价值观和理念更加先进,政策的内容更加丰富,政策的制定过程也更加科学,从而形成适合我国发展的休闲教育政策体系。

参考文献

宋瑞、杰弗瑞·戈德比:《寻找中国的休闲——跨越太平洋的对话》,社会科学文献出版社,2015。

刘海春:《论马克思的人本理想与休闲教育目标》,《自然辩证法研究》2005年第12期。

马惠娣:《学会休闲,受益一生——"休闲教育面面观"之完结篇》,《人民政协报》2014年5月30日第10版。

涂端午：《教育政策文本分析及其应用》，《复旦教育论坛》2009年第5期。

陈振明、陈炳辉：《政治学：概念、理论和方法》，中国社会科学出版社，2004。

Jackson, Edgar L. Will, "Research on Leisure Constraints Still Be Relevant in the Twenty-First Century?", *Journal of Leisure Research*, 2000.

郑准镐：《非政府组织的政策参与及影响模式》，《中国行政管理》2004年第5期。

李凤芝、索烨、刘玉：《美国公共体育服务社会化改革及启示研究》，《沈阳体育学院学报》2006年第2期。

空间篇
Space Reports

G.5 公共文化空间与我国城市居民休闲[*]

程遂营 荣培君[**]

摘　要： 城市公共文化空间是城市居民及游客进行休闲活动的重要场所。伴随着城镇化进程的加快、居民工作与生活方式的转变、国家节假日政策的调整以及人口老龄化社会的到来，居民对休闲活动与休闲场所的需求快速提升。然而，城市地价的不断攀升、商业营运模式的改变、不良社会风气的导引以及缺乏前瞻性规划等因素的普遍存在，严重挤压着当前城市居民赖以依存的城市公共休闲空间，尤其是城市公共文化空间。有效解决城市居民对休闲活动和场所的迫切需求与城市公共文化空间供给的结构性矛盾对改善

---

[*] 本研究为国家社会科学基金项目"我国城镇公共休闲服务供给方式及基本公共休闲服务均等化研究（13BGL095）"的阶段性成果。

[**] 程遂营，河南大学学报编辑部主任，河南大学历史文化学院教授，博士生导师。研究方向为公共休闲服务、旅游与休闲文化；荣培君，河南大学环境规划学院博士研究生。

城市居民休闲感知体验和保障居民的生活质量意义重大。

关键词: 公共文化空间 城市规划 居民休闲

城市是以人为主体,以环境和空间利用为基础,以聚集经济效益为特征的空间地域系统。城市空间大体上由城市公共空间和城市私人空间两部分组成,其中又可将城市公共空间细分为城市公共文化空间、城市公共娱乐空间、城市公共商业空间等类型。城市公共文化空间既囊括了室外的公共文化空间也包括室内的公共文化空间,主要包括文化广场、历史建筑、人文景观、高校校园、公园、自然景观、美术馆、图书馆、科技馆、影剧院、博物馆、体育馆、艺术中心和市民活动中心等要素在内的景观地域单元实体(见表1)。而城市居民休闲是指城市居民以特有的休闲观念、休闲行为在可拓展的休闲空间下产生的现代文明生活方式,具体体现在城市居民的活动和行为方式之中。城市公共文化空间与城市居民休闲活动之间的关系实质上是人与地之间的关系,两者相互作用、相互影响,共同构成了不可分割的有机整体。本报告主要分析当前我国城市公共文化空间与城市居民休闲的发展现状、存在问题以及发展演化趋势,以期为优化城市公共文化空间布局、丰富城市公共文化空间种类、改善城市居民休闲感知体验、充实城市居民休闲生活方式及为相关部门的决策提供借鉴。

表1 城市公共文化空间及对应场所

城市公共文化空间	相对应场所	休闲文化活动
室外城市公共文化空间	公园、广场、旅游景区、滨水休闲区、历史街区、高校校园、街头表演区等场所	休憩、娱乐、锻炼、散步等
室内城市公共文化空间	美术馆、图书馆、艺术馆、影剧院、体育馆、历史建筑、艺术中心、科技馆、青少年活动中心等场所	学习、娱乐、科普、教育、锻炼、社交等

一 城镇化进程加速及城市居民休闲需求的快速增长

（一）城镇化进程加速推进

21世纪以来，我国经济快速增长，城镇化迅猛发展。国家统计局发布的资料显示，2011年末，全国总人口为134735万人；其中，城镇常住人口为69079万人，常住人口城镇化率（城镇人口占总人口比重）首次超过50%，达到51.3%。2015年末，全国大陆总人口为137462万人，其中城镇常住人口77116万人，城镇化率为56.1%（见表2）。5年时间里，城镇化率平均每年增长超过1个百分点。

表2 2011~2015年全国常住人口城镇化率

单位：万人，%

年份	全国总人口	城镇常住人口	常住人口城镇化率
2011	134735	69079	51.3
2012	135404	71182	52.6
2013	136072	73111	53.7
2014	136782	74916	54.8
2015	137462	77116	56.1

资料来源：2011~2015年《中华人民共和国国民经济和社会发展统计公报》。

（二）城市居民休闲需求快速增长

与快速城镇化相伴随的则是我国人均GDP以及城镇居民人均可支配收入的快速增长。2011年，我国人均GDP达34999元，此后，以平均每年9.1%的速度增长。2015年，达到49351元，按照当年汇率换算，接近8000美元。城镇居民人均可支配收入也以每年超过7%的速度增长，2015年，达到31195元（见表3）。

表3　2011~2015年全国人均GDP及城镇居民人均可支配收入增长情况

单位：元，%

年份	人均GDP	人均GDP年均增长率	城镇居民人均可支配收入	城镇居民人均可支配收入年均增长率
2011	34999	—	21810	—
2012	38354	9.6	24565	9.6
2013	41805	9.0	26955	7.0
2014	46531	11.3	28844	6.8
2015	49351	6.3	31195	7.4
平均增长		9.1		7.7

资料来源：根据2011~2015年《中华人民共和国国民经济和社会发展统计公报》测算。

按照国际经验，当一个国家或地区人均GDP达到3000~5000美元阶段后，在居民生活方式、城市功能和产业结构等方面将形成休闲化的特点。2011年，我国人均GDP已经超过5000美元，2015年，人均GDP达到8000美元，国内旅游突破40亿人次，出境旅游达到1.2亿人次，国民人均出游2.98次[①]，这表明我国休闲产业进入了新的发展阶段。第一，旅游与休闲成为常态化。国民从事旅游、休闲、娱乐活动已经成为与工作、睡觉和从事家务等同等重要的生活状态。第二，休闲消费迅速增加。随着人均收入的提高，食品消费在人的全部消费中的比重下降，而对以旅游、休闲为主的精神产品为主导的非物质的消费支出迅速攀升。第三，城市功能休闲化。城市的主要功能包括居住、工作、休闲以及生产、交通、防灾、避险等，而随着休闲时代的到来，城市公共服务功能凸显休闲内涵，休闲、娱乐因素越来越多、越来越广地渗透到诸如购物、餐饮及其他各种日常活动中去。以人为本，不断提升城市休闲功能，满足城市居民多样化的休闲需求成为城市管理者的重要职能。

任何休闲活动都必须在一定的空间进行，因此，城市公共文化空间是城市居民休闲活动的重要场所，城市公共文化空间的数量、选址、可达性以及布局

---

① 数据来源为2015年《中华人民共和国国民经济和社会发展统计公报》《2015年中国旅游业统计公报》，笔者进行了相关测算。

形式的合理与否均直接或间接影响着城市居民休闲体验。而目前，在我国城市公共文化空间的数量、质量和管理服务等各方面，还存在不少突出的问题。

二 公共文化空间与城市居民休闲的现状

（一）城市公共文化空间建设较为滞后且区域分布不均

2015年12月8日，由教育部人文社会科学重点研究基地上海师范大学都市文化研究中心和上海华夏社会发展研究院联合编写的《全球城市公共文化服务发展报告》正式发布。该报告选取19项能够综合反映公共文化空间发展方面的指标，对上海、北京、香港、伦敦、纽约、巴黎和东京等13个全球城市的公共文化服务水平进行对比研究，发现我国城市的公共文化服务水平虽然整体上得到了不同程度的发展，但在13个全球城市中依旧处于中下水平。尤其在城市博物馆拥有量方面，洛杉矶为221个，伦敦为173个，柏林为158个，纽约、巴黎、阿姆斯特丹等城市也都超过130个，而上海为90个，北京为41个，香港仅为32个，这表明我国城市在公共文化空间建设方面滞后于国外城市的发展水平[1]。

另据2015年《中国统计年鉴》相关数据，汇总出中国大陆31个省（区、市）的博物馆和公共图书馆的建设状况（见图1、图2），中国大陆各省份拥有的博物馆平均数量为117.87家，其中处于平均水平以下的省份有19家，仅有12个省份的博物馆数量高于全国平均水平，表明中国城市公共文化空间在地区间的发展布局并不均衡。此外，西藏拥有博物馆数量最少，仅为4家；而江苏拥有的博物馆数量最多，达到了301家，两者相差297家，说明中国城市公共文化空间的省际差异极为显著。从公共图书馆的空间分布来看，中国大陆31个省份公共图书馆的平均拥

---

[1] 《〈全球城市公共文化服务发展报告2014〉在沪发布》，http://sky.cssn.cn/gd/gd_rwhd/gd_zxjl_1650/201512/t20151208_2754739.shtml，最后访问日期：2017年6月6日。

有量为100.52座,其中低于平均水平的省份有12座,高于平均水平的省份有19座。公共图书馆拥有量最少的省是海南,仅拥有21座公共图书馆;拥有公共图书馆数量最多的省是四川,共拥有公共图书馆198座,两者之间的差距达到177座之多,这同样说明了城市公共文化空间分布不均衡的现象极为突出。通过对比图1、图2还可以发现,对于不同类型的城市公共文化空间,其空间分布格局特征也不尽相同,但在整体上均已初步显现出自中国大陆由中心向外围递减的空间布局态势。

(二)城市公共文化空间遭受挤压且同质化发展

随着新型城镇化的推进,各地城市建设蓬勃发展,城市规划在城市经济社会发展中的地位与作用得以强化。但与迅猛的社会变革相比,现行城市规划与建设中存在着诸多亟待解决的问题。首先,城市规划的宏观性、系统性和可实施性不强,相当数量的城市总体规划、分区规划和详细规划对营造城市公共文化空间的关注度不够,屡屡发生城市公共文化空间缺失及城市公共文化空间被无序挤占等现象。其次,城市规划中一方面土地资源浪费现象严重,各地盲目扩大建成区面积,致使"鬼城"现象频现;另一方面城市建设为追求效益,大量的土地资源被转化为商业用地,致使为城市居民提供休闲服务功能的公共文化空间的建设严重滞后,从而加重了对城市公共文化空间的挤压程度。再次,城市规划中对旧城改建缺乏严谨审慎的科学态度,在旧城改造过程中,一味地大拆大建,对城区古建筑和传统民居等文化空间造成不同程度的损害,取而代之的公共文化空间则普遍缺乏新意,导致城市公共文化空间在建设发展过程中同质化现象严重,造就了千城一面的状况。从次,城市公共文化空间在建设过程中对控制目标和建设规模缺乏科学论证,许多城市出现了规模盲目偏大的问题,在城市中央纷纷兴建巨型广场、标志性建筑、大型公共文化场馆等,城市公共文化空间规划的实用性能不强。最后,城市规划法规执行体系和技术规范尚不健全,对挤占公共文化空间行为的惩治力度不够,给城市公共文化空间的建设埋下了隐患。

休闲绿皮书

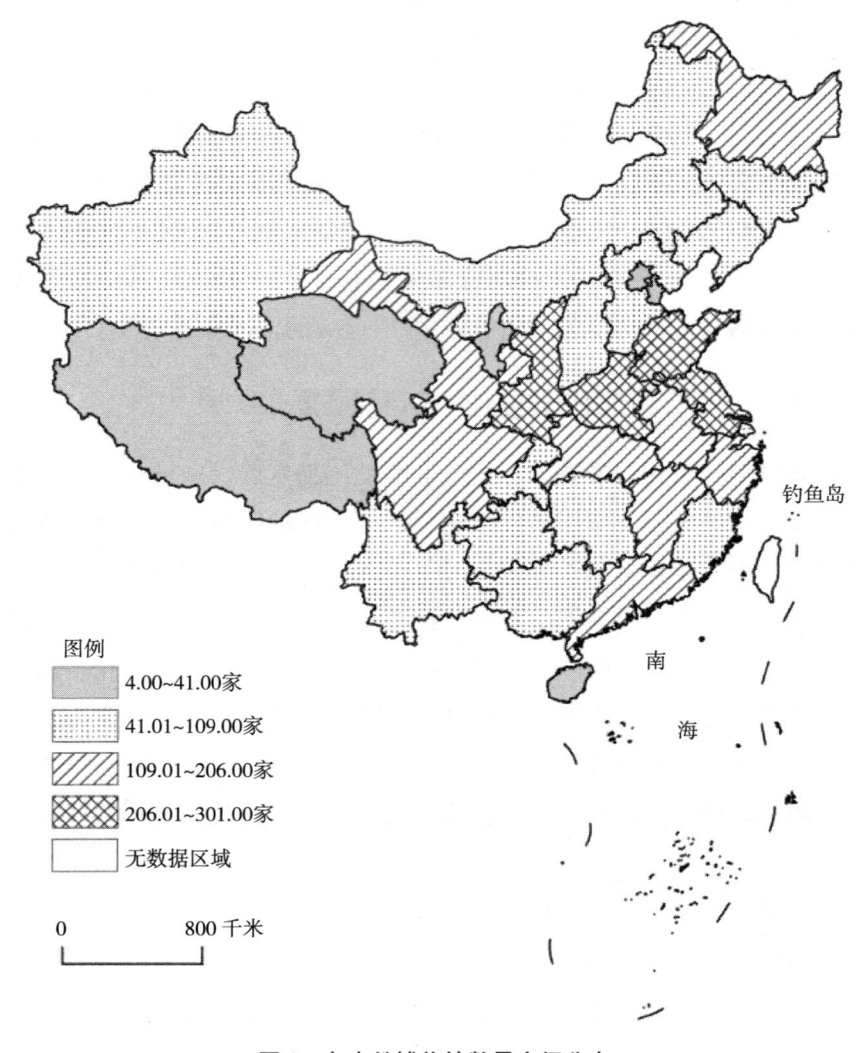

图例
- 4.00~41.00家
- 41.01~109.00家
- 109.01~206.00家
- 206.01~301.00家
- 无数据区域

0　　800 千米

图1　各省份博物馆数量空间分布

（三）公共文化空间供给与城市居民休闲需求错配现象严重

公共文化空间与城市居民休闲需求的错位主要表现在时间和空间两个维度。时间维度上，部分城市的公共文化空间如博物馆、文化馆、科技馆及市内部分景点的开放时段大多从早上八、九点钟开始，至下午五、六点钟结

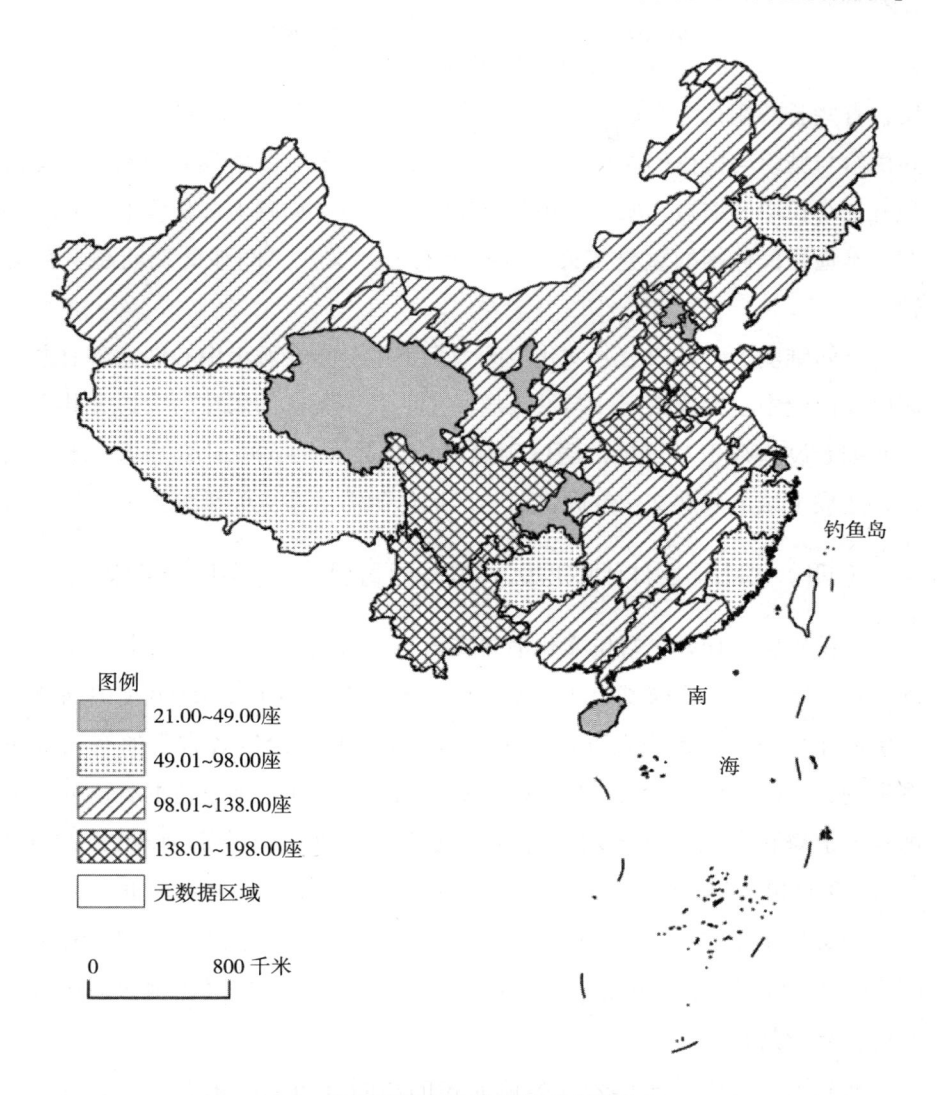

图例
■ 21.00~49.00 座
▦ 49.01~98.00 座
▨ 98.01~138.00 座
▩ 138.01~198.00 座
□ 无数据区域

图 2　各省份公共图书馆数量空间分布

束,无论是工作日还是休息日大都如此,并未发生大的改变。然而,在工作日期间,我国大多城市居民的工作时段主要集中在早上九点钟到下午五点钟,这就造成了公共文化空间与城市居民休闲需求在时间上的错位,其直接结果是:首先,在工作日期间,工作时段内城市公共文化空间无人问津,城市公共文化空间利用效率低下,公共文化资源被闲置;其次,休息日期间,城市公共文化空间并未随着城市居民休闲意愿的增强而适当有所延长，相反，有些公共文化空间还选择在此时段闭馆或闭园等，造成城市公共文化空间供给与城市居民休闲需求的错配；最后，随着国家假期政策的调整，尤其是五一小长假的缩短，城市居民的休闲需求迅速转移到十一长假上，异地游客与本地居民休闲的重叠使大多数城市的公共文化空间在此期间超负荷运转。

空间维度上，城市公共文化空间大多集中分布在城市中心区、政府办公区以及商业中心区等街区，与城市居民生活联系紧密的居住区周边公共文化空间配套设施则相对较少，居民距离城市公共文化空间距离过远、不易到达，造成了城市公共文化空间供给与居民休闲需求在空间维度上的错配。

（四）城市居民休闲的地区间差异显著且休闲感知体验满意度不高

城镇居民人均教育娱乐文化消费支出与城市人均公共绿地面积两个指标均能在一定程度上反映城市居民的休闲活动状况。根据2015年《中国统计年鉴》中城镇居民人均教育娱乐文化消费支出数据绘制各省份的空间分布图发现，中国城镇居民人均教育娱乐文化消费支出排在前三位的省份分别是浙江、上海和广东，其人均教育娱乐文化消费支出值分别为4493.90元、3801.50元和3625.40元；排在后三位的省份为甘肃、江西和河北，人均教育娱乐文化消费支出值分别为1628.70元、1627.70元和1591.90元（见图3）。最高值与最低值相差2902.0元，表明我国城市居民休闲活动在地区间的差异极其显著。

从我国城市居民人均公共绿地面积的空间分布状况来看，内蒙古、宁夏、四川、重庆、广东、北京和山东等7个省份的城市居民人均公共绿地面积处于14.46~18.80平方米之间，城市人均公共绿地面积属高水平省份；甘肃、陕西、河北、安徽、江苏、浙江、湖南、福建、贵州和海南等10个省份的城市居民人均公共绿地面积介于12.11~14.45平方米之间，城市人均公共绿地面积属较高水平区；黑龙江、吉林、辽宁、山西、新疆、西藏、青海和湖北等8个省份的城市居民人均公共绿地面积介于9.94~12.10平方

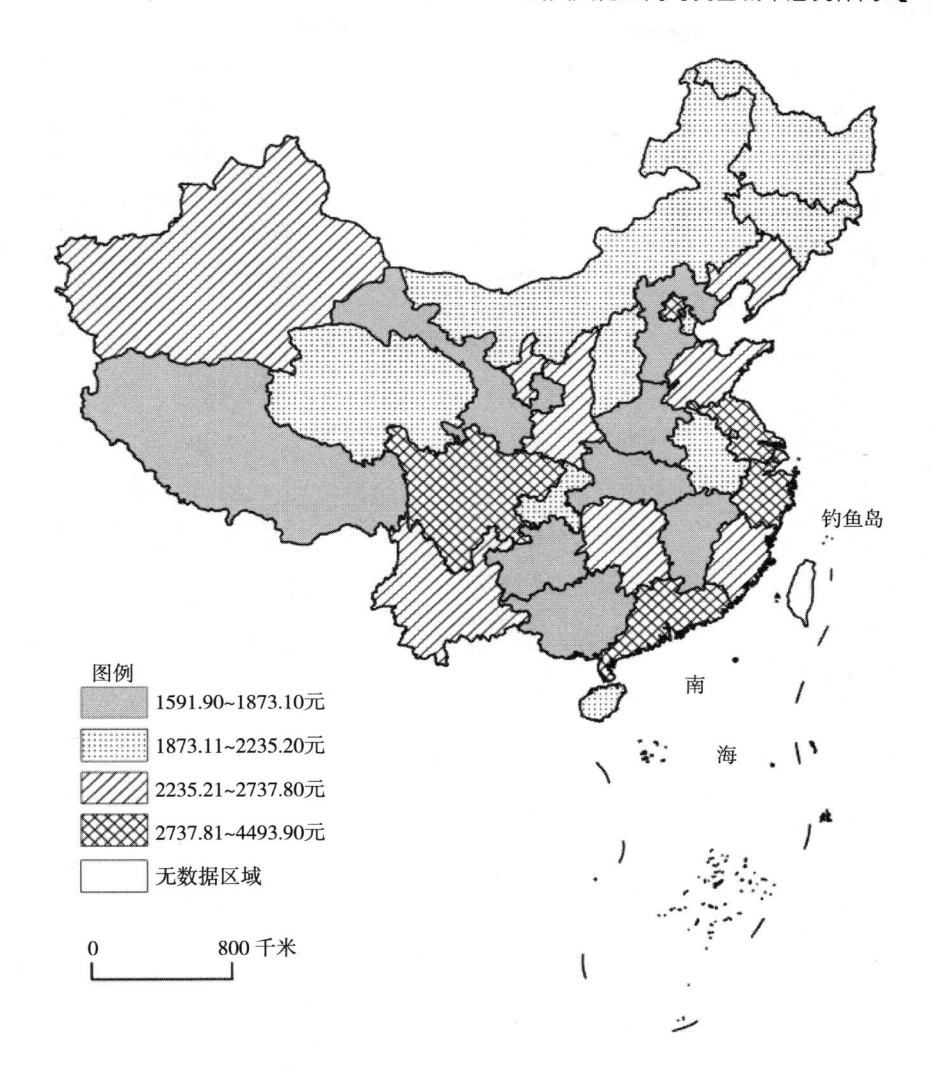

图例
1591.90~1873.10元
1873.11~2235.20元
2235.21~2737.80元
2737.81~4493.90元
无数据区域

0　　800 千米

图3　各省份城镇居民人均教育娱乐文化消费支出

米之间，城市人均拥有公共绿地面积属于中等水平区；其余6个省份的城市居民人均公共绿地面积均介于7.33~9.93平方米之间，城市人均公共绿地面积拥有量相对较低（见图4）。从空间分布来看，各省份城市居民人均公共绿地面积高低水平区杂居分布的态势明显，同样也从侧面说明了我国城市居民休闲活动在地区间的差异十分显著。

图例
- 7.33~9.93平方米
- 9.94~12.10平方米
- 12.11~14.45平方米
- 14.46~18.80平方米
- 无数据区域

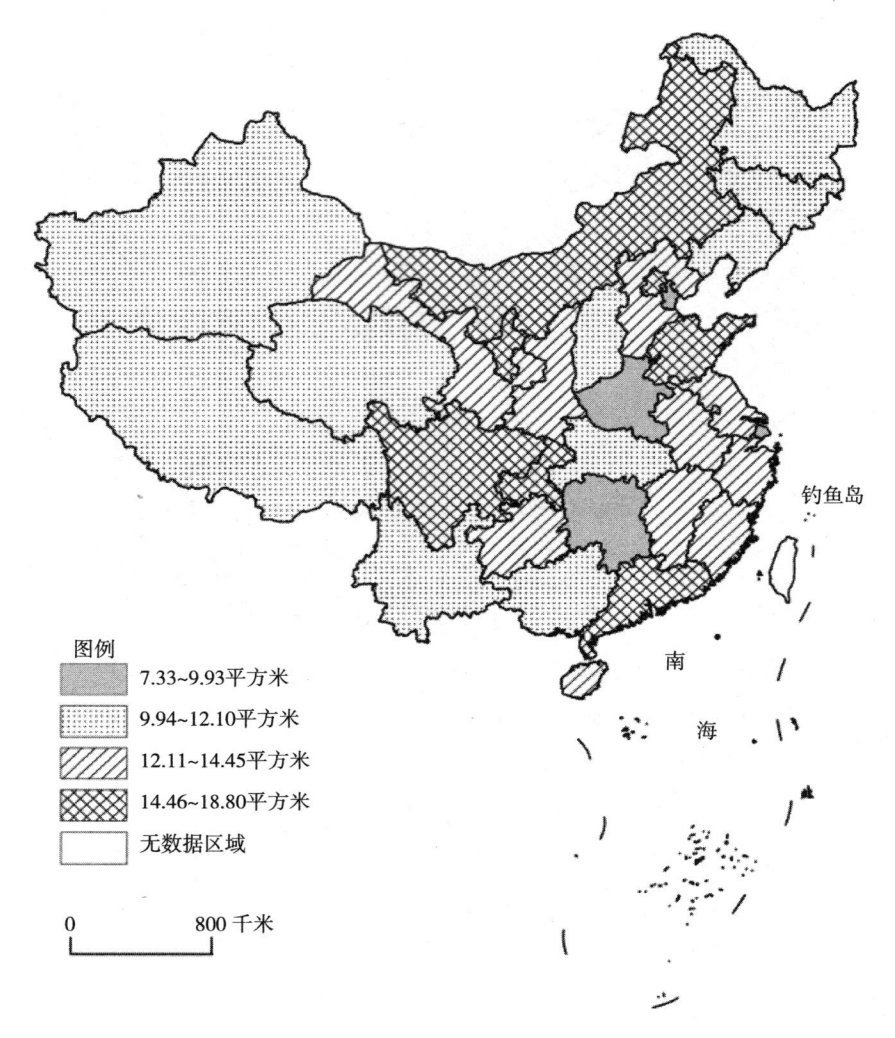

0　　800 千米

图4　各省份城市人均公共绿地面积

公共文化空间不足、公共文化资源分布的不合理以及城市休闲空间高度雷同现象，致使城市居民休闲活动缺乏选择性，在一定程度上影响了城市居民休闲活动的体验感知水平。众所周知，广场舞在全国风靡一时，由广场舞所引发的矛盾与冲突也比较多。据人民网2015年报道，新疆乌鲁木齐某小区居民因无法忍受广场舞产生的噪声，通过使用泼机油、撒玻璃碴子、垃圾等手段破坏公共设施借以阻挠广场舞；2016 年，在广西阳朔一男子因无法忍受广场舞噪声竟然开枪射伤了跳舞的大妈。产生这种现象的原因一方面在于城市规划建设过程中忽视了居民对广场舞这一休闲方式的需求，未能建立可供居民跳广场舞的公共文化空间，引发了广场舞爱好者对其他城市公共文化空间的无序挤占，甚至引发城市安全问题；另一方面，则从侧面说明了由于居民公共休闲空间的缺失从而导致城市居民休闲活动体验的满意度受到了影响①。

再如，在城市公共文化空间中举办的商业演出活动，往往会产生极大的噪声，并伴有大量的宣传推销人员，在城市公共文化空间进行休闲活动的居民往往成为这类活动所宣传和推销的对象。持续的高分贝噪声、宣传与推销不仅不能使城市居民达到愉悦身心、陶冶情操的休闲目的，反而使他们疲惫不堪，忙于应付。除此之外，城市公共文化空间中的摆摊设点现象屡禁不绝，城市公共文化空间的商业化发展态势日趋明显。这种现象，不仅影响城市居民的休闲体验，还会影响到城市居民的身心健康。

三 城市公共文化空间与城市居民休闲的发展趋势

第一，城市公共文化空间的快速建设将为城市居民休闲提供更多机会。2016 年末，我国的城镇化率达到了 57.35%，预计 2020 年我国常住人口城镇化率将超过 60%，2030 年将接近 70%，2050 年将超过 80%。与此同时，随着城市管理部门对公共文化休闲空间重要性的认识，对城市公共文化空间建设的资金投入也逐步增加，许多社会资本也通过不同渠道进入城市公共文化建设过程中。这些都有利于营造良好的城市居民休闲环境、培育多元化的休闲产业体系、优化国民休闲产业发展格局、完善城乡休闲公共设施，能够促进国民休闲的快速发展。不过，中国旅游研究院的相关研究表明，2015 年，虽然我国城市公共文化空间建设与居民休闲活动均获得了长足的发展，

---

① 《广场舞引发矛盾何时终结》，http://legal.people.com.cn/n/2015/0714/c188502-27298800.html；《男子开枪射广场舞大妈，噪音扰民活该被射？》，搜狐公众平台：http://mt.sohu.com/20160312/n440197644.shtml，最后访问日期：2017 年 6 月 6 日。

但城市居民的休闲时间却呈现出下降的趋势，有71.4%的城镇居民认为"工作时间过长、工作过程过累"是制约城镇居民休闲活动的重要因素①。这就是说，随着国家对城市公共文化空间建设投入力度的加大，城市公共文化空间与城市居民休闲在空间维度上的矛盾得到了不同程度的缓解，城市公共文化空间与城市居民休闲在时间维度上的矛盾则逐渐上升为主要矛盾。

第二，城市公共文化空间的规划将趋于合理化。城市公共文化空间往往由市级尺度的城市公共文化空间、区级尺度的公共文化空间、街道级尺度的公共文化空间、社区级尺度的公共文化空间和小区级尺度的公共文化空间构成。不同等级尺度的城市公共文化空间服务功能类似，不同之处在于各类城市公共文化空间辐射范围的大小和服务对象数量的多寡。值得注意的是，现阶段大尺度城市公共文化空间（比如中心广场）的建设往往受到的重视程度较高，而与居民休闲活动密切的小尺度城市公共文化空间（比如社区公园）的建设往往关注度不够，因此造成不同尺度城市公共文化空间建设与城市居民的实际休闲需求之间产生了明显的矛盾。我们注意到，随着各级城市管理部门对城市文化空间尺度的认识逐渐深入，已经开始关注城市公共文化空间尺度的差异特点，挖掘城市历史、建筑、文化资源，并致力于缩小城市公共文化空间与城市居民休闲活动之间的剥离程度。

第三，多层级、多形式、多特色、多要素的城市公共文化空间体系正在形成。首先，多层级的城市公共文化空间体系正在形成。对于我国大多城市而言，目前已基本形成了以政府投入为主、公众广泛参与且涵盖市级、区级、街道级、社区级和小区级五个层次的城市公共文化空间体系。其次，城市公共文化空间提供的休闲方式日益多元化。虽然我国许多城市公共文化空间在布局上存在着诸多问题，但城市公共文化空间提供的休闲功能既包括锻炼功能，也包括娱乐、学习等功能，城市公共文化空间体系所提供的休闲形式与休闲功能基本覆盖了人们日常生活的方方面面。再次，不同城市的公共文化

---

① 中国旅游研究院：《中国休闲发展年度报告（2015 - 2016）》，http：//www.pinchain.com/article/99528，最后访问日期：2017年6月6日。

空间带有明显不同的地域特色,例如广州的城市公共文化空间带有明显的岭南文化色彩,邯郸的城市公共文化空间则带有显著的燕赵文化色彩,淄博的城市公共文化空间则带有齐鲁文化色彩,等等;此外,省域范围内不同城市的公共文化空间也不尽相同。最后,现有城市的公共文化空间体系既包括公园、绿地、景点、广场等要素,也包括公共图书馆、文化馆、科技馆、老年活动中心及体育馆等要素,覆盖相对较为全面的城市公共文化空间体系初见雏形。

第四,城市公共文化空间管理与服务水平将逐步得到提升。近年来随着城市建设理念的不断更新,城市公共文化空间开始更加注重彰显地域文化特色,突出自身的功能定位,以便更好地适应城市居民对城市公共文化空间的多元化休闲需要,城市公共文化空间的建设也开始逐步恢复了往昔的生机与活力。随着城市公共文化空间硬件设施的不断完善,国内许多城市也纷纷加强了城市公共文化空间的软件建设。一些城市通过设置公益广告牌、加强人员巡查、招募志愿者等手段,加大对在公共文化空间乱贴小广告、乞讨、商演、摆摊设点等行为的处罚力度,净化了城市公共文化空间的休闲环境,极大地改善了城市居民休闲活动的感知体验。还有部分城市从政策层面入手,制定了城市公共空间管理细则,通过坚持依法行政、规范执法行为、建立执法约束机制、自觉接受社会监督、加强队伍作风建设、提高文明执法水平、加强教育培训等措施有效保障城市公共文化空间最大限度地为城市居民休闲服务,切实保障城市公共文化空间达到娱乐身心、陶冶情操的目的。还有部分城市通过采用在公园和广场的入口处设置栏杆等手段,阻挡机动车辆进入,以此来规避对城市公共文化空间的无序侵占。

小 结

城市公共文化空间作为现代城市居民进行休闲活动的重要场所,在满足城市居民心理需求、健康需求、学习需求及社交需求等方面发挥着不可替代的作用。通过分析我国城市公共文化空间与城市居民休闲的发展现状,发现我国城市公共文化空间与城市居民休闲之间的结构性矛盾依旧突出。不过,随着我国经济的持续快速发展、居民生活水平的不断提升、政府对基础设施投入力度的加大、社会资本的介入以及城市居民利用公共文化空间休闲意愿的增强，我国城市公共文化空间与城市居民休闲活动之间的矛盾得到了不同程度的缓解。未来，如何协调好政策、资源、资金、设施和活动等方面的关系，合理解决跨部门的公共文化空间供给问题，构建中国特色城市公共休闲文化服务体系，满足城镇居民持续增长的公共文化休闲服务需求，仍然是城市管理者面临的长远课题。

参考文献

《广场舞引发矛盾何时终结》，http://legal.people.com.cn/n/2015/0714/c188502-27298800.html，最后访问日期：2017年6月6日；《男子开枪射广场舞大妈，噪音扰民活该被射？》，http://mt.sohu.com/20160312/n440197644.shtml，最后访问日期：2017年6月6日。

《全球城市公共文化服务发展报告2014》，http://www.europeanstudies.cn/gd/_rwhd/gd_zxjl_1650/201512/t20151208_2754715.shtml，最后访问日期：2017年6月6日。

中国旅游研究院：《休闲发展年度报告2015~2016》，http://www.pinchain.com/article/99528，最后访问日期：2017年6月6日。中华人民共和国国家旅游局：《2015年中国旅游业统计公报》，http://www.cnta.gov.cn/zwgk/lysj/201610/t20161018_786774.shtm，最后访问日期：2017年6月6日。

中华人民共和国国家统计局：2011~2015年《中华人民共和国国民经济和社会发展统计公报》。

中华人民共和国国家统计局：《2015中国统计年鉴》，中国统计出版社，2015。

G.6 上海体育休闲场所布局特征及空间分布差异化研究[*]

楼嘉军 徐爱萍 李 婷

摘 要： 上海城市体育休闲场所从结构上呈现出多中心、梯度分布的特征，且呈现出与人口数量分布不协调的趋势。进一步利用区域经济差异相关指标对体育休闲场所空间分布差异化进行测度，结果显示：体育休闲场所的分布呈现出相对均衡，但各区差异显著的特点。三类均衡比系数显示，经济均衡比分解系数较小，说明经济因素对上海体育休闲场所空间分布差异影响最大；经济比重越大，对其空间分布均衡影响越正向。

关键词： 体育休闲场所 空间分布 布局特征

一 引言

2014年10月，《关于加快发展体育产业促进体育消费的若干意见》提出，发展体育事业和产业是提高中华民族身体素质和健康水平的必然要求，这是首次将"全民健身"提升到国家战略层面。2016年6月，国务院印发

---

[*] 楼嘉军，华东师范大学经济与管理学部旅游系教授，华东师范大学休闲研究中心主任、博士生导师，研究方向为城市休闲化比较、旅游企业战略管理；徐爱萍，华东师范大学经济与管理学部博士研究生、讲师，研究方向为都市休闲、城市休闲行为；李婷，华东师范大学经济与管理学部旅游系硕士研究生，研究方向为都市旅游。

了《全民健身计划（2016～2020）》就国内深化体育改革、发展群众体育，推进健康中国建设做出部署，提出"共建共享、全民健康"是建设健康中国的战略主题。《计划》提出各级政府要统筹相关公共设施建设，加强健身步道、骑行道、全民健身中心、体育公园、社区多功能运动场等体育休闲场所建设。体育休闲场所设施是全民健身计划的重要依托载体，体育休闲场所的发展及分布结构是当前城市发展过程中亟须重视的问题。

上海的城市发展、建设有自己的特点，极具代表性。2015年，上海人均GDP达到15290美元，已经进入休闲城市建设的重要时期[1]，休闲产业成为经济新常态下推动上海城市转型升级的重要动力。居民的日常休闲娱乐需求和庞大的季节性旅游需求双重叠加的压力促动了上海进行城市功能的转型升级。随着2016年11月《上海市民全民健身实施计划（2016～2020年）》的颁布实施，上海基本确立了全球著名体育城市的建设目标，上海城市体育休闲场所的发展步入新一轮的发展时期。

基于此背景，本报告以上海休闲娱乐区内的体育休闲场所为研究对象，分析上海体育休闲场所的空间布局及特征，进而为优化体育休闲场所的空间配置和设施完善提出对策和建议。

二 研究范围及数据搜集

（一）研究范围及对象

1. 研究范围

根据李婷等人的梳理，本报告选取的样本范围限于表1中所列的上海休闲娱乐区内的体育休闲场所[2]（见表1）。本报告选择此38个休闲娱乐区作为研究范围，主要是从空间范围、人口分布和产业发展三个方面进行考虑

---

[1] 楼嘉军、徐爱萍：《试论休闲时代发展阶段及特点》，《旅游科学》2009年第1期。
[2] 李婷：《上海城市休闲娱乐区服务场所分布研究》，硕士学位论文，华东师范大学，2015。

的。第一，将上海划分为核心区、外缘区、近郊区、远郊区①。而本报告主要考虑上海城区范围内体育休闲场所的发展情况，在进行空间选择时仅包含了核心区、外缘区和部分有研究意义和价值的近郊区。因此，本报告所研究的休闲娱乐区为核心区②、外缘区③以及近郊的浦东新区、闵行区，共涵盖38个休闲娱乐区。第二，从2015年上海人口分布来看，居住在内环内、内环－中环间，中环－外环间的比例分别是20.3%、19.3%、37.1%④。从分布数量上看，外环附近及外环以内的区域的人口分布占比大，有典型性、代表性。第三，从产业分布层面，课题组从高德地图上获取相关数据，确定衡量标准并设定准入下限，即当且仅当所选区的服务场所数量≥250个时，才将该区纳入研究的体系中来。因此，在此基础上选择的研究范围克服了人为选择的主观因素，使得本报告的研究更加具有代表性。

表1 38个目标研究区域

休闲娱乐区	1人民广场 2外滩 3陆家嘴 4豫园 5新天地 6田子坊 7淮陕茂 8梅陇（梅恒泰）9衡山路 10静安寺 11闸北不夜城 12四川北路 13虹口／鲁迅公园 14五角场 15大宁广场 16徐家汇 17上海体育场 18中山公园 19天山／虹桥 20长风公园 21张杨路东方路（浦东八佰伴）22世纪公园 23世博园 24真如古镇 25中环百联 26中环绿洲 27西郊百联 28大华 29上海南站广场 30南方商城 31莘庄地铁广场 32七宝古镇 33洋泾（证大大拇指广场）34碧云新天地 35金桥 36巨峰路杨高中路 37龙阳路地铁站 38虹桥枢纽
总计	38个

2. 研究对象

体育休闲是指以体育活动和体育教育为载体的一种休闲方式⑤，而体育

---

① 李健、宁越敏：《1990年代以来上海人口空间变动与城市空间结构重构》，《城市规划学刊》2007年第2期。
② 主要包括黄浦区、静安区。
③ 主要包括虹口区、徐汇区、长宁区、普陀区、闸北区、杨浦区，闸北区已与静安区合并，以本报告研究时为准。
④ 上海社会科学院社会调查中心、社会学研究所公布的《上海居民住房及物业状况最新调查报告》显示：本市居民居住于内环内、内环－中环间、中环－外环间、外环－郊环间、郊环外的比例分别为20.3%、19.3%、37.1%、6.5%、16.9%。
⑤ 李丽梅：《上海体育休闲政策演变及影响研究》，硕士学位论文，华东师范大学，2011。

休闲场所是开展体育休闲活动的物质基础。李蓉对于体育休闲场所的研究界定分为如下类型（见表2）。因此，本报告的研究对象为按照功能类型所划分，主要满足居民和旅游者日常健身、体育旅游等需求的场所，包括健身房①、俱乐部（含保健类、休闲类的会馆）、体育场。

表2 体育休闲场所的分类

划分依据	具体类型
体育休闲活动项目	室外设施和室内设施
功能类型	体育场（各类）、体育馆（各类）、游泳池、健身路径等
经营性质	公共体育休闲活动设施、营利性体育休闲活动设施
规划结构层次与功能	市级、区级、社区级

资料来源：李丽梅，《上海体育休闲政策演变及影响研究》，硕士学位论文，华东师范大学，2011。

（二）数据收集

2015年4~6月，课题组主要利用高德地图对研究范围内的38个样本进行了调查统计。第一，选取每个休闲娱乐区的中心点。尽量以繁华的交叉路口为中心点或者以标志性建筑为中心点。第二，确定研究半径。本报告将休闲娱乐区的空间半径统一为800米。第三，剔除干扰因素。比如排除掉诸如"××停车场"等错误信息，最终得到相对准确、较为科学的数据。经过数据搜集和删选后，课题组共搜集了体育休闲场所721家，其中包含了582家健身房，139家体育场或俱乐部。

表3 休闲娱乐区内各体育休闲场所分布

单位：家，%

场所	数量	占比
健身房	582	80.7
体育场/俱乐部	139	19.3
总计	721	100.00

---

① 课题组将附属于宾馆/酒店的健身房也纳入本次统计的范围内。

（三）研究设计和方法

1. 矢量数据分级符号法

为更好地反应体育休闲场所的空间布局特征，课题组在获取中心点坐标的基础上，借助 ArcGIS 软件，采用矢量数据分级符号法的空间分析方法，对体育休闲场所展开测度和分析，将体育休闲场所的数量进行空间可视化表达，以此来分析休闲娱乐区内体育休闲场所的规模等级特征。

2. 区域经济差异测量法

为定量化研究上海体育休闲场所在各行政区域上的空间分布及演化特征，本报告采用相关区域经济差异测量方法[①]，利用变异系数、均衡度指数、均衡比系数计算模型来测算上海市体育休闲场所空间分布差异。

第一，变异系数是衡量资料中各观测值变异程度的统计指标。变异系数可以消除单位和平均数不同对于两个或多个资料变异成都比较的影响，反映了区域内相对均衡程度。

$$CV = \sqrt{\frac{1}{n}\sum_{i=1}^{n}(X_i - \overline{X})^2}/\overline{X}$$

式中：CV 为变差系数；n 为休闲娱乐区的样本数；X_i 为样本值；$\overline{X}$ 为样本平均值。其值越接近于 0，分布越均衡。

第二，均衡度。具体公式如下：

$$E = \sum_{j=1}^{n} x_j \log_2 x_j / \log_2(1/n)$$

式中：x_j 为体育休闲场所在第 j 休闲娱乐区内分布数量占总数的百分比；n 为休闲娱乐区的个数。为了使对数有意义，本研究中如果有休闲娱乐区内没有体育休闲场所，则所占的比例统一使用 0.0001 来代替 0。均衡度越接近于 1，说明体育休闲场所的空间分布越均衡。

---

① 靳诚、徐菁：《江苏省旅游景点空间分布差异定量化研究》，《地域研究与开发》2012 年第 6 期。

第三，均衡比系数。由于各行政区在人口数量、经济发展等因素上存在一定的差异性，所以需要充分考虑这些因素本身所导致的差异。如果目标区域内体育休闲场所的分布比例与研究区面积、人口或经济分布相一致，那么其均衡比就越接近于 0，说明该研究区内体育休闲场所的空间分布越均衡。

三　上海体育休闲场所的布局特征及分布差异分析

（一）总体布局特征

图 1 为上海体育休闲场所数量的等级空间分布图。第一，从总体上来看，上海体育休闲场所呈现出多中心梯度分布的空间特征，两段最密集的弧形区域，占到了总量的 40%，其中，以长宁区、徐汇区分布最为密集。上海体育休闲场所的总体分布特征与上海市的体育休闲政策相关。20 世纪 80 年代，上海开始兴建各类体育场馆设施，逐步建成了游泳馆、水上运动场及黄浦、闸北等地区的 9 座中型体育馆，而随着 20 世纪 90 年代承办国内外重

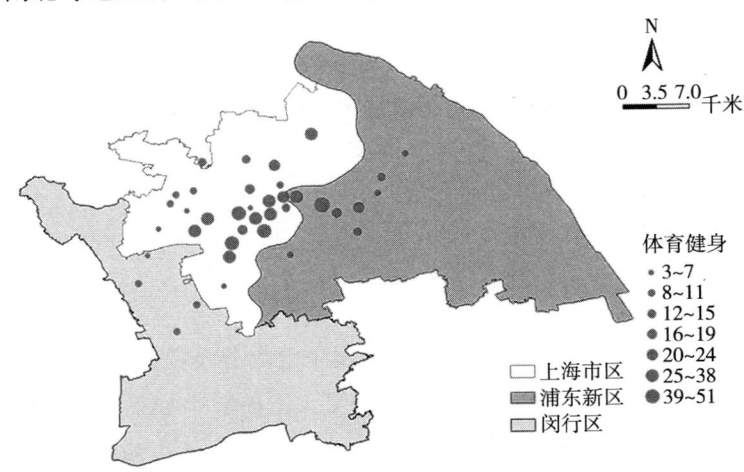

图 1　体育休闲场所数量等级空间分布

说明：市区为静安区、黄浦区、虹口区、徐汇区、长宁区、普陀区、闸北区、杨浦区，浦东新区不包含原先的南汇区。

大体育赛事的政策导向，相继建成的上海体育场、虹口足球场逐渐成为上海体育的新地标[①]。大型场馆的建设推动了周边体育休闲设施的集聚发展，逐渐促进城市体育休闲空间的分化。

第二，从区域分布来看，体育休闲场所分布与人口数量分布不协调。本次调查范围内，体育休闲场所的数量占比从多到少依次为外缘区、核心区、近郊区，外缘区和核心区的体育休闲场所之和占总量的近80%。但是，根据2015年上海市人口统计资料显示，上海外缘区和核心区的人口总数仅占全市总人口的39.6%，体育休闲场所的分布与城市人口分布之间呈现出明显的不协调状况。据相关资料显示，2002～2005年，上海近郊区是中心城区外迁人口最主要的集中区，其人口增量占上海市全部增量的87%[②]。而随着人口空间变动的加剧，城市空间地域和结构亦发生了巨大变动，将逐步引导城市空间结构的重构。目前体育休闲场所的分布还未跟上人口的空间变动。

表4 各区体育休闲场所数量及占比情况

单位：家，%

区域		城区	健身房	体育场/俱乐部	体育休闲场所数量	城区占比	区域占比
市区	核心区	黄浦区	146	36	182	25.49	32.49
		静安区	45	5	50	7.00	
	外缘区	徐汇区	87	22	109	15.27	45.65
		长宁区	68	15	83	11.62	
		普陀区	33	12	45	6.30	
		闸北区	29	4	33	4.62	
		虹口区	26	7	33	4.62	
		杨浦区	18	5	23	3.22	
近郊区		闵行区	23	4	27	3.78	21.85
		浦东新区	103	26	129	18.07	

说明：根据有关资料整理。收集数据时闸北区与静安区尚未合并，故单列。

---

① 李丽梅：《上海体育休闲政策演变及影响研究》，硕士学位论文，华东师范大学，2011。
② 李健、宁越敏：《1990年代以来上海人口空间变动与城市空间结构重构》，《城市规划学刊》2007年第2期。

第三，从各区分布来看，体育休闲场所在黄浦区、浦东新区、徐汇区、长宁区四个区的占比最高，分别为25.49%、18.07%、15.27%和11.62%。四个区体育休闲场所的数量占了研究范围总量的70.45%。而闸北区、虹口区、杨浦区和闵行区等几个区的总体占比较低。因此，从区情况来看，上海市体育休闲设施仍主要集中在上海市中心城区范围内。

（二）体育休闲场所分布区域差异特征

1. 整体相对均衡，但各区之间差异显著

第一，从变异系数和均衡度来看，研究范围内所有体育休闲场所的变异系数为0.712，而均衡度为0.933，表明体育休闲场所在上海城区范围内的空间分布基本达到了相对均衡状态。自1995年上海市政府颁布《上海市全民健身实施计划》以来，大众化体育休闲政策极大地促进了上海体育休闲场所的建设。而随着2002年上海市委、市政府提出将上海建成一流体育中心城市的战略目标后，体育休闲逐渐成为一种积极健康的休闲生活方式；随着全民健身上升到国家战略，全民健身意识得到了进一步深化，各区都将提高体育休闲设施和公共服务能力作为完善城市功能的体现。经过多年的努力，上海市体育休闲场所的发展也得到了初步的成果，市、区、街道（乡镇）、居（村）四级体育设施服务体系已基本形成。

第二，结合变异系数和均衡度来看，各区之间的空间分布差异还比较明显。各区中最为均衡的是闵行区，闵行区建有大型体育场馆（旗忠网球中心），并承办过大型国际体育赛事，是上海城区内体育休闲发展较好的区之一。2015年，闵行区围绕上海市"30分钟体育生活圈"的工作要求，兴建了城市公共体育设施，率先向社会开放校园体育场地，通过多部门的协调互助，提出建设体育强区的发展目标。黄浦区是第二均衡的区。黄浦区作为上海的市中心，区内办公、商业建筑面积的比重保持高位增长，强化了黄浦区作为休闲娱乐核心区的集聚程度，其内部的商业中心为体育休闲场所的不断发展提供了基础和可能。浦东新区是本次研究范围内最不均衡的区之一。根据上海各区房屋构成比例系数来看，近年来浦东新区增长最快的为居住、办

公和工业类面积；商业虽然有一定的发展，但是相对比较缓慢；浦东新区内个别娱乐区（如世博园）的体育休闲场所非常少，只有一两家，显示出分布的空间不均衡。

2. 体育休闲场所的分布差异受经济因素影响较大

为了全面反映区地域面积、人口以及经济权重差异在体育休闲场所空间分布差异中的现实状况，本报告在区均衡度测算的基础上引入区面积（平方千米）、人口（万人）和经济指标（GDP，亿元）作为权重系数，从而得出衡量体育休闲场所空间分布差异的均衡比系数（见表5）。

表5 各区变异系数、均衡度和均衡比指数

区际	CV	E	面积均衡比	人口均衡比	经济均衡比
全市	0.712	0.933	15.56	10.27	7.92
黄浦区	0.331	0.965	1.987	1.87	0.93
静安区	0.717	0.822			
闸北区	—	—			
徐汇区	0.621	0.848	3.533	4.42	3.09
长宁区	0.687	0.813			
普陀区	0.391	0.952			
虹口区	0.394	0.885			
杨浦区	—	—			
闵行区	0.157	0.989	1.76	1.55	0.52
浦东区	0.787	0.879			

注：本次调研区域范围内杨浦区和闸北区均只涉及一个休闲娱乐区，因此变异系数和均衡度没有意义。

第一，从全市体育休闲场所的均衡比系数来看，经济均衡比系数最小，这一定程度上表明上海体育休闲场所的空间分布与经济因素存在较大关系，即经济越发达的区，体育休闲场所的分布越均衡。一方面，本次研究范围的10个区中，浦东新区的GDP最高，其次是闵行区，较高的经济发展水平使得近郊区成为经济均衡比系数最小的区域。在经济发达地区居住的居民对于体育休闲消费的需求越大，对于体育休闲场所的消费欲望越高。另一方面，中心城区黄浦区和静安区经济发展位居第二阵

营，且区内拥有较多的商业中心，良好的交通区位使得该区域内的体育休闲场所的服务半径向外延伸。而上海人口均衡比系数相对较大，这一数据印证了前文"体育休闲场所分布与人口数量分布不协调"的观点，表明上海体育休闲场所的空间分布与目前人口空间结构分布之间还存在错位情况。

第二，从核心区、边缘区和近郊区的三个区域比较看来，位于中心边缘地区的徐汇区、静安区等城区的面积均衡比系数、人口均衡比系数和经济均衡比系数都要远大于其他城区，城市近郊区成为分布最不均衡的地方。一方面，单从人口数量来看，内环－外环之间的边缘城区的人口总数与体育休闲场所的数量分布存在着极大的不对称性，一定程度上反映了此区域内体育休闲场所的市场供给和需求之间存在巨大的市场缺口。另一方面，休闲娱乐区的等级分布加速了城市边缘区的不均衡发展。由于居民体育休闲活动的特殊性，居民以离家距离较近的原则选择场所，这一消费心理产生了城市近郊区次二级休闲娱乐区发展的市场需求。但是从本次研究来看，城市边缘区休闲娱乐区的发展还不成熟，有待于进一步提升。

3. 体育休闲场所的区分解系数

为了从城区层面分析上海市体育休闲场所空间分布差异，本报告分别对三类均衡比系数进行分解，从而得出城区均衡比系数，以便了解各区之间对整体均衡比系数的贡献程度，进而分析各区体育休闲场所空间分布的差异状况（见表5）。

第一，从面积均衡比系数来看，有5个城区的面积均衡比系数大于0，说明这5个城区体育休闲场所的分布在与其面积可比条件下，占据比较优势。其中分解系数最大的是黄浦区，为0.9477；另外5个区的面积均衡比系数均小于0，说明这5个区体育休闲场所分布在与面积因素比较中不占优势；其中分解系数最小的为杨浦区，为－1.3878。

第二，从人口均衡比系数来看，黄浦区、徐汇区、长宁区和浦东新区4个区的分解系数大于0，其中长宁区的分解系数最大，为1.0558，说明在与其人口可比的条件下，长宁区体育休闲场所空间分布相对更占有优势；另外

6个区的人口均衡比分解系数均小于0,说明其他6个区的体育休闲场所分布在与人口因素比较中并不占优势;其中分解系数最小的为闵行区,仅为 -1.1337。

第三,从经济均衡比系数来看,黄浦区、徐汇区、长宁区、浦东新区4个区的分解系数大于0,其中徐汇区的分解系数最大,为0.6377,而其他6个区的经济均衡比系数均小于0,说明其他6个区的体育休闲场所分布在与经济因素的比较重并不占优势,其中分解系数最小的为杨浦区,为 -1.5063。

表6 上海各区体育休闲场所均衡比系数

区分解	面积均衡比系数	人口均衡比系数	经济均衡比系数
黄浦区	0.9477	0.8725	0.3614
静安区(含闸北)	-1.0398	-0.9965	-0.5714
徐汇区	0.6228	0.7927	0.6377
长宁区	0.7454	1.0558	0.5574
普陀区	-0.6554	-0.7256	-0.0064
虹口区	0.1219	-0.5028	-0.3857
杨浦区	-1.3878	-1.3407	-1.5063
闵行区	-1.2611	-1.1337	-0.4152
浦东新区	0.4989	0.4149	0.1044

注:本表中经济均衡比系数所采用的国内生产总值为2015年的统计数据。而静安与闸北与2015年11月合并,因此,官方公布的经济数据为合并后静安区的数据,因此在计算面积均衡比、人口均衡比系数时,将闸北区纳入静安区一同计算。

四 上海体育休闲场所布局优化分析

(一)合理优化体育休闲场所的配套和完善

在综合考虑城区面积、人口和经济指标等因素后,我们发现上海体育休闲场所的建设和布局还存在地区失衡的现象。应该分区域分阶段地进行体育休闲场所的配套和优化。一方面,进一步完善中心城区体育休闲场所的建设，弥补在人口、经济等因素上分布不均的现状；依据旧城改造、新城发展等各项市政建设，在新的人口导入区、休闲娱乐区建设体育休闲场所。另一方面，充分利用现有休闲娱乐区的公共空间，增加其体育休闲、文化娱乐活动等功能，逐步开放城市休闲娱乐区内的公共活动空间。

（二）城市体育休闲场所的配置需充分考虑居民需求

体育休闲场所的最主要服务对象是周边社区居民。从人口均衡比系数来看，目前，上海市体育休闲场所的布局与人口数量呈现了极大的不均衡性，边缘城区更为严重。因此，政府在体育休闲场所的审批和建设过程中，应充分考虑居民的实际需求。一方面，增加城市边缘区内体育休闲场所的数量，以解决区域内体育休闲供给和需求的缺口问题。另一方面，在体育休闲场所的建设过程中，应将城市居民对体育休闲的偏好和需求作为考虑的主要因素，结合人口结构、居民教育背景、职业等因素对体育休闲行为特征进行分析，科学配置社区周边的体育休闲场所，满足更多居民对体育健身的需求。

（三）完善城市基础设施的建设，扩大体育休闲场所的服务半径

基础设施是城市体育休闲场所发展的基础条件，基础设施的完善程度是影响各类休闲服务场所空间分布、业态种类和发展格局的重要因素。因此，在加快城市休闲娱乐区的布局建设的同时，要不断更新现有休闲娱乐区内部的基础设施，提高服务场所的可进入性，填补体育休闲场所分布的空白区域。

五 研究不足与展望

本报告利用矢量数据分级符号法和变异系数、均衡度、均衡比系数等区域经济差异测量方法对上海38个城市休闲娱乐区内体育休闲场所的空间布局特征和分布差异进行分析，得到了一些有益的结论，为上海城市体育休闲场所的空间布局提出了优化策略，但从研究角度看仍存在一定的局限性。第一，

目前研究的范围局限在上海城区的休闲娱乐区内，缺乏对休闲娱乐区外的零散体育休闲场所的分析和比较。第二，对于体育休闲场所的分析仅局限于体育场馆、健身馆等具有明确体育休闲服务功能的场所，而未纳入体育休闲公园、公共休闲空间等隐含体育休闲功能的场所。

参考文献

靳诚、徐菁：《江苏省旅游景点空间分布差异定量化研究》，《地域研究与开发》2012第6期。

赵磊、丁烨、杨宏浩：《浙江省旅游景区空间分布差异化研究》，《经济地理》2013年第9期。

楼嘉军、徐爱萍：《试论休闲时代发展阶段及特点》，《旅游科学》2009年第1期。

李健、宁越敏：《1990年代以来上海人口空间变动与城市空间结构重构》，《城市规划学刊》2007年第2期。

李婷：《上海城市休闲娱乐区服务场所分布研究》，硕士学位论文，华东师范大学，2015。

李丽梅：《上海体育休闲政策演变及影响研究》，硕士学位论文，华东师范大学，2011。

G.7
城市中央休闲区建设的实践与思考
——以北京奥林匹克公园为例

吴金梅*

摘　要： 随着中国经济社会的持续健康发展，国民的稳定而积极的休闲观逐步确立，国家从战略层面确立了休闲发展的新高度，城市中央休闲区的建设开始实践推进。从北京奥林匹克公园的建设和发展来看，城市中央休闲区的建设展示了城市形象，承载了窗口功能，满足了市民休闲需求，聚集了产业，是市民的休闲聚集地，也是城市旅游的观光体验地，对提升城市休闲功能，促进城市发展非常有意义。北京奥林匹克公园的城市中心区建设实践有经验，也有困惑和不足，通过这个案例我们可以看到在城市中央休闲区的建设中需要统筹多个方面、协调推进才能取得更好的效果。

关键词： 中央休闲区　奥林匹克公园　城市旅游　城市休闲

在中国，城市中央休闲区（Central Recreation District，CRD）还是一个相对较新的概念，它的出现与中国休闲发展阶段紧密相联。"十二五"时期是中国休闲事业发展的重要时期，中国的休闲发展被放到了国家战略层面。《国民旅游休闲纲要（2013~2020）》的正式颁布实施，明确了休闲事业的

---

* 吴金梅，旅游管理学博士、研究员、高级经济师，北京新奥集团副总经理。

发展主线，提出了休闲产业的发展框架，开启了我国休闲发展的新阶段。2012年，国家标准《城市中央休闲区服务质量规范》颁布实施；2014年，北京奥林匹克公园、西安曲江新区、青岛市南区、上海新天地、南京夫子庙—老城南、宁波老外滩、泰州凤城河、常熟虞山公园等8个休闲聚集区成为首批城市中央休闲区；之后，佛山古镇、遵义1935休闲区、郴州裕后街也获得了这一称号。在城市中央休闲区的示范和带动下，我国城市休闲体系进入了一个快速发展的新阶段。

城市中央休闲区的建设是一个综合复杂的系统工程，与城市发展、文化发展、居民生活紧密相联。城市中央休闲区的建设不仅是一个城市休闲聚集区的发展，更是整个城市休闲文化的重要载体，是城市发展的重要组成部分。本报告以北京奥林匹克公园为例，检视和思考我国城市中央休闲区的发展实践。

一 城市中央休闲区的形成与发展

城市是具有相当面积、经济活动和住户集中，以至企业和公共部门产生规模经济的连片地理区域。城市包括住宅区、工业区和商业区并且具备行政管辖功能，其行政管辖功能包括对居民区、街道、医院、学校、公共绿地、写字楼、商业卖场、广场、公园等区域和设施的管理。城市的基本功能是满足人们居住、工作、交通等需求，与此同时，还应具有相应的休闲空间、设施和服务，能够以有效的休闲产品供给，满足居民和外来游客的休闲需要。随着经济社会的发展，休闲逐步成为人们生活中不可或缺的组成部分，休闲进入民众的主流价值观，产生了对城市中休闲区域的需求相应而生。

1. 城市中央休闲区

城市中央休闲区，一般位于城市建成区，是具有相对明确的区域边界、相应的管理机构和较大的规模，有足够的免费公共空间，能深度体现城市文化底蕴，休闲设施集中，休闲氛围浓郁，休闲业态丰富，享有较高知名度和鲜明的形象，对当地居民和外来游客有较强聚集效应的公共活动区域。城市中央休闲区从类别上主要分为文化型、生态型、商业型、复合型四种。中央休闲区是重要的城市功能区，是城市标志性区域之一，也是城际旅游的核心区域，承载了一个城市人流、物流、信息流的高效交互和循环。随着城市化的推进，城市中央休闲区已经成为城市的重要标志性区域。

在发达国家，中央休闲区是指位于城市中心地带，并具有城市一流生活素质、高尚人文内涵和完美生态环境的居住区域，已经存在和发展了若干年。中央休闲区由若干功能区组成，可满足城市主流人群集中居住、消费、娱乐、教育需求，也兼顾了旅游者的需求。中央休闲区的个性和特色，凸显着一个城市的文化个性，如纽约的曼哈顿中央公园、巴黎的香榭丽舍大道等。发达国家的中央休闲区从最初的商业、文化聚集区发展成观光旅游区、度假旅游区，再到休闲旅游区，最后成为市民与游客共享的中央休闲区。

我国城市中央休闲区的形成与我国的城市发展同步。我国城市中一些具有独特地方文化特色、拥有深厚历史积淀、休闲产业快速成长的区域，逐渐成为休闲功能的集中聚集地，在这一空间里融合了文化、旅游、产业、生态等多个主体和要素。这些区域除了拥有浓郁的文化气息，还有城市高端的休闲度假居住区和发达的城市服务业，是市民的休闲聚集地，也是城市旅游的观光体验地，已经成为这座城市形象的标志。

2. 我国首批城市中央休闲区

首批获得城市中央休闲区称号的八个区域[①]从类别上看基本上是复合型的休闲区，既有共性也有鲜明的个性，在休闲人群聚集、休闲产业发展、文化传播等方面体现出了各自的特色。

从现状来看，文化传承是首批八个城市中央休闲区的首要特点。青岛素有"万国建筑博览园"的美誉，建筑承载着青岛城市建设的历史和文化，青岛市南区碧海、蓝天、红屋顶的美景，加上啤酒街、商业汇集的中山路，成为人们休闲的心怡去处。南京夫子庙－老城南片区中的历史遗存记载了南

---

① 北京奥林匹克公园、西安曲江新区、青岛市南区、上海新天地、南京夫子庙—老城南、宁波老外滩、泰州凤城河、常熟虞山公园。

京作为古都的历史，在此基础上的文化创意产业、主题商业、风情客栈给古老的街区增加了新的魅力。宁波近代开埠的历史由老外滩的建筑记载并讲述着，休闲的酒吧等吸引了年轻人，使人们更加走近了历史。

第二个特点是体验和参与。北京奥林匹克公园在2008年奥运会后，成为市民活动和游客参观的开放性区域，众多的演出、比赛、节庆活动，使人们在这里释放激情，度过休闲的时光。泰州凤城河有优美的园林，以护城河和沿河绿化为依托，不仅展现了老街的风情也以传统手工艺和休闲生活方式，让人们体验着水城慢生活的意韵。上海新天地街区以休闲产业为服务支撑，使人们可以在传统街区的氛围中享受现代生活。

第三个特点是空间开放与服务完善。西安曲江新区向公众开放多个空间，大雁塔广场、城墙遗址公园、曲江池遗址公园等开放型区域为居民和旅游者提供了休闲的空间和服务；常熟的虞山公园与北门大街商业区共同组成了餐饮、购物的休闲空间。

二 奥林匹克公园城市中央休闲区建设的实践

1. 奥林匹克公园的基本情况

北京奥林匹克公园位于北京市朝阳区，北京城市中轴线北端，因成功举办2008年北京奥运会而闻名于世。整个奥林匹克公园分为三个大的区域，即北部的奥林匹克森林公园，中部的奥林匹克中心区，南部的奥林匹克体育中心和奥林匹克商务园区。奥运会后北京奥林匹克公园进行了多个方面的赛后利用，已经成为包含体育赛事、会展中心、科教文化、休闲购物等多种功能在内的综合性市民公共活动中心，集中体现了"科技、绿色、人文"三大理念，是融合了办公、商业、酒店、文化、体育、会议、居住多种功能的新型城市区域。

奥林匹克中心区是第29届奥运会的主场馆区，也是《北京城市总体规划（2004～2020年）》确定的北京市"六大高端产业功能区"之一，是集体育、文化、旅游、会展、商业于一体的高端产业功能区，是全国首个国家级体育产业示范基地、北京市文化创意产业集聚区,目前正在争创国家级文化产业示范园区,筹建全国奥林匹克公园文化旅游知名品牌创建示范区。奥林匹克公园拥有亚洲最大的城区人工水系、亚洲最大的城市绿化景观、世界最开阔的步行广场、亚洲最长的地下交通环廊,是对全社会免费开放的国家5A级旅游景区。

图1 北京奥林匹克公园卫星遥感影像

2. 奥林匹克公园的建设与发展

奥林匹克公园北部的奥林匹克森林公园于 2005 年 6 月 30 日开始建设，2008 年 6 月 20 日全部竣工，于 2008 年北京奥运会后向公众开放。

奥林匹克中心区于 2005 年开始建设，总规划面积 315 万平方米，规划建筑面积约为 360 万平方米。目前已经建成的有鸟巢、水立方、国家体育馆、国家会议中心、地下环廊、中国科技馆新馆等项目，正在建设的有中国国学中心、国学花园，即将建设中国国家美术馆、中国工艺美术馆·中国非物质文化遗产展示馆等公共设施，未来这些设施将共同构成全国体育文化中心。亚投行总部、国家科技传播中心也将布局在这里。奥林匹克中心区设施齐全、科技含量高，公共区域项目种类多，是北京作为全国"政治中心、文化中心、国际交往中心、科技创新中心"定位战略的重要组成部分。

奥林匹克公园南部的奥林匹克体育中心始建于 1986 年七月，于 1990 年第 11 届亚洲运动会前建成并正式投入使用，是第 11 届亚运会的主场馆。主要设施有体育场、体育馆、英东游泳馆、曲棍球场和足球、田径、垒球、网球训练场、球类训练馆等场馆，是集竞赛训练、全民健身、休闲娱乐为一体的体育基地、体育公园。

奥林匹克商务园区位于北京市中轴线东侧，北三环路与北四环路之间，是奥林匹克公园的重要组成部分，是承载金融、信息服务、商务服务以及科技服务等现代化服务业的功能区，并将发展成为集商务、公寓、文化休闲及公交广场等功能为一体的综合性区域。

3. 奥林匹克公园城市中央休闲区的运行情况

2008 年奥运会后，奥林匹克公园区域内的奥林匹克中心区、奥林匹克森林公园陆续向公众开放。这一区域人流量巨大，平均每年有超过 5000 万人次的客流量，游客人数总量位居北京所有 5A 旅游景区首位，每年举办大小活动千余场。

国际活动彰显首都形象。奥林匹克中心区知名度高，国际影响力巨大。这里先后举办了 APEC 峰会、纪念中法建交 50 周年等大型国际活动，举办了北京国际电影节、世界田径锦标赛、国际马拉松、中网公开赛、全球移动联网大会等众多品牌文体和会展活动。来自不同国家的人们在这里汇集，世界各地的人们通过电视、网络、报刊等看到这里，从这里认识北京、了解中国。奥林匹克中心区已经成为首都形象的代表性区域，这个区域的建筑、环境、人文特质，已经成了北京新的形象代表。奥林匹克公园先后获得了国家体育产业示范基地、城市中央休闲区、创造未来文化遗产示范单位等光荣称号，已经成为国际交往的平台和展示中国形象的重要窗口。

北京旅游新地标。奥林匹克中心区作为北京奥运会和残奥会的核心区和主承载地，具有卓越的品牌优势、较强的国际影响力和品牌号召力，不仅是城市地标、城市窗口、城市客厅、北京最大的公共开放平台，也是全国人民向往的体育文化圣殿和北京市民认可的公共体育文化中心。鸟巢、水立方等众多标志性建筑，适应季节变换的节庆活动，购物中心、餐饮、娱乐服务……使这里成为国家5A级旅游景区，是国内和世界各地游客到北京旅游观光的首选之地。比较来看，北京奥林匹克公园是世界上奥运遗产利用的最好的案例之一，在奥运会后的近10年间旅游人数一直保持在较高的水平。

市民休闲聚集区。奥林匹克公园区域内的设施在赛后基本上都向公众开放。奥林匹克中心区、奥林匹克森林公园、奥林匹克体育中心成为市民休闲运动的场所，是北京市民日常锻炼的好去处。奥林匹克森林公园已经成为跑步、健步走的聚集地，各种自发形成的组织在这里活动；鸟巢、水立方举办的各种演出及活动成为市民文体休闲的选择；中心区域内每年举办冰雪活动、啤酒花园、赏灯游园等活动。赛时的地下空间已经成为新奥购物中心，18万平方米的商业面积为市民提供购物、餐饮、娱乐、学习等多种服务，被北京市商务委授予北京市生活性服务业示范街区的称号。

文化活动举办地。奥林匹克中心区自赛后开放以来，每年都举办大量面向北京市民的文化体育活动，包括以市民健步走、足球等为代表的各项体育活动，以慕尼黑啤酒节、冰雪嘉年华等为代表的主题活动，以申办冬奥会、新年倒计时活动等为代表的专题活动，以玲珑塔书画展等为代表的文化展示活动等。

国家级产业载体。截至2015年底，国家体育场、国家游泳中心、国家体育馆、国家会议中心等文化体育会议设施的总建筑面积占到已建成奥林匹克中心区总建筑面积的47%左右。正在建设的中国国学中心、中国国家美术馆、中国工艺美术馆·中国非物质文化遗产展示馆3个国家级博物馆将与中国科技馆、北京奥运博物馆共同构成首都的"博物馆核心区"。

4. 奥林匹克公园的基础设施和保障体系

奥林匹克公园集中体现了"科技、绿色、人文"三大理念，融合了办公、商业、酒店、文化、体育、会议、居住多种功能，具有完善的基础设施和保障体系。

路网合理、交通便捷。奥林匹克公园跨越北京的北四环路、北五环路，区内有多条城市主干道穿越；整个区域中心封闭，周边及地下设有多个停车场；另有已建成尚未开通的10公里长的地下环形隧道及地下交通联系通道；地铁8号线、15号线、10号线在此设站；多路公交车线路途经该区域，交通优势非常明显。但由于区域内的部分道路封闭，车辆无法进入，存在局部交通不顺畅的问题。

公共配套设施完备，保障正常运营。这些公共配套设施包括中轴大道铺装及地下管线工程、绿化工程、龙形水系工程、变配电工程、景观灯照明工程、监控中心工程、下沉花园、IPV6数字化景观照明控制系统、直饮水系统、雨洪利用系统、绿地灌溉系统、公共广播系统、综合安防系统、喷泉系统等。多个相互协同、技术先进的功能系统为整个区域应对各种自然灾害、突发事件提供了保障。

5. 奥林匹克公园运行现状

奥林匹克公园的管理模式比较复杂，管理主体涉及政府部门、多个业主单位和公共区域的管理单位。

园区政府部门。北京奥林匹克公园管理委员会（简称奥林匹克公园管委会）于2008年11月1日正式成立。奥林匹克公园管委会为北京市政府派出机构，委托朝阳区政府代管，但由于人员由区政府委派，相对级别较低，

协调各方有难度。其主要职责包括制定奥林匹克公园建设与发展的规划，组织公共区内大型活动，协调朝阳区各单位维护公共区域社会秩序、建设市政基础设施、维护城市绿化及市容环境等。

多家业主单位。奥林匹克公园区内有国资公司经营的鸟巢和水立方，北京演艺集团经营的国家体育馆，北辰集团经营的国家会议中心、北辰洲际酒店，中国科技馆等多个业主，这些经营主体虽然在2010年组成了奥运功能区发展联盟，但各场馆基本还是独立进行资产的管理运营工作。

公共区域管理者。奥林匹克中心区由北京市属国有企业北京新奥集团负责常态化管理工作。北京新奥集团作为奥林匹克中心区的土地一级开发主体，在奥运会前筹资完成了土地一级开发征地拆迁、市政基础设施、公共配套设施等全部建设任务。目前，北京新奥集团一面继续建设奥林匹克中心区，一面负责该地区公共设施、公共区域的常态化运行维护管理。统一的公共服务为区域良好的状态提供了保障，但资金来源不明确等问题一直困扰着企业的运营。

三 对我国城市中央休闲区建设的思考

从北京奥林匹克公园的实践来看，城市中央休闲区的建设促进了城市休闲服务业的发展，增加了市民生活的舒适性，倡导培养了市民休闲生活的新习惯，承载了城市文化形象展示等功能，对提升城市休闲功能，促进城市发展非常有意义。北京奥林匹克中心区的建设实践有经验，也有困惑和不足，通过这个案例我们认为，在城市中央休闲区的建设中只有多方统筹、协调推进才能取得更好的效果。

1. 留存自然与规划统领相统一

北京奥林匹克公园是为举办奥运会而建的，从规划设计之初就对赛后利用进行了超前的规划，在整个区域的功能规划与建筑设计上考虑了赛后作为城市生活功能区的空间布局与设施保障。对区域内的奥林匹克体育中心、北顶娘娘庙等已有建筑及设施进行了保留和修缮，使之成为奥林匹克公园的一部分。赛后九年的运行结果证明，这一区域超前、科学的规划为赛后转型利用、承载城市休闲功能提供了非常好的基础。不足之处是规划建设周期过长，整个奥林匹克公园区域内的建设项目一直在不断实施，区域内的交通等设施未能全部使用，在一定阶段影响了便利性。

城市中央休闲区一般是以已经形成休闲产业聚集的区域为基础设立的，面对既有留存又要发展的需求，应从三个角度协调发展：一是以规划统领发展，明确空间布局、功能布局，在保留历史遗存的前提下完善休闲功能；二是在规划建设城市中央休闲区时预留发展空间，重点增强基础服务设施和功能系统的超前建设；三是要在工程实施和建设安排上科学有序，保障区域的舒适性、便利性。

2. 居民休闲与游客休闲相统一

城市的休闲首先是居民的休闲，兼顾的是游客的休闲。北京奥林匹克公园三个主要区域的目标休闲人群各有侧重：奥林匹克森林公园是北京市民健身游园的去处，公园里大众健身的场地、服务、设施及各类主题活动为市民休闲提供了良好的条件。奥林匹克中心区作为奥运会的举办地，是旅游者游览的主要场所，也是北京大型活动举办地、市民休闲的区域。区域内的商业及服务设施、体育场馆服务、各类演出、游园活动为游客及市民提供了休闲的选择。北京奥林匹克运动中心以其专业的运动场地服务，主要为热爱运动的北京市民提供运动休闲的空间。正在建设的奥林匹克商务园区，以其优质的公共区域园林景观成为区域内商务人群工余休闲的去处。受制于区域内交通、旅游产品及服务等限制，奥林匹克公园对于游客来说，除观光之外的体验和休闲旅游服务还不够，游客游览还停留在观景与拍照层面，还需提供深度的体验、休闲活动。

兼顾居民与游客休闲要做好分与合，一是在区域上划分，既要对区域活动目标人群按照市民生活性休闲与游客游览需求进行倾向性的区域分割，又要设计好融合交会的空间；二是在功能上实现细分与复合，既要实现对各类别需求的专业化服务，又要兼顾满足特定人群需求；三是用时间区分同一区域的功能，如在早、晚市民休闲活动集中的时间着重满足市民需求，在日间

旅游高峰增加旅游服务。

3. 公共服务与商业运行相统一

对于一个区域来说，商业运行是区域休闲产品和服务的提供者，公共服务是区域正常运行的保障，公共服务也是商业运营必需的基础和支持。对于公共服务来说，巨大的面积，巨大的客流，绿地被踩踏、装置及公共设备设施受损问题尤为突出。管理难度大，维护资金不足，公共服务相关经费不足使中心区管理者不时感觉力不从心。几十家不同类型、不同性质、不同属性的大小企业在区域内提供多样化的产品和服务，这些企业为奥林匹克公园内的休闲人群提供了丰富的休闲产品，从商业运行的结果来看，这些企业有的经营状况良好，也有的处于亏损、微利状态。

对于中央休闲区来说，需要公共服务也需要充满活力的经营单位。在运行上，首先要解决公共服务资金的问题，由属地财政支付相关运行保障服务的费用是有据可循的，作为区域内众多商业经营者大环境的服务保障，向各个商业运营企业收取公共区域物业管理费也是可行的。其次，按照标准考核要求，从标志标识、信息咨询，到环境卫生、经营秩序等方面提高公共服务的水平和专业性，为休闲功能的实现提供公共保障。最后，既要保持区域内商业经营者独立运营的自主性和活力，也要建立企业联盟等组织、打造一个共享的平台，进行区域内的协同，将整个休闲区内分享经济利益的伙伴整合成一个为客户服务的系统；靠市场手段进行资源的优化配置，激活、有机融合甚至创造出新的资源，形成丰富的供给层次，兼顾高端消费和基础消费，满足多层次、多样化的休闲需要，取得 $1+1>2$ 的效果，最终实现园区各经营单位相互融合、相互发展。

4. 开放空间与封闭管理相统一

北京奥林匹克公园目前采取半开放式管理方式，游客无须购票可随意进出公园，但进入中心区等区域需要进行安全检查。半开放式的管理方便了游客和附近居民，增加了人们的活动场所。随着人们生活水平的提高，人们对城市公园这类公共场所的需求越来越多，城市公园的免费开放充分体现了政府服务于民的思想，是政府把公共资源、风景资源还给市民的新举措。奥林匹克中心区的免费开放，使中心区的社会效益得到放大，广大市民得到实惠，并能刺激旅游经济、繁荣都市文化。

在方便的同时，开放空间的问题逐渐暴露出来：因出入口多、管理人员不足，公园内设备设施均出现多次不同程度的丢失、破坏；由于公园面积大又免费开放，园区内不法游商扎堆，或占道纠缠游客兜售小商品，或对游客围追堵截要提供拍照服务，有些游商还故意与谢绝消费的游客发生冲突，破坏了奥林匹克公园的形象。

事实上，中央休闲区超越了旅游景点、步行街以及商业街的概念，它应该成为一座城市的新地标、新形象，成为这座城市旅游和生活的最佳体验地。物理上的封闭与休闲区的开放、共享、以人为本的休闲宗旨是相违背的。面对管理需要，对中央休闲区的规划布局进行优化，对人流动线进行优化，对交通服务进行优化，以科技手段提高管理效率是解决之道。比如在市政大交通下解决区域内交通接驳，事实上就可以进行区域划分；又如可以基于信息化技术对休闲人群进行精准服务与管理。

5. 文化传承与开放交融相统一

一个城市的中央休闲区体现的文化，应该是这个城市内成的文化，就是在这个区域内用可体验、可欣赏、可感知、可品味的文化，体现城市人文精神、自然生态文明的特色。北京"十三五"发展规划明确部署要着力建设全国文化中心。奥林匹克公园继承了北京市的传统文脉，以奥运精神为区域文化特色，体现传统与现代、东方与西方之间的呼应关系，为市民及广大游客提供了一个高品质的综合性的公众文化活动场所。这个区域正在实现首都城市和国际化大都市的城市功能，实现首都城市国际交往中心功能，成为国际文化活动的中心，成为中国与世界交流的窗口。引进知名度高的学术性、商务性、政务性会议，促进国内外政治交流、经济交流、文化交流，引进国际文化、体育、旅游、会展等国际组织机构，建设成为首都国际交往中心的重要承载区是这个区域在"十三五"发展时期新的目标。

在城市中央休闲区的建设中要深度挖掘文化，形成特色、传承发展，更要秉承包容开放、兼收并蓄的发展理念，保持自身文化特色，汲取外来文化之长，促进文化融合。

当一个城市中央休闲区休闲功能得到充分发挥时，不仅能发挥经济效益、社会效益，还会成为加快区域发展和城市产业转型速度的新动力。城市中央休闲区不一定是城市的地理中心，但一定是这个城市的气质所在。我们乐于看到越来越多的城市中央休闲区成为人们休闲生活的流连忘返之处。

参考文献

高舜礼：《现代化城市需要中央休闲区》，《中国旅游报》2015年1月7日第2版。

魏小安：《城市中央休闲区与标准推行》，2012年3月1日在休闲标委会的演讲，http://weixiaoan.blog.sohu.com/207909145.html。

《城市中央休闲区服务质量规范》（GB/T 28003－2011）。

G.8 社交媒体信息传播模式对中小城镇休闲空间的影响[*]

沈 涵 贺怡萌[**]

摘 要： 随着我国城镇化建设国家战略的实施，近年来中小城镇得到了快速的发展，在平衡地区差异和城乡差异的方面发挥了重要作用。中小城镇的社会发展，尤其是居民的生活质量和休闲需求逐渐成为一个重要的研究领域，中小城镇由于受到地域空间和社会条件的限制，相比于大城市而言较难实现高度集约化的空间规划和多样化的休闲选择，因此如何利用其体量较小的特色进行休闲活动的柔性规划值得探讨。进入移动互联时代，中小城镇居民的休闲需求和空间也发生了很大变化，新的媒介改变了信息的传播模式，为居民提供了柔性休闲行为和虚拟空间，鼓励了更多元的休闲方式。体验成为休闲活动决策中的关键因素，对城镇休闲空间产生了新的影响，并对此提出了新的要求。本报告分析了中小城镇公共空间的类型和特点，探讨在社交媒体驱动下信息传播模式对中小城镇居民休闲行为的影响和休闲空间的需求。

关键词： 城镇化 社交媒体 休闲空间 休闲需求

---

[*] 本文得到国家社会科学基金一般项目"社交媒体驱动下中小城镇居民休闲行为、模式与空间的演变研究"（14BGL202）的支持。
[**] 沈涵，复旦大学旅游学系副教授，管理学博士，研究方向为消费者行为、旅游市场营销；贺怡萌，复旦大学旅游学系学生，研究方向为媒体传播与广告营销。

随着新型城镇化建设国家战略的实施，2000~2015年，中国的城镇化比例从36.22%跃升至56.10%，特色化城镇建设已成为经济增长的重要驱动力。随着城镇化进程的发展，大量的中小城镇开始涌现，它们是城镇体系中承上启下的连接点，在城镇化决策中占据了重要的地位。

现阶段新型城镇化建设的一个重要背景是移动互联网时代的信息力量。移动互联网的信息传播特点极大地影响了城镇化发展的模式和居民的生活。移动互联网时代的重要媒体渠道——社交媒体作为一种给予用户极大参与空间的新型在线媒体，是以人际传播和群体传播为主要传播形式，促进社会网络结构人际信息沟通模式变异，日益成为人们分享意见、见解、经验和观点的重要工具和平台，是当代社会发展的重要力量。在消费行为和社会文化方面，社交媒体使人与人之间的时空距离骤然缩短，极大地改变了现代社会的信息传播模式和相应的社会权力结构，呈现"重新部落化"的社会群体凝合状态。

在中小城镇社会空间，相对狭小的地域空间和相对简单的社会结构使得居民的社会交往呈现较为封闭和固化的状态，但是随着社交媒体的兴起，城镇居民群体的社会交往出现前所未有的信息传播途径的多元化、交往范围的扩大化、社会网络结构的复杂化。这一信息传播和社会交往的新特点使得中小城镇居民的社会群体凝合与消费行为呈现出与以往不同的状态。在休闲行为和模式方面，产生了更为丰富和外向化的新特点，对城镇休闲空间也提出了新的要求。

一 中小城镇及其休闲空间

（一）中小城镇的定义与特点

学术界对中小城镇尚未形成统一的定义，一般根据人口规模可以将中小城镇这个概念拆分为"中小城市＋小城镇"。城市规划意义上的小城镇指行政建制"镇"或"乡"的镇区部分，建制镇是小城镇的基本主体。广义上的小城镇包括小城市、建制镇、乡政府驻地集镇和非乡政府驻地集镇，即小城镇＝小城市＋建制镇＋集镇。狭义上的小城镇包括建制镇、乡政府驻地集镇和非乡政府驻地集镇，即小城镇＝建制镇＋集镇。费孝通定义的小城镇为："新型的正从乡村的社区变成多种产业并存地向着现代化城市社区转变的过渡性社区，它基本上已脱离了乡村社区的性质，但还没有完成城市化的过程"。对于中小城市的定义则是人口为50万～100万的中等城市和人口50万以下的小城市①。

在我国新型城镇化的政策语境下，中小城镇是大型城市与乡镇之间的过渡载体，党的十八大以来，中央对新型城镇化形成了日渐完整的战略规划，提出"增强中小城市和小城镇产业发展、公共服务、吸纳就业、人口集聚功能"，为中小城镇开辟了广阔的发展空间，中小城镇的发展对于实现城乡一体化有着实质性的意义。

（二）中小城镇休闲空间的类型与特点

休闲是人们在闲暇时间愉悦身心、自我提升的方式，是个体生存质量的重要指标，对社会发展具有积极意义。休闲活动作为人的一种基本的生存状态，已经越来越成为人们日常生活中不可或缺的部分，成为生活质量的检测指标。随着我国社会结构的转型，居民休闲行为模式、休闲空间尺度发生了巨大变化，居民的休闲活动日益成为城镇社会化生活方式的重要组成。相应的休闲空间在城镇居民的社会生活和人际交往中也产生越来越重要的意义。

相比于大型城市，中小城镇合理、适宜的尺度让公共休闲空间表现出它本身自然的尺度②。因此中小城镇公共休闲空间特有的优点是便捷性和原生态的环境。因为中小城镇的规模不大，当地居民生活起居的各项设施或场所都是便于当地居民到达的，因此中小城镇休闲空间的服务半径较小，可达性好。一方面，中小城镇休闲空间的建设对自然要素的依赖或受自然要素的限

---

① 《国家新型城镇化规划（2014～2020年）》，http：//www.gov.cn/zhengce/2014－03/16/content_2640075.htm，最后访问日期：2017年6月6日。
② 李云：《小城镇公共空间建设研究》，硕士学位论文，河北农业大学，2013。

制较多,更多保留了原生态的环境。另一方面,由于中小城镇的休闲空间主要满足的是城镇内部居民的日常需求,功能往往较为简单,未被完全开发,经营和服务普遍存在不足。

按所有权和经营模式,可将中小城镇的公共休闲空间分为公益性休闲空间和商业性休闲空间两类:(1)公益性休闲空间是指向全体公民开放的,可满足人们在闲暇时间观光游览、兴趣活动或自由交往等休闲需求的公共设施及场所,它们的所有权通常归属于国有或事业单位,不以营利为目的,如广场、公园、街道、绿地、景点景区、博物馆、图书馆、影剧院、体育馆等;(2)商业性休闲空间是居民通过消费进行休闲活动的场所,由企业或个人经营,既包括商业广场、步行街等商业综合体,也包括个体业态的餐饮、健身房、咖啡厅、电影院、书店、服饰店等。

二 社交媒体信息传播模式对休闲空间的影响

互联网技术的发展大致经历了三个阶段(见表1),结合了移动数据、互联网和移动终端的移动互联网诞生于 Web 2.0 时代,目前我国已处于 Web 2.0 的成熟阶段,并开始了对 Web 3.0 的技术探索,初步具备了大数据、人工智能等 Web 3.0 的特征。

表1 互联网技术发展阶段特征

	Web 1.0	Web 2.0	Web 3.0
信息传播	单向传播,受众被动地接受信息	分享交流、参与互动,逐渐去中心化	个性化、多元化、移动化、实时
媒介/技术	门户网站、搜索引擎	社交媒体、BBS、视频网站	语义网、开放平台、大数据、人工智能、LBS

在海量信息和数据的时代,各类手机应用(APP)呈现井喷式的增长,其中生活服务和休闲社交类应用占据了相当大份额。社交媒体改变了我们的交往空间;淘宝、京东、1号店等电商降低了消费者获取商品信息的成本,

简化了购物流程；美团、大众点评以及网约车、外卖等垂直领域的O2O服务平台改变了行业服务体系。这些基于移动互联网的新媒介在改变我们生活的同时，也对休闲空间产生了影响，其影响机制为信息传播特性—新的休闲行为与需求—新的需求改变空间。

（一）社交媒体信息的传播特性

1. 虚拟休闲空间与柔性休闲时间

空间维度上，社交媒体通过构建网络社会空间产生和强化了身体缺位的休闲体验，分离和整合了休闲场景，而社交圈的集中则强化了休闲过程中的兴趣等细分元素；时间维度上，社交媒体带来非线性的信息传播方式，整合零碎时间，降低时间成本，从而拓展了休闲时间。因此，社交媒体的信息传播特质使得休闲在空间和时间上实现了巨大的突破。

2. 强弱连接拓展社交的深度与广度

强连接关系将作为个体的人结合为群体，弱连接则扮演不同群体之间的桥梁角色，将不同的群体结合为更大的社会网络。强连接的影响力通常在2~3度之内，而弱连接在传播信息方面的作用是决定性的①。我们通过微信、QQ与家人、朋友、同事、合作伙伴沟通；LinkedIn会将职场上相隔1~3度的联系人推送给我们；想要更深入地了解某一兴趣领域，豆瓣、知乎等社区往往是好的选择；微博则是了解明星/名人动态的窗口。这些平台既维系了熟人社会强关系的社交，又支持了弱关系社交圈的拓展。在弱连接关系中，有影响力的人或事件成了社交网络中的节点，具有包容性的节点是社交网络中的枢纽，吸引相同爱好、目标、人生观的人们逐渐聚集到一起，完成了从熟人社会向陌生人社会的过渡。

3. 信息传播去中心化

伴随着各种社交、资讯、视/音频、电商平台的兴起，自媒体行业迎来

---

① 尼古拉斯·克里斯塔基斯：《大连接：社会网络是如何形成的以及对人类现实行为的影响》，简学译，中国人民大学出版社，2013。

了百花齐放式的发展。2003年至今，自媒体行业经历了博客、微博、微信公众号到真人直播等形式的多元化发展历程，信息传播的去中心化日益加深，话语权逐渐下沉，每个人都可以是信息源和信息传播者，而不再仅仅是接受者。根据TalkingData发布的《2016年度自媒体行业发展报告》，截至2016年11月，微信公众号数量超过2300万个，今日头条"头条号"数量超过35万个。微信公众号、微博和直播等媒介受用户欢迎，微信公众号用户在除了微信公众号之外对微博和个性化阅读应用关注度较高；直播类应用使用率最高，成为最受用户欢迎的媒介①。如今的自媒体平台非常多样化和细分化，用户以极低的成本即可获得比PC时代更为丰富多元的信息。

表2 自媒体平台类型

	功能	平台
社交	即时通信	微信、QQ、陌陌
	社交网络	微博、QQ空间、知乎、豆瓣、百度贴吧、人人网、LinkedIn
资讯	综合资讯	今日头条、一点资讯、界面、搜狐新闻、网易新闻
	垂直资讯	果壳、36氪、虎扑体育
视频	综合视频	搜狐视频、爱奇艺、腾讯视频、乐视视频、优酷、土豆、哔哩哔哩动画
	直播、短视频	美拍、秒拍、小咖秀、花椒直播、映客直播、斗鱼TV、虎牙直播、YY直播
音频	电台	蜻蜓FM、喜马拉雅FM、荔枝FM、企鹅FM、豆瓣FM、优听Radio
	音乐	酷狗、酷我音乐盒、网易云音乐、虾米音乐
电商	分享评论	美团、大众点评、蘑菇街、堆糖、美丽说、淘宝

在信息总量爆炸式增长的同时，人们对信息的接受是有选择性、主动性的。一方面，如今自媒体的内容已经十分细分化，用户可以主动关注自己感兴趣的内容账号，微信公众号就是这种主动关注的机制。另一方面，在大数据、人工智能等技术的支持下，用户可自行设置自己关注的领域，算法会根据关键词将他可能会感兴趣的内容推送到每个账户，如今日头条等平台

---

① TalkingData移动数据研究中心：《2016年度自媒体行业发展报告》，http://mi.talkingdata.com/report-detail.html?id=486，最后访问日期：2016年6月6日。

和社区主要采用的就是算法推送机制。尽管面对多样而庞杂的信息,但是人们会根据自我的需求筛选信息,因此每个人接收到的信息是个性化的、收敛的。

4. 连通线下,回归体验

移动互联网技术及智能终端的使用大大扩大了互联网信息技术的边界,智能手机成为人的肢体的延伸,相对于 PC 端的信息传播,移动智能应用有比 PC 应用更丰富的形态①,通过手机触达虚拟空间,再经此回到线下世界,产生新的体验。例如各种 O2O 电商和生活服务平台方便了我们的生活,扫码进入、用完即走的微信小程序强调了以用户为中心的线下场景,融入新技术的 Pokémon Go、支付宝 AR 红包等互动形式带来了新奇的娱乐和社交体验。从线上到线下、从虚拟走向现实,是近年来移动互联网发展的一个趋势。

(二)社交媒体时代休闲行为与需求的转变

1. 移动化、碎片化的信息获取习惯

2016 年,我国网民规模达 7.10 亿,手机网民规模达 6.56 亿,使用手机上网的人群占比为 92.5%,移动互联网流量已占互联网流量的主导,手机超越电脑成为网民接入互联网首选的终端。我国的 Y 世代②、Z 世代③是手机和平板的一代,其获取信息的时间、平台和内容都是碎片化的。

2. 线上交流促进线下交往

互联网拓展了我们社交的广度和深度,我们通过网络以兴趣、地域、目标为节点聚合成一个个社交圈。圈子往往集中了我们关注领域的信息,意趣相同的用户之间也更加频繁深入地交流,越来越多的潜在需求被挖掘出来,

---

① 腾讯科技:《张小龙首次公开解读小程序:小程序在微信没有入口 1 月 9 号正式推出》,http://tech.qq.com/a/20161228/016787.htm,最后访问日期:2017 年 6 月 6 日。
② Y 世代:Generation Y,通常指 1978~2000 年间出生的人。
③ Z 世代:2000 年后出生的人。

激发了线下更进一步交往的欲望。书友会、沙龙、公开课一类的线下活动应运而生。

3. 更为多元的休闲形式

通过互联网和社交媒体，人们很容易获得文化、娱乐、艺术、体育等各种活动资讯，丰富的信息让人们认知的广度和深度都大大拓展，能接触到的新鲜的休闲体验也相应增多。譬如参加某品牌组织的亲子互动，体验一家"网红"特色小店，参加户外圈的城市夜跑，等等。休闲活动的形式得到了很大程度的扩展，甚至很多休闲活动是为某一群体或个人量身定制的，更加能够满足人们多样化、个性化的需求。

4. 自我表达与分享

去中心化带来了扁平化的社交网络层级，每个人都可以是一个信息传播的热点。新一代的年轻人是移动互联网的活跃用户，有着更强的自我意识和独立的思维方式，也更为渴望实现自我价值。扁平化的网络平台提供了绝佳的契机，鼓励他们表达观点、分享价值，并获得社会群体的认同。

（三）移动互联时代城镇休闲空间的重构

社交媒体时代，信息传播的新特点极大地影响着居民的行为和需求，从而重构了居民对空间的要求。信息的碎片化，线上线下活动的交互，产生了更为多元的休闲形式，便捷社交媒体鼓励人们更多的自我表达和分享，从而促进了休闲信息的快速扩散和休闲行为的流行。因此，这些有别于以往的新的休闲行为和需求对城镇休闲空间的建设提出了新的要求，重塑着中小城镇的休闲空间。

1. 引入体验业态和活动

电商和生活服务O2O平台简化了信息搜集和购买的流程，体验便成了居民休闲决策中的决定性因素。人们去往某地休闲的动机不再仅仅是物质产品，更在于能得到怎样的环境、氛围、互动和服务。

对于公益性休闲空间而言，除了实现一些简单的基本功能，还应注重参与感和氛围的营造，使人与空间、人与人之间产生互动，而不只是静态的场地或场馆。中小城镇的公益性休闲空间普遍体量较小，物质条件较为简单，与大城市丰富的物质条件相比具有很大不足，但是参与体验活动的设计可以极大地弥补这些物质条件的不足，从而帮助居民产生更好的休闲体验。例如，美国的很多城镇社区图书馆每周举办读书会、工作坊、亲子室等线下参与活动，加强了居民的休闲体验。

对于商业性休闲空间而言，实体空间所提供的休闲购物和娱乐体验是网购无法取代的。电商的兴起虽然对实体零售业产生了强烈的冲击，但各种体验业态和一站式的商业综合体仍然大受消费者欢迎。美国纽约优衣库在店内引入星巴克咖啡厅，实体书店引入咖啡吧供人们阅读、讨论及举办读书活动，诸如此类的跨界合作成功地留住了顾客，成为未来实体店的新趋势。中小城镇的商业性休闲空间一般体量较小，跨界活动和休闲生活方式的引导将大大增加居民对这些商业休闲空间的认可和需求黏性。

2. 复合空间，多样化经营

不同群体的社交需求各异，开展的休闲活动也不尽相同，城镇休闲空间也应向复合型、多元化的方向发展，通过灵活的设计，塑造功能丰富、形态有序的空间，以迎合不同形式的休闲需求。中小城镇休闲空间的经营需要整合相关产业资源，充分挖掘其功能，承办多样化的活动。例如体育馆在满足居民日常的锻炼活动和承办体育赛事的基础上，可以整合配套健身培训、体育用品销售、大型活动、展览接待、洗浴休闲、晨练等服务项目，形成以健身为中心的产业链，实现复合空间的整合化、专业化发展。

3. 社交化运营

休闲空间的经营者可通过建立自己的官方网站和自媒体账号、在用户常用的移动APP上建立入口或在网络社区中运营相关的互动话题等方式，增进与用户的互动，了解用户反馈，甚至销售产品或提供服务。中小城镇的休闲空间主要是满足本地居民的休闲需求，不需要一味追求流量和影响力，重要的是通过移动互联网跟居民联系起来，通过打动人的体验和服务融入居民的生活中。

三 结论

社交媒体的发展对城镇居民的休闲行为和休闲空间产生了非常重大的影响，总结起来可以归纳为以下四个特点。

第一，社交媒体引导了城镇居民休闲的集中程度，促进了居民柔性休闲时间的整合。社交媒体去中心化的传播模式催生了海量多样化、个性化的信息，用户虚拟社交的广度与深度大大拓展，但线下的休闲活动没有被线上的社交取代，反而得到了强化，且出现了更多元的休闲方式。

第二，社交媒体的兴起一定程度上打破了社会阶层分异规律带来的空间分异，为美国城市地理学家哈维在《社会公正和城市》中提出的"社会空间统一体"理论提供了信息技术的支持，促进了更为平等的社会空间的发展。

第三，社交媒体打破了工业社会工作、休闲二元线性分割状态，使工作与休闲的时间结构、活动结构和空间结构相互交织，这极大地改变了人们的休闲行为模式，提供了更加专业化、个性化、丰富化、互动性、海量性、时效性的休闲娱乐方式。

第四，社交媒体改变了城镇休闲空间结构，创造了基于数字媒体信息传播模式的虚拟动态休闲空间，同时推动了基于生活起居功能的同心圆形休闲空间、基于居民休闲时间和距离的环形休闲空间、基于居民交通出行规律的点轴模式休闲空间、基于居民购物休闲功能的带状模式休闲空间的空间结构演进。

总之，新型城镇化是以人为本的城镇化，中小城镇休闲空间的建设同样应以居民的需求为出发点。移动互联网改变了人们的休闲行为和需求，潜移默化地影响着实体休闲空间。新的消费需求相应地对中小城镇的休闲空间提出了新的要求，包括复合有序的空间设计、多样化的经营模式、体验的营造和社交化的运营，相关各方应内外兼修，推动实体休闲空间的转型与优化。

参考文献

何凌华、申晨:《"互联网+"时代背景下城市空间的变革与重构》,《新常态:传承与变革——2015中国城市规划年会论文集(06城市设计与详细规划)》中国城市规划学会、贵阳市人民政府,2015。

王振坡、翟婧彤、贾宾、郑志恒:《"互联网+"时代下城市商业空间布局重构研究》,《建筑经济》2016年第5期。

李云:《小城镇公共空间建设研究》,硕士学位论文,河北农业大学,2013。

曼纽尔·卡斯特、刘益诚:《21世纪的都市社会学》,《国外城市规划》2006年第5期。

尼古拉斯·克里斯塔基斯:《大连接:社会网络是如何形成的以及对人类现实行为的影响》,简学译,中国人民大学出版社,2012。

G.9 养生理念下的老年人友好型城市休闲空间营造*

——以杭州市为例

蒋艳 过竹**

摘 要： 中国社会的老龄化促使城市休闲空间营造需要更多地考虑老年人的特征和需求。杭州作为东方休闲之都，城市休闲空间中既有有利于老年人的因素，如进取友好的休闲文化和底蕴深厚的历史文化；也有不利于老年人的因素，如空气污染。目前老年人已自发形成了零散的城市休闲据点，未来需要在养生养老理念的指导下，为老年人提供特色、便捷和舒适的城市休闲空间，包括建设城市老年康养综合体、提升现有城市休闲空间的康养功能、拓展线上城市休闲空间、提升养老院的养生休闲功能、拓展老年人休闲出行空间。

关键词： 老龄化社会 城市休闲空间 养生养老

---

* 资助项目：国家自然科学基金青年项目"新型城镇化进程中典型旅游小城镇中心区商业业态分化机理及其管理模式建构研究——基于杭嘉湖地区的研究"（71403252）；浙江省自然科学基金项目"旅游村镇的商业业态分化机制及其管理模式建构——以浙江省为例"（LQ13G020009）。

** 蒋艳，管理学博士，浙江外国语学院国际商学院旅游系副教授，中国社会科学院旅游研究中心特约研究员，研究方向为城市休闲与旅游体验；过竹，广西社会科学院文化研究所副研究员，广西养生文化学会会长，研究方向为人类学、文化学、生态旅游、养生休闲。

一　引言

中国社会正在迈向老龄化。民政部2016年7月11日公布的《2015年社会服务发展统计公报》显示，截至2015年底，我国60岁以上老年人口已达2.22亿人，占总人口的16.1%，其中65岁及以上人口为14386万人，占总人口的10.5%[①]。杭州城市居民中，老年人的比例也在逐渐提升。预计到2020年，杭州市60周岁以上老年人口总数将达到186万，约占总人口的25%，老龄化和空巢化日益加剧[②]。

老年人退休后，生活时空比发生重大变化，工作时间－空闲时间之间的相对平衡猛然间被打破，原本占据大部分活动份额的工作时间被空出，空闲时间大量增加，生活方式面临调整，但目前他们的休闲需求并没有得到充分关注，也较少有为老年人量身打造的休闲空间。随着老年人群体的日益庞大，老年社会的诸多问题逐渐显现，特别是已经彻底离开工作空间的老年人的休闲需求应该得到更多关注。中国很多城市在努力打造休闲城市，如何从城市层面为老年人营造一个更好的休闲空间，推动老年人拥有更加丰富的休闲生活，进而提升老年人的幸福指数，是本报告试图探讨的问题。

老年人的城市休闲空间营造不仅仅面向当地居民，还面向所有的老年人。目前异地度假养老已经越来越成为经济状况较好的城市老年人的选择，甚至在一些地方已经形成了这样的休闲养老模式。杭州作为一个宜居的休闲城市，不仅可以为当地老年人打造一个更舒适便捷的城市休闲空间，还可以吸引更多外地老年人到杭州度假，推动杭州绿色健康产业的发展。

城市休闲空间包括显性的物质空间和隐性的文化空间。显性的物质空间

---

① 范云波：《我国60岁以上老年人口已达2.22亿人　占总人口的16.1%》，http://news.xinhuanet.com/2016-07/11/c_1119200343.htm，最后访问日期：2017年6月6日。
② 史洁：《杭州获中央财政支持试点居家和社区养老服务改革》，《杭州日报》2016年11月27日第3版。

包括城市基础设施和显性的文化空间，基础设施包括餐馆、超市、医院、公共交通等，显性的文化空间包括书店、图书馆、博物馆、美术馆等。隐性的文化空间则是在显性空间里逐渐形成的生活方式和从事的精神生活，这是城市休闲空间的灵魂。

杭州作为休闲历史悠久的城市，加上经济繁荣、社会稳定、环境优美的特点，休闲已经成为杭州的城市气质，体现在城市建设的很多方面，并渗透在每个杭州人身上。近年来杭州市政府努力将杭州打造为休闲之都，这又加快了杭州休闲空间与城市休闲文化建设的步伐。政府努力提供更加人性化的休闲设施，客观上为老年人提供了相对较好的休闲空间，这是本报告将杭州作为案例城市研究的原因。

目前关于城市老年人休闲空间的研究相对较少，只有一些个别的具体研究，如孙樱认为城市公共活动空间对老年休闲活动具有重要作用，应该为城市老年休闲提供场地、改善环境、降低费用，并充分利用城市绿地资源、建设城市老年休闲绿地系统，将社区老年休闲的组织管理与城市绿地系统的规划建设相结合。董春等人探讨了城市老公园改造，在分析了老年人行为特点的基础上，提出城市公园要融合休闲、娱乐、冥思和庭院主题等设计构成要素，以满足老年人的需要。还有一些关于老年人休闲空间偏好的研究，如关鑫研究发现，广州老年人比较青睐具有良好绿化、设施、治安等条件的城市景区；王蕾等人发现，市区环境优美、交通便利的公园绿地是北京老年人户外休闲的主要场所，而公共交通和自驾车的普及则大大提高了老年人休闲空间的半径，如香山公园等环境优美的城市景区对周边及较远住处的老年人有很大吸引力。

二 杭州城市老年人休闲空间分析

（一）进取友好的城市休闲空间

城市休闲空间中有一个重要的概念，即地方感，这是一座城市的标志性特征，也是城市休闲文化的核心，更是城市居民乃至旅居者产生地方依恋的直接动因。笔者认为，杭州具备一种进取的城市休闲氛围。进取是一种看似与休闲相违背的存在，却又为杭州城市休闲提供了更多的活力和内涵，让杭州拥有一个随社会发展而变化的更高质量的休闲文化。也或许是因为这个原因，杭州被评为"2016中国年度十大活力休闲城市"。活力休闲城市为老年人休闲提供了积极的城市休闲文化背景。杭州的休闲状态是建立在富足的物质供给和丰富的精神生活基础上的，杭州强调的是进取的生命态度，休闲既是工作后的休整，也是一种高质量的生活态度。

杭州致力于建设一个精致便捷的休闲环境与结构人性化的休闲空间。对于老年人来说，杭州城市的很多微型公共空间都可能成为休闲场所，甚至家门口就是一道风景。泡一杯茶，坐在家门口和邻居聊天，欣赏周边整洁美丽的环境与来来往往的游客，这本身就是一种休闲生活。此外，杭州的绝大部分高质量景区是免费开放的，比如两大世界遗产西湖和京杭大运河，还有人气很高的清河坊、南宋御街及各大博物馆等，即使是收费景点，也对70岁以上的老年人免费。杭州进取的休闲状态还体现在对精致美食的追求上。杭州受欢迎的餐厅大多兼具美味、价廉和环境优美的特点，很多餐厅环境都经过刻意设计，颇具地方文化特色。

总体而言，杭州这样一种进取的休闲文化，营造出高质量的休闲环境，创造出性价比较高的休闲产品，也为老年人营造了积极的休闲空间。很多老年人退休后，工作空间骤然消逝，"闲"得无聊，很容易出现消沉、空虚的状态，而且身体机能日益老化，也容易产生消极情绪。如果子女不在身边陪伴，孤独感愈加强烈，老年问题更为凸显。宜人的城市休闲空间、良好的社区休闲环境，积极的休闲文化氛围，有助于老年人消除退休带来的负面影响，进入积极的生活状态。

杭州除了进取的休闲氛围外，还有一个独特的能够吸引外来者旅居的重要因素：友好。这或许源于杭州富足的经济基础、淳朴的社会民风、平和的文化性格和包容的人文情怀。这种友好的城市文化，是吸引外来者康养的优势。

（二）浓厚的历史文化休闲空间

如果说"进取""友好"是杭州城市休闲空间的外在表象，历史文化则是杭州城市休闲空间的人文肌理。杭州在营造休闲氛围的同时，也在努力挖掘城市的历史文化底蕴。

第一，拓展新的公共休闲空间。南宋御街就是借助邻近清河坊的优势，在原来中山路的基础上发展起来的。考古成果加上创意产业，将南宋御街发展成为具有浓厚历史文化的城市休闲好去处。西湖西进工程也大大拓展了整个城市的休闲空间。大运河沿岸的长期建设和成功申遗，为城市贡献了大面积的公共休闲空间。

第二，拓展历史文化建筑及其周边空间的休闲功能，实现传统建筑的现代利用，充分发挥了传统建筑的休闲功能。运河沿岸有大量的旧房创意改造，如由杭州丝联厂房改造的理想·丝联166创意产业园，结合了创意工作区、创意展示区、中心广场和休闲娱乐区，提供了较好的城市创意休闲空间。

第三，不定期提供文化讲座、书画展览、艺术表演等各类文化活动，这些活动往往在图书馆、文化创意园区、博物馆等公共文化场所进行，这些场所往往本身就是颇具欣赏价值的传统建筑与园林空间。免费的文化活动为所有人提供了高层次的休闲产品，更为空闲时间较多的老年人提供了优质的休闲空间。

（三）被空气污染困扰的城市休闲空间

空气污染是杭州城市休闲空间中面临的严峻挑战。老年人是受空气污染影响最大的人群之一，要为老年人提供良好的城市休闲空间，必须有效改善城市环境，而空气污染是亟须解决的首要问题。

杭州空气质量差，一方面是受到北方空气污染的影响，另一方面也是杭州城市本身汽车尾气、工业排污因素造成的①。截至2016年11月30日，杭州市小客车保有量为209万辆，急剧上升的机动车数量导致杭州城市交通拥

---

① 于青云：《京杭广深首要大气污染源：机动车》，《新京报》2015年4月2日A06版。

堵、空气污染。政府也很清楚空气质量对杭州打造休闲之都的意义，因而投入大量精力改善空气质量。2015年1月17日，浙江省人民政府办公厅印发的《浙江省大气污染防治行动计划实施情况考核办法（试行）》要求，从2015年起，各设区市的环境空气质量和大气污染防治重点任务完成情况与领导干部的升迁挂钩，根据考核结果给予相应的经济奖励或处罚[①]。2016年浙江公布十件民生实事，雾霾治理连续第三年居首位[②]。虽然地方政府投入巨大精力治理空气污染，但雾霾仍是当下杭州城市休闲空间营造中挥之不去的阴影，空气污染治理之路艰巨而漫长。

（四）老年人自发形成的零散城市休闲据点

杭州休闲城市建设为老年人的休闲活动提供了基础条件。和其他年龄段相比，虽然大部分城市老年人的收入水平不高，但有足够的养老金保障基本生活。长年节俭的生活习惯使大部分老年人更愿意选择免费或廉价的休闲活动，并在提供这类服务的区域自发形成零散的城市休闲据点。根据不同时间段，这些城市休闲据点大致分为几个类型。

晚上，老年人基本集中于广场和社区。在大型社区内部大多有小型广场，老年人往往选择在家附近的公共场所休闲，休闲活动主要是广场舞、交谊舞、传统体育等兼具健身和社交功能的活动。还有一些组织者，让集体休闲活动更好地持续下去。

白天，老年人的休闲活动半径相对较大，除了在附近公园活动之外，还会聚集于风景优美的景区。西湖景区及其周边是老年人休闲的重要选择，因为主城区前往西湖景区的车程大多在20分钟之内，前往西湖景区非常方便。休闲活动内容丰富多彩，包括唱歌、舞蹈、书法、摄影、太极、公益、英语角等各类活动。西溪国家湿地公园和京杭大运河作为新兴的城市休闲空间，

---

① 岳德亮：《浙江今年起PM2.5数值与干部升迁挂钩》，http://news.xinhuanet.com/mrdx/2015-01/18/c_133927005.htm，最后访问日期：2017年6月6日。
② 董洁：《浙江公布2016年十件民生实事雾霾治理连续三年居首位》，http://zjnews.zjol.com.cn/system/2016/01/24/021001120.shtml，最后访问日期：2017年6月6日。

也逐渐吸引更多老年人。

茶馆作为杭州独特茶文化的载体，也吸引了部分老年人。杭州茶馆档次各异，还有一种杭城独有的茶馆形式，点茶送自助餐，适合朋友聚会；也有一些老年人会选择和家人到城市郊区（如梅家坞、余杭）农家乐放松喝茶打牌休闲；除此之外，老年人根据各自的兴趣，选择寺庙、图书馆等各个场所，作为自己的休闲空间。总体上，随着老年人群体总体经济状况的提升，老年人休闲空间范围也将进一步扩大。

三 养生理念下的老年人友好型城市休闲空间营造

（一）老年人友好型城市休闲空间营造理念

由于生理变化等原因，老年人往往更加关注养生养老等问题。因此，杭州城市老年人休闲空间营造应该在养生养老主题下展开，提供更有吸引力的城市休闲空间、更多元的城市休闲选择、更便捷的城市休闲出行，改善城市老年人的生活方式，进而提高老年人的生活幸福指数。

为了提升当地老年人的休闲体验、吸引外地老年人来旅居，杭州在城市休闲空间打造中需要遵循特色、便捷、舒适的原则。

特色是指杭州在城市休闲空间营造中，需要加强地方感，凸显杭州元素。当下杭州的城市形象是休闲、江南风情和运河遗产，三大代表景区是西湖、西溪和运河。

便捷是指为老年人提供尽可能便捷的出行方式，使老年人愿意出门。

舒适是指为老年人提供尽可能舒适的城市休闲空间，让老年人出来后，可以获得尽可能多的愉快体验，包括参与丰富的休闲活动，感受与其他人互动的愉悦。

（二）老年人友好型城市休闲空间营造构想

1. 建设城市老年康养综合体

2008年，杭州首次提出建设城市综合体计划，并以此推动了城市功能升级，城市综合体附近的住宅也因此享受到了丰富便捷的配套服务。为了推动城市老年人休闲空间营造，有必要建设城市老年康养综合体，针对老年人的休闲需求，为老年人提供教育培训、体育健身、文艺娱乐、社交互动、康养咨询、健康检查等深度休闲内容，并以此为中心，向周边社区辐射，逐步为老年人提供更大范围的城市休闲空间。老年康养综合体可以与各个社会机构合作，为老年人提供更多休闲选择，提升老年人的休闲质量。老年康养综合体选址需要考虑环境优美、交通便利的区域，西湖、西溪和运河等景区周边是比较好的选择，建设完成后进行公共交通设施配套。

2017年杭州市将建设城北老年活动中心，这个项目预计2017年下半年开建，最快于2019年年底建成，建成后将是杭州最大的老年活动中心[①]。未来还需要在此基础上围绕老年人的需求，进一步完善老年人休闲空间营造与休闲服务产品配套，并根据市场需要，建设更多规模不等的老年康养综合体。目前，杭州市共建成居家养老服务照料中心2420家、老年食堂1001家、老年活动中心3626家[②]，这些老年人活动空间具备部分休闲功能，但并不完善。这些地方将是未来城市老年人休闲空间改造的重要对象，提升这些城市空间的休闲功能，使之成为城市老年人休闲空间的有机组成部分。此外，也需要充分考虑到老年人的特点，为他们提供更为舒适的城市休闲空间，包括提供更多室内外休息区、便于交流的休息空间，对地面进行防滑处理。

2. 提升现有城市休闲空间的康养功能

首先，根据市场需要，整合并有序增加专业养生休闲空间。杭州本身有很多历史悠久的中医药馆，这些中医药馆大多位于市中心，如胡庆余堂、方回春堂、叶种德堂、万承志堂、张同泰等；有不少新的中药企业，如正大青春宝、康莱特、天目山药业等知名企业；还有不少充满中医文化的街区，如

[①] 孙寅乔：《杭州最大的老年活动中心下半年开建杭州殡仪馆改扩建工程2020年前开工》，《每日商报》2017年2月16日，第5版。

[②] 史洁：《杭州获中央财政支持试点居家和社区养老服务改革》，《杭州日报》2016年11月27日第3版。

清河坊、五柳巷、桥西直街等历史街区。杭州的一些中医药馆甚至还有自己的博物馆，如国家级文物保护单位胡庆余堂中国中药博物馆，但这些中医药文化并未得到很好的整合，如同断线的珍珠，洒落在城市的各个角落，并未真正形成规模效应。各类养生会所也分布于城市各个角落，和其他消费场所混在一起，并无专门康养机构提供权威评价。总之，提供康养服务的机构会随着社会的老龄化而逐渐增加，如何有序地增加养生休闲空间，并在实体或虚拟空间上将它们串连起来，加强内部互动以及内外互动，甚至轮流定期推出养生主题活动是一个问题。本报告认为可通过成立养生康养协会、开发康养微信公众号和APP的形式将它们联系起来。

其次，提升书店、图书馆、博物馆等现有城市公共休闲空间的康养功能。杭州有老牌的新华书店，也有一些富有特色的个性书店。利用现有的书店资源，结合书店的发展需求，不仅提供这方面的书籍，还要以康养为主题，提供更多体验类产品、讲座服务、咨询服务等，进而提供全方位的康养休闲空间。图书馆和博物馆更是具有天然的优势，本身这些场所就会定期开展很多文化活动，为了配合老龄化的趋势，未来可以提供更多康养主题的活动，吸引老年人参加。2015年浙江自然博物馆联合浙江中医药大学、浙江省中医药研究院等机构，在馆内举办中医药文化主题展《道地药材》，通过对300余种较常见的道地药材的功效分类、真伪鉴别等科普展示，普及中医药文化[1]。未来可以在康养主题的指导下，开展更有针对性、有趣味性的中医药文化普及活动；还可以和医院、高校等合作，提供康养主题的讲座或培训。总之，尽可能让老年人便捷地通过正规渠道获得康养信息。

3. 拓展线上城市休闲空间

线上城市休闲空间拓展有几个途径，首选建立微信公众号，在吸引足够多的用户后，开发城市康养主题APP，可取名"杭州康养"。线上城市休闲

---

[1] 刘慧：《中医药文化主题展》，http：//hznews.hangzhou.com.cn/tupian/content/2015-01/06/content_5598631.htm，最后访问日期：2017年6月6日。

空间拓展的受众主要是杭州城市居民，如果开发顺利，可将范围延伸到其他城市，提供当地康养休闲服务信息。由于初期对接的实体机构位于杭州市区，本报告建议增加如下符合老年人需求的康养主题内容：其一，提供即时信息传递服务，将分散于杭州城市各个空间的康养服务信息汇聚整合起来；其二，提供康养方面的资讯，甄选分享一些高质量的养生讲座，并对老年人进行防骗教育，帮助老年人躲开保健品推销陷阱；其三，搭建康养休闲服务提供商和潜在消费者之间连接的平台，通过合理收益实现微信公众号和APP的可持续运营；其四，与现有相关互联网第三方平台运营商合作，整合资源，提供更专业、更有针对性的康养服务；其五，线下成立非官方的康养协会，实现线上线下的连接。

4. 提升养老院的养生休闲功能

随着越来越多独生子女的父母进入老年阶段和观念的改变，未来越来越多的人会选择社会养老，养老院将逐渐成为城市老年人休闲空间的重要组成部分。目前很多养老院仅提供基础性的养老服务，休闲功能并不完善，老年人进入养老院后，缺乏足够多的休闲活动内容，子女的陪伴时间也极少，这将对老年人精神造成很大的负面影响，在很大程度上伤害老年人的健康。为了提升养老院老年人的生活幸福感，需要考虑提升养老院的养生休闲功能，为老年人提供更多的休闲空间和活动。有一些较好的案例值得借鉴。比如荷兰一家叫Humanitas home的养老院将多余的房间免费租给当地大学生，代价是每个月至少花30小时陪伴老年人，这种方式让老年人既获得了与年轻人交流的社交需求满足，又从事了一些休闲活动，提升了幸福感。又如，截至2015年，美国已有大约500个养老院加幼儿园联办场所，组成"代际学习中心"。中心每个星期向孩子们开放五天，孩子们在"代际学习中心"里跟老年人一起做活动，为老年人的晚年生活带去了新的乐趣，让老年人又"活了过来"。

5. 拓展老年人休闲出行空间

因为出行不方便、出行成本较高和外出缺乏足够吸引力，外出性价比低于居留家中，所以一些老年人选择待在家里。根据这种情况，除了为老年人提供更多具有吸引力的休闲空间外，还要在其他基础配套上提供便利，为老年人提供便捷的出行条件。杭州的公交车、地铁等老年人更偏好也更廉价的交通方式需要进一步完善，包括线路设计尽可能靠近各个居民区、电子站牌增加智能公交查询系统、并推出"杭州实时公交"APP。目前对行动不便者（包括残疾人和老年人中的行动不便者）仍然缺乏足够的关怀，这部分群体的出行难度极大，几乎禁足于家中。未来需要在公交车、地铁、城市道路等公共设施的设计中体现对这些人群的关怀，让他们有能力单独出行，而不是必须借助他人的帮忙。

杭州如果希望吸引更多来度假休闲的旅居者，则需要尽可能地为这部分游客提供更多便利条件。公共交通方面，2017年初杭州市地铁集团开通了官方APP"杭州地铁"，可以通过支付宝和微信等方式购买车票，这为外地游客乘坐公共交通提供了便利。

四 结论

总体而言，杭州拥有优美的自然人文景观和悠久的休闲历史文化，城区就有宝石山、植物园、西溪湿地公园等具有良好生态环境的城市休闲空间，还有西湖景区内的各大江南古典园林。杭州还能提供较多的中医养生、美食饮茶等休闲活动，是中国境内相对比较有优势的康养城市。只要能够更有针对性地考虑老年人的休闲需求，并在城市休闲空间设计中加以体现，杭州将在未来吸引更多老年人在此康养。

参考文献

孙樱：《城市老年休闲绿地系统需求分析与建设对策》，《资源科学》2003年第3期。

董春、陈祖建、王列：《城市老公园改造老年人活动空间规划设计》，《沈阳农业大学学报》（社会科学版）2014年第1期。

关鑫：《广州市老年人户外休闲空间研究——以公园为例》，硕士学位论文，中山大学，2007。

刘慧：《长沙市老年大学学员休闲现状及休闲参与障碍分析》，《企业家天地·下半月刊》（理论版）2008年第11期。

王蕾、陈田、王昊等：《北京市老年户外休闲行为特征的时空变异分析——以2000年和2010年为例》，《西北人口》2011年第3期。

产业篇
Industry Reports

G.10 中国文化休闲业分析与展望

赵 鑫*

摘　要： 在经济新常态的背景下,文化休闲业的发展在国民经济的地位越发凸显,也越发受到关注。受益于政策红利的释放、消费能力的提高和互联网技术的应用,目前中国文化休闲业市场规模快速增长,公益性文化休闲业平稳铺开,传统与新兴文化休闲业发展势头良好。但不足的是,行业整体改革相对滞后,需求与供给两方面仍需进一步调节,行业的发展也呈现多层次的不均衡。未来需要深化体制机制改革,以创新发掘消费需求,发力供给侧改革,寻找产业发展的平衡点。

关键词： 文化休闲　供给侧改革　文化市场

---

* 赵鑫,中国社会科学院研究生院金融学博士研究生,中国社会科学院旅游研究中心特约研究员,研究方向为国际金融与投资,旅游产业与服务经济。

一 中国文化休闲业发展背景

（一）政策红利激发行业活力

党的十八届三中全会提出深化文化体制改革，构建现代文化市场体系和公共文化服务体系；党的十八届四中全会对文化产业立法提出了新要求；党的十八届五中全会提出推动文化产业成为国民经济支柱性产业。2015年是文化顶层设计转化为具体产业政策的一年，党中央国务院为进一步落实顶层设计、推动文化休闲业发展，推出了一系列包含文化休闲业的政策措施，如《关于加快构建现代公共文化服务体系的意见》《国务院关于大力推进大众创业万众创新若干政策措施的意见》《关于积极推进"互联网+"行动的指导意见》等，这些政策措施将顶层设计的思路进一步落地，为文化休闲产业发展指明了新方向，也带来了新机遇。值得一提的是，我国文化休闲业的立法工作取得了一定成果：《公共文化服务保障法（草案）》的出台推动了公益性文化休闲结构服务标准均等化的发展，为居民的基本报告化权益提供保障；《中华人民共和国电影产业促进法》《博物馆条例》等相关文件的出台标志着整个行业发展的环境更加规范化和专业化。

（二）收入增长释放消费能力

国民经济的快速发展推动了居民人均可支配收入的增长。我国人均GDP在2011年首次超过5000美元，标志着居民消费结构进入以精神文化消费为核心的快速调整时期。2015年，我国人均GDP达4.93万元，比2014年增长5.84%；城镇居民人均可支配收入达3.12万元，比2014年增长6.18%。马斯洛需求层次理论认为，随着收入的增加，人民的社会物质基本需求得到满足后，精神文化领域的消费需求将逐步占据主导地位。

表1 2010~2015年我国城镇居民人均可支配收入及人均GDP

单位：元，%

类别	2010	2011	2012	2013	2014	2015
城镇居民人均可支配收入	19109	21809	24564	26955	29381	31195
可支配收入增速	11.27	14.13	12.63	9.73	9.00	6.18
人均GDP	39567	36018	39544	43320	46629	49361
人均GDP增速	17.73	17.83	9.79	9.55	7.64	5.84

数据来源：2011~2016年《中国统计年鉴》。

文化休闲消费水平显著提升。2015年中国居民总体消费水平显著提升，教育文化娱乐、交通通信、医疗保健三方面消费增幅较为显著。其中，教育文化娱乐服务消费增幅达55.14%，增幅最大，其他两项增长速度也较快。

表2 2014/2015年我国居民家庭人均消费性支出情况

年份	消费性支出	食品支出	生活及服务	交通通信	教育文化娱乐	其他商品和服务	居住	医疗保健
2015（元）	21392.4	6359.7	1306.5	2895.4	2382.8	577.5	4726	1443.4
2014（元）	14491.4	4493.9	889.7	1869.3	1535.9	358	3200.5	1044.8
同比增长（%）（未扣除物价上涨）	47.62	41.52	46.85	54.89	55.14	61.31	47.66	38.15

数据来源：2016年《中国统计年鉴》。

2015年城乡居民的文化休闲消费水平也稳步提高，对文化休闲业发展起到强劲拉动作用。2015年我国居民用于文化娱乐的人均消费支出为760.1元，文化娱乐方面的支出占个人全部消费比重的4.8%，同比增长0.2%。分城乡看，城镇居民人均文化娱乐消费支出1216元，占总消费比重的5.7%，增长11.8%；农村居民人均文化娱乐消费支出239元，占农村居民人均消费支出的2.6%，但是农村居民人均文化娱乐消费支出的增速更快，同比增长15.4%。

（三）"互联网+"拓展无限空间

截至2015年12月，中国网民规模达6.88亿，互联网普及率为50.3%；手机网民规模达6.2亿，占比提升至90.1%；无线网络覆盖明显提升，网民 WiFi 使用率达到 91.8%①。互联网正改变人们的生活消费习惯，文化休闲业也不例外，"互联网+文化休闲"的融合发展正成为文化休闲业的新生力量，网络休闲也将成为重要的文化休闲方式，"互联网+"为文化休闲业的发展提供了无限的想象空间。

2015 年，以"互联网+"为主要形式的文化信息传输服务业的产业增加值达 2858 亿元，同比增长 16.3%，充分显现出数字文化产业的活力。顺应"互联网+"新形式，文化休闲业借着互联网实现升级发展：动漫游戏、网络文学、网络视频、网络音乐等数字创意产品成为人们文化消费的主要内容，"VR""直播""弹幕"等新事物冲击文化休闲市场，形成文化休闲的新形式，孕育文化休闲新业态。近几年，大型互联网企业纷纷将触角伸到文化产业领域，形成舰队化、扇形化结构，凸显了大型互联网企业对文化产业的偏爱。以 BAT②为例，阿里巴巴收购文化中国、入股优酷土豆和光线传媒、注资恒大；腾讯的业务包含了游戏、文学、动漫、影视、网络视频和音乐等；百度收购爱奇艺、PPS、91 无线，积极布局文化娱乐行业。三大互联网企业巨头都在积极布局文化休闲业，可以预见，竞争的大幕才刚刚拉开。

二 中国文化休闲业发展现状

（一）文化休闲产业规模快速增长

在政策引导和市场充分参与的背景之下，我国文化及相关产业总量持续增长，在经济新常态下发挥优化经济结构的重要作用，也朝着国民经济支柱产业的方向迈出新的步伐。2015 年全国文化及相关产业增加值为 2.72 万亿元，同比增长 11%；占 GDP 的比重为 3.97%，同比增长 0.16 个百分点。各相关行业都有不同程度增长，具体情况见表 3。

---

① 中国互联网络信息中心：第 37 次《中国互联网络发展状况统计报告》。
② BAT，B＝百度、A＝阿里巴巴、T＝腾讯，是中国互联网公司百度公司（Baidu）、阿里巴巴集团（Alibaba）、腾讯公司（Tencent）三大互联网公司首字母的缩写。

（二）公益文化休闲业平稳铺开

2015年，我国文化事业费为682.97亿元，同比增长17.1%，占国家财政总支出的0.39%；全国人均文化事业费为49.68元，较2014年增长16.5%[①]。受益于财政支出的增长，我国公益文化休闲类机构（如图书馆、博物馆、文化馆）的数量在近几年迅速增长。表4显示，我国公共图书馆的总藏量、总流通人次、书刊文献外界册次以及阅览室座位数稳定增加。2015年，我国共有公共图书馆3139座，比2014年增加22座；图书总藏量为8亿多册，比2014年增长6.0%；总流通人数达5亿多人次，比2014年增长11%；书刊文献外借达5亿多册；阅览室座位达9亿多个。我国公共阅读服务体系逐渐完善，公共图书馆资源的社会共享程度逐步提高。

表3　2015年文化及相关产业发展情况

类别	绝对额（亿元）	同比增长（%）	所占比重（%）
第一部分			
文化产品的生产	17071	13.4	62.7
新闻出版发行服务	1299	7.4	4.8
广播电视电影服务	1227	15.8	4.5
文化艺术服务	1255	10.0	4.6
文化信息传输服务	2858	16.3	10.5
文化创意设计服务	4953	13.5	18.2
文化休闲服务	2044	19.4	7.5
工艺美术品的生产	3435	10.6	12.6
第二部分			
文化相关产品的生产	10165	7.1	37.3
文化产品生产的辅助生产	3132	8.0	11.5
文化用品的生产	6105	7.1	22.4
文化专用设备的生产	927	4.3	3.4

数据来源：2016年《中国统计年鉴》。

---

① 《中华人民共和国文化部2015年文化发展统计公报》。

中国文化休闲业分析与展望

表4　2010~2015年全国公共图书馆的发展和使用情况

类别	2010	2011	2012	2013	2014	2015
公共图书馆数(座)	2884	2952	3076	3112	3117	3139
总藏量(千册、千件)	617260	697190	788520	748960	790920	838440
总流通人次(千人次)	328230	381510	434370	492320	530360	588920
书刊文献外借册次(千册次)	263920	284520	331910	408680	467340	508960
阅览室座位数(个)	631000	681400	734571	809800	855500	911000

资料来源：2011~2016年《中国统计年鉴》。

表5显示，我国博物馆数量、文物藏品数量、基本陈列数量也逐年增长，到2015年，博物馆数量达3852座，观众数量达7.8亿多人次，居民对博物馆这些公共文化休闲设施和场所的利用率在不断提高。值得注意的是，在博物馆数量和观众数量增加的同时，2015年博物馆的门票销售收入反而降低，彰显了公益休闲文化业服务于民的民生化发展。此外，群众文化活动开展得有声有色，2015年全国群众文化机构组织各类活动达166.39万场次，比2014年增长13.0%，服务人口达5.48亿人次，增长8.2%。[①]

表5　博物馆的发展及开展活动情况

类别	2011	2012	2013	2014	2015
博物馆数(座)	2950	3069	3473	3658	3852
文物藏品数量(件)	19023423	23180726	27191601	29299673	30441422
基本陈(个)	7054	8230	7650	19565	21154
观众数量(万人次)	47051	56401	63776	71774	78112
门票销售总额(万元)	—	—	—	331007.0	329461.3

资料来源：2012~2016年《中国统计年鉴》。

（三）传统文化休闲业发展迅速

我国艺术表演团体数量及人员数都显著增加。如表6所示，2015年，

---

① 《中华人民共和国文化部2015年文化发展统计公报》。

艺术表演团体数量达1万多个，演出人数达30多万，艺术表演团体的表演场次和观众人数也迅猛增加，演出收入也显著提高。

表6 我国艺术表演团体情况

类别	2010	2011	2012	2013	2014	2015
机构数量（个）	6884	7055	7321	8180	8679	10787
人员数量（万人）	22	22	24	26	26	30
演出数量（万场）	137.15	154.72	135.02	165.11	173.91	210.8
观众数量（万人次）	88500	74585	82805	90064	91020	95799
演出收入（万元）	342700	526745	641480	735532	757028	939310

资料来源：2011~2016年《中国统计年鉴》。

表7显示，近几年，我国电影市场同样呈现快速发展态势。2015年中国电影总票房达440.7亿元，同比增长49%；全年观影人次为12.6亿，同比增长51%[①]。国产电影日趋多元化，兼具商业价值和口碑的优秀国产电影作品不断增加。2015年票房过亿元的有47部，其中票房过10亿元的有《捉妖记》《港囧》《西游·降魔篇》等多部电影。

表7 中国电影市场发展情况

年份	2010	2011	2012	2013	2014	2015
票房收入（亿元）	101.7	131.2	170.7	217.7	296.0	440.7
票房收入增长率（%）	64	29	30	28	36	49
观影人次（亿人）	2.9	3.7	4.7	6.1	8.3	12.6
观影人次增长率（%）	43	29	27	30	36	51

资料来源：《中国统计年鉴2011~2016》。

此外，图书、期刊、报纸等三大传统媒体也稳步发展。2015年我国出版图书475768种，印刷86.6亿册；出版期刊达10014种，印刷28.8亿册；发行报纸1906种，印刷430.1亿份（见表8）。

---

① "2015年全国电影票房统计"，http：//www.chyxx.com/industry/201603/395715.html，最后访问日期：2017年6月1日。

表8 中国出版市场发展情况

年份	图书		期刊		报纸	
	种数(种)	总印数(亿册)	种数(种)	总印数(亿册)	种数(种)	总印数(亿份)
2011	369523	77.0	9849	32.9	1928	467.4
2012	414005	79.2	9867	33.5	1918	482.3
2013	444427	83.1	9877	32.7	1915	482.4
2014	448431	81.8	9966	30.9	1912	463.9
2015	475768	86.6	10014	28.8	1906	430.1

资料来源：2012~2016年《中国统计年鉴》。

（四）新兴文化休闲业蓬勃发展

网络成为文化休闲的重要载体。网络环境的完善和手机上网的迅速发展，使得基础应用、商务交易、网络金融、网络娱乐、公共服务等个人应用日益丰富。在这样的背景之下，网络文化逐步深入人们的生活方式和价值观念，成为文化休闲的主要载体，网络游戏、网络音乐、网络视频、网络购物、网络文学等休闲方式迅速发展起来。如表9所示，2015年，我国网络新闻用户规模超过5.64亿，比2014年增长8.8%；网络音乐、视频、游戏分别较2014年增长4.9%、16.4%、7.0%；网络购物市场保持稳健的增长速度，2015年用户规模超过4.13亿，比2014年增长14.3%；网络文学以巨大的潜在商业价值，推动了网络文学产业的整合，2015年网络文学用户规模接近2.97亿，同比增长1.0%。其他相关文化网络市场的网民使用规模也稳步增长，表明网络成为文化休闲的重要载体。

表9 中国网民对网络应用的使用率

应用	2015		2014		年增长率(%)
	用户规模(万)	使用率(%)	用户规模(万)	使用率(%)	
网络新闻	56440	82.0	51894	80.0	8.8
网络音乐	50137	72.8	47807	73.7	4.9
网络视频	50391	73.2	43298	66.7	16.4
网络游戏	39148	56.9	36585	56.4	7.0
即时通信	62408	90.7	58776	90.6	6.2

续表

应用	2015		2014		年增长率（%）
	用户规模（万）	使用率（%）	用户规模（万）	使用率（%）	
电子邮件	25847	37.6	25178	38.8	2.7
网络购物	41325	60.0	36142	55.7	14.3
网络文学	29674	43.1	29385	45.3	1.0
网上支付	41618	60.5	30431	46.9	36.8
旅行预订	25955	37.7	22173	34.2	17.1
团购	18022	26.2	17267	26.6	4.4

数据来源：中国互联网络信息中心，第38次《中国互联网络发展状况统计报告》。

自媒体平台丰富新兴文化娱乐方式。早期的博客和社区是最初的自媒体形式，随后自媒体以社交网络为载体进入公众号时代，如今电商等非媒体平台正在成为新的自媒体载体。休闲文化娱乐行业是自媒体最多的参与者：微信公众号中，账号行业分布排在前四位的是文化/传媒/娱乐、服务业、IT/通信/互联网、商业，其中，文化/传媒/娱乐占微信公众号比重27.8%;[①] 头条号中，账号行业分布排在前四位的是娱乐、文化、科技、市场，其中娱乐和文化分别占7.0%、6.6%[②]。此外，微博数据也显示，一些与文化休闲相关的内容的关注度稳居首位[③]。自媒体平台的问世促进了网络用户本身成为媒体发布人和各种社会事件的参与者、当事人、审视者和评论员，极大地丰富了文化休闲娱乐方式。

三 中国文化休闲业发展中存在的问题

（一）改革滞后于产业发展

近年文化休闲产业的发展受到空前的重视，所以文化及相关产业的顶层

[①] 《2015中国娱乐行业微信公众号数据洞察报告》，http://www.sohu.com/a/64694029_334205，最后访问日期：2017年6月6日。
[②] 数据由今日头条提供。
[③] 新浪微博数据中心：《2015年微博用户发展报告》，https://sanwen8.cn/p/540uZBM.html，最后访问日期：2017年6月6日。

设计能够统筹全国的文化产业科学发展、体制改革、产业区布局，进行战略性的长期科学规划。但顶层设计的进一步细化落实滞后于产业的发展需求。首先，文化休闲业集聚区作为功能区建设而言，功能定位、边界界定尚不明确，有关投资、贷款、土地、税收等配套政策尚待落实。其次，相关政策推进滞后于产业发展。例如在知识产权保护方面，评价和监督机构权责不明，文化部、国家工商总局、科技部、国家知识产权局多头管理的局面使市场乱象滋生。最后，体制改革滞后于市场发展，文化市场化改革不彻底。部分文化事业单位转为企业后仍然延续原有管理模式，不能适应市场发展需要；文化艺术、媒体影视、出版等领域仍被国有企业或事业单位主导，有活力的社会资本很难有效进入。

（二）需求端潜力仍需发掘

在文化休闲业发展较为成熟的国家和地区，文化产业增加值占GDP的比重比较高：美国文化产业增加值占GDP的比重达31%左右，日本文化产业增加值占GDP的比重约为20%，欧洲平均在10%~15%之间，韩国高于15%。2015年，我国文化产业增加值占GDP的比重为3.97%，与发达国家或地区的20%左右的水平相差很远，与党的十七届五中全会明确提出的"推动文化产业成为国民经济支柱性产业"的战略目标，仍有一定差距。一般而言，支柱性产业在国民经济中有举足轻重的地位，产业增加值占GDP的比重要达到5%以上。总体而言，中国人均文化休闲消费水平相比经济发展水平，仍有较大差距。

当然不可否认的是，各国文化产业的统计口径存在差异，例如美国的文化休闲产业囊括的范围更大，英国的文化创意产业中除建筑以外还包括体育餐饮等行业，因此这种横向的比较不应该仅仅比拼指标的高低，而应该从中看到客观存在的差距。根据国家统计局数据，2015年我国恩格尔系数为30.6%，比发达国家高了近20个百分点。恩格尔系数较高从某种程度上说明我国国民消费仍有较大的比例花在刚性需求方面，文化休闲方面的消费潜力尚待挖掘。

（三）供给端"质""量"亟待提升

不可否认的是，在文化休闲业迅速发展、市场表现火热的背后，局部市场遭到冷遇。根据北京市文化局统计，2016年春节期间，北京市共有119台、334场演出，演出场次同比下降5.4%；观众数量约为16.6万人次，同比下降5.7%；票房收入达2400万元，同比下降了7.7%。这从侧面印证了文化休闲业局部市场有效产品供给不足，即被大众广泛接受充分认可的文化休闲产品供给不足。从市场总量的估算来看，供给缺口令人惊讶，当前我国文化消费潜在规模近5万亿元，但实际文化消费量仅为2万亿元左右。这表明3万亿元的市场缺口没有得到有效满足和挖掘。无论市场总量规模还是市场局部供给结构，往往呈现"有数量、没质量，有产品、没精品"的局面，所以推进文化休闲业供给侧结构性改革的重要性日益凸显。

（四）产业发展不均衡

文化休闲产业的不均衡体现在两个方面。首先，产业空间结构不均衡，这与中国地区经济发展的不平衡相关，东、中、西部总体上呈现阶梯式下降。西部及中部地区文化休闲产业发展相对落后，东部地区文化产出更高。东部地区的长三角及珠三角文化产业发达，文化产出较高，但也有发展定位重合、同质化发展的问题。其次，城乡二元结构下产业发展不均衡。欠发达地区尤其是贫困边远地区由于缺乏规模性的市场需求，很难自发地形成文化休闲消费市场，于是文化休闲产品的供给就更加缺乏。而在经济发达地区却出现文化休闲高端化的趋势，这主要由于资本的逐利性，有效地发掘和满足高端消费人群的需求会带来更大的利润，因此文化企业忽视了普通大众的文化休闲消费需求。这种现象在东部沿海等发达地区尤为突出。

四 中国文化休闲业发展建议与展望

在文化多元化、经济全球化、世界多极化的背景下，综合国力的竞争越发激烈，文化的交流和碰撞越发频繁，文化休闲在对外交往中的地位越发重要。"一带一路"倡议、京津冀协同发展和长江经济带建设深入落实，文化休闲产业发展的空间进一步打开。"十三五"时期是促进文化休闲业发展的重要机遇期，也是建设社会主义文化强国的关键时期，更是全面建设小康社会的决胜阶段。总之，文化休闲业发展面临重大机遇，同时也面临诸多挑战。

（一）进一步深化体制机制改革

文化休闲的体制机制改革是一项复杂的工作。在改革中，既有国家层面的，也有省级层面的，还有市县级层面的任务；既有综合改革，也有配套改革，还有专项改革。建议采取"上下联动""统分结合"的方式推进体制机制改革。"上下联动"指顶层设计与基层探索联动，"统分结合"指各级政府统筹各方力量建立长效机制，并强化在战略规划、政策制定、监督管理等各方面的改革。按照政企分开、政事分开原则，推动文化及相关行政部门与其所属的文化企事业单位进一步理顺关系，建立完善的法人治理结构，赋予其更多的法人自主权，发挥企事业单位在决策、执行和监督中的主动性。积极发挥行业组织的作用，厘清文化行政机关与行业协会的职能边界，使行业协会在行业自律和管理方面发挥更加重要的作用。加大政府购买文化休闲服务力度，发挥社会组织提供公共文化服务的职能。

（二）以创新发掘消费需求

过去的产业发展模式，一般是市场需求什么就生产什么，然而能够发掘消费者内心深处尚未意识到的潜在需求，甚至创造和引导消费需求才是行业持续发展的原动力。当前我国经济已进入中高速增长的新常态，从消费需求看，我国居民消费已从过去的模仿型排浪式阶段进入个性化、多样化阶段，文化休闲消费更是如此。一方面，消费方式和休闲习惯正悄然改变，微博、微信、电商海淘、播客等文化消费内容闯入大众视野；另一方面，消费的主要群体也处于新老更替阶段，"80后""90后"开始成为文化休闲的主力军,甚至"00后"也成为可见的生力军。

面对文化休闲市场的迅速代谢和更新,如何有效创造和发掘需求显得尤为重要。其一,要在产品创新上下足功夫,独特的文化元素和传统的休闲方式如何有效融入文化休闲产业是一个重要话题。其二,优化文化休闲消费环境,加大文化休闲消费基础性设施的投入,逐步建立覆盖广泛的公共文化休闲设施网络体系。其三,通过实施科技引领战略,推动文化休闲业与科技的融合。数字化技术、网络技术、移动通信技术促使文化休闲业新业态的不断产生,推动着文化产业升级换代,不仅迎合当前市场消费潮流,而且促进文化服务业价值链纵向延伸和横向拓展。利用科技手段重塑文化休闲产业链条,创新文化休闲产品和服务。

(三)发力供给侧改革

文化休闲市场的规模稳定扩大、结构不断优化、水平不断升级,这是可喜的成绩,但是供给端的创新升级显著滞后于消费需求的变化,主要表现为优质产品和服务的有效供给不足,所以无论消费市场的潜在规模多么庞大,消费群体消费能力多么强劲,没有有效的供给,就不能激发市场。

文化休闲市场的供给侧改革需要做到三点。一是多方供给,建立公共文化休闲社会化体系。该体系需要鼓励社会资本参与,引入市场竞争机制,形成有序竞争的良好秩序;推动政府购买服务三方力量,在供给侧形成合力。二是建立层次分明的产品市场和要素市场,发挥市场的资源配置作用。文化休闲产品市场要统筹兼顾演出娱乐等传统产品和以网络为载体的新兴产品,形成多层次的产品体系以满足不同地域、不同年龄、不同人群的消费需求。文化休闲要素市场是文化休闲业发展的先决条件,应该合理保护产权、版权,鼓励人才、信息、技术等要素的流动。三是激发文化及相关企业的创新动力和活力。在"大众创业、万众创新"的背景下,更加注重扶持小微文化企业,给它们一定的政策优惠或扶持;鼓励非公有制资本涉足文化休闲业,形成更加开放的市场发展格局。

（四）寻找产业发展的平衡点

文化休闲业与其他产业一样，其发展水平很大程度上受制于所在地区的资源和要素，因此我国文化休闲业的不均衡发展是客观现实。面对现实，文化休闲业的平衡发展的要求不代表各地要"均等化"地发展，也不代表各地要"同质化"地发展，更不是各地"浮夸"的全民运动，而是在非平衡格局中寻找平衡点。各地区经济社会发展程度不同，各类人群的生活消费习惯不同，对文化休闲的需求自然也不同，文化休闲产业的发展应该在这种张力中寻找平衡，形成东中西部间的平衡、城镇和农村的平衡、不同消费人群的平衡，形成兼顾不同地区、不同人群利益的新格局。

G.11
中国运动休闲用品行业发展与展望[*]

李洪波　姜　山　吴银鸿[**]

摘　要： 近年来，中国政府的大力扶持以及国民人均可支配收入的不断增长，使得运动休闲用品开始从特定群体使用向大众化普及。伴随"互联网+""体育+""全民健身工程"和"大众旅游休闲"等因素的不断助力，参与到运动休闲中的人数逐年增加，这一变化带来的是运动休闲用品行业及其相关产业的蓬勃发展。本报告从运动休闲用品行业的发展环境入手，以产品品质、产品品牌以及营销渠道等为主要抓手，对该行业的发展现状及存在的问题进行分析，根据分析结果提出相应的发展建议。

关键词： 运动休闲　体育用品　行业报告

随着生活节奏的不断加快，人们的生活压力越来越大，为生活不断奔波忙碌的人们，渴望放下手中的工作，去寻找一种自然、自由、健康的生活方式。"全民健身"工程的不断落实，使得运动休闲逐渐成为人们生活重要的组成部分。人们开始在运动中寻找快乐、发现快乐，在休闲活动中放飞自我，以多样化、个性化的运动休闲方式来调节自我，解放身心。这正如歌德所说："运动可以消除各种各样的烦恼"。

---

[*] 本文为华侨大学研究生科研创新能力培育计划资助项目的阶段性研究成果（1611308004）。
[**] 李洪波，华侨大学旅游学院教授，人文地理与城乡规划系主任；姜山，华侨大学旅游学院硕士研究生；吴银鸿，华侨大学旅游学院硕士研究生。

著名的未来学家格雷厄姆·莫利托曾预言，到2015年人类将走过信息时代的高峰，进入休闲时代，运动休闲将成为人类生活的重要组成部分。运动休闲用品行业的发展正是对其最有力的佐证。运动休闲的参与群体逐渐从专业户外和运动人群转向"轻户外"和非专业性人群，不过专业户外运动属于高端消费且目标客户较少，主流的消费群体才能够创造更大的经济价值，并且更加具有代表性。此外，因为目前国家没有运动休闲用品的明确分类标准，体育用品的分类则参考国家体育用品分类标准（GT/T 23868～2009），所以本报告以运动休闲行业中某一个案来举例说明。以体育用品为例，2014年，其主营业务收入为1284.31亿元，同比增长16.1%，行业利润为69.94亿元，同比增长23.6%；2015年其主营业务收入为1393.1亿元，同比增长7.0%，行业利润为81.5亿元，同比增长14.8%；2016年上半年，其主营业务收入为674.4亿元，同比增长7.2%，行业利润为37.0亿元，同比增长13.8%[①]。休闲时代的到来为运动休闲用品行业的发展提供了良好的发展环境和强劲的发展动力。

一 中国运动休闲用品行业的发展环境

运动休闲的概念是随着人类社会的发展进步而不断形成的。工业革命以来，人类的生存条件、物质条件和精神条件得到很大的改善，劳动时间逐渐缩短，闲暇时间不断增加，引导人们开发利用闲暇时间，进行健康的休闲活动，关系到整个人类社会的发展进步。

然而体育休闲、户外休闲和运动休闲之间有着千丝万缕的联系，对运动休闲的界定也是众说纷纭，本报告中将运动休闲暂界定为闲暇时间里的各种体育活动，是人们在闲暇时间里用于娱乐和休闲的各种体育活动，包括传统体育活动与户外休闲活动。

---

① 熊晓坤、朱庆骅主编《2017～2021年中国体育用品行业投资分析及前景预测报告》（上、下卷），http：//www.ocn.com.cn/reports/2006169tiyuyongping.shtml，最后访问日期：2017年6月6日。

（一）国家政策助推运动休闲用品行业发展

随着1995年国务院颁布的《全民健身计划纲要》的贯彻落实，我国的运动休闲事业及相关产业蓬勃发展。"十三五"时期更是运动休闲发展的黄金期。继2014年10月20日国务院颁布了46号文件后，2015年年末国务院、国家体育总局联合国家发改委、教育部、国家旅游局又发布了多项促进运动休闲产业快速发展的利好政策。2016年《体育产业发展"十三五"规划》中指出：到2020年体育产业总规模超过3万亿元，从业人员数超过600万人，体育服务业增加值占比超过30%；建设50个国家体育产业示范基地、100个国家体育产业示范单位、100个国家体育产业示范项目；体育消费额占居民人均可支配收入的比例超过2.5%。2016年10月，国务院颁布《国务院办公厅关于加快发展 健身休闲产业的指导意见》，明确了发展目标：到2025年，基本形成布局合理、功能完善、门类齐全的健身休闲产业发展格局，市场机制日益完善，消费需求愈加旺盛，产业环境不断优化，产业结构日趋合理，产品和服务供给更加丰富，服务质量和水平明显提高，同其他产业融合发展更为紧密，健身休闲产业总规模达到3万亿元。同时为了贯彻落实《中国制造2025》《"健康中国"2030规划纲要》，加快推进我国体育设施设备和器材装备产业发展，提升体育设施设备和器材装备国产化水平，2017年2月，工业和信息化部部长苗圩与国家体育总局局长苟仲文签订《关于推动体育设施设备和器材装备产业发展的合作协议》，共同推动我国体育设施设备和器材装备产业发展。这一系列政策反映出国家对运动休闲行业的重视，有利于助推我国运动休闲用品产业的发展

（二）科技发展促进运动休闲市场发展壮大

随着运动健身的科学化、系统化发展，科学技术在运动休闲中的作用也越发显著，在运动休闲项目与运动休闲用品的开发研制中，科技元素的应用日益成为提升品牌竞争力的重要一环。此外，在现代化科技的协助下，人们更加科学合理地参与到休闲活动之中。如越来越多人使用的计步APP，就是

运用科技手段测量正弦波的频率并以此得到运动总步数,再通过计算得出速度、距离以及消耗的卡路里;又如运动手表、运动耳机等都是科技运用在运动休闲用品上的产物。世界体育用品联合会亚洲区理事海伦·福特认为:从世界发展趋势看,可穿戴设备的销售将迎来爆发式增长,比如腕带2014年的销量是1770万个,2015年的销售量是4470万个,到2019年预计会超过1亿个①。在科技的辅助下,运动休闲用品行业的研发力度逐渐增强、市场规模不断壮大、产品的市场需求大幅提升。

(三)企业积极响应,培育并引导运动休闲市场

以户外休闲用品系列为例,随着"全民健身"工程的不断推进,运动休闲行业中的各大企业纷纷紧跟市场的潮流和趋势,积极推出带有休闲性质的用品。如户外用品积极开发"轻户外"的用品,体育用品企业退出具有休闲系列的鞋服用品。截至2015年底,中国户外用品品牌总数为955家,市场规模较大,行业竞争较为激烈。2017年2月17日,中国纺织品商业协会户外用品分会(COCA)副会长李昌发在ISPO运动产业论坛上发布《中国户外用品2016年度市场调查报告》表示,2016年户外品牌在数量上大约增长了20个,主要是来自国外的创新品牌。目前市场上,有519个国内品牌,456个国际品牌。其中,销售额在1亿元以上的品牌有22个,5000万~1亿元的品牌有17个,1000万元以下的品牌有890个左右,可见中国户外用品绝大多数是中小品牌。2016年第十届北京户外展圆满落幕吸引到27800名专业观众,与2015年相比增长了31%;参展商达到365家,也比上一年增加了27%,全方位覆盖户外用品、户外装备、户外运动、极限运动等。

(四)民众运动休闲意识增强,参与度得到提升

随着居民生活水平的不断提高,人均可支配收入的不断增长,以及城镇化给

---

① 《2015年体育用品行业发展三大必然趋势》,http://www.ciedata.com/News/201505/33f64d7e-0d3a-43e7-8e83-2ef535d0e1e5.html,最后访问日期:2017年7月7日。

居民生活带来的巨大变化，国务院批准从2009年起，将每年8月8日设置为"全民健身日"。2016年1月至4月全国共举办311场各类大型体育赛事，观赛人数和参赛人数共计338万人，关联消费达119亿元，对举办地的经济拉动超过300亿元①。运动休闲正以大众化的发展趋势渗透到民众的生活当中。数据显示，66%的居民每周会参与体育运动，每天运动的人数已达14.8%。各项运动中，跑步的参与度最高，其次是羽毛球，粉丝最多的足球因场地限制导致参与度较低②。

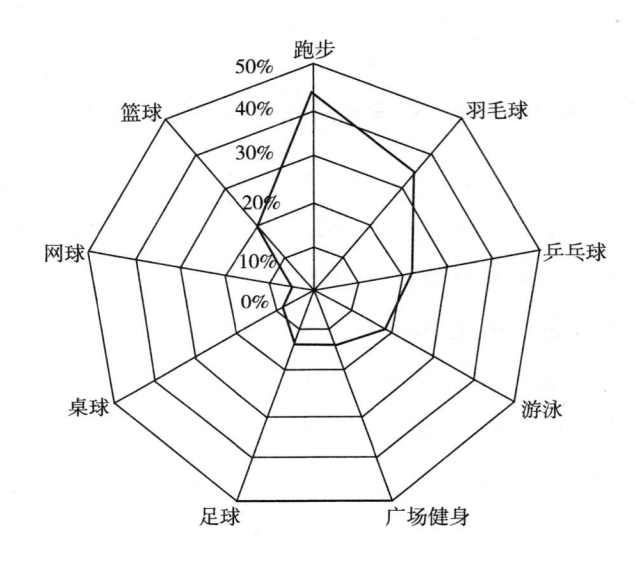

图1 全民参与运动休闲项目频率

二 中国运动休闲用品行业发展现状

（一）运动休闲用品行业进入调整期，提升空间较大

中国运动休闲用品行业在经历爆发式增长以后，近几年在经济环境疲软

---

① 《关于推进体育旅游融合发展的合作协议》，http://www.cnta.gov.cn/xxfb/xxfb_dfxw/201605/t20160517_771035.shtml，最后访问日期：2017年6月6日。
② 《解析2016年中国体育产业发展现状及投资前景》，http://sports.sohu.com/20161009/n469819002.shtml，最后访问日期：2017年6月6日。

低迷的影响下，销售总额增速有所放缓，整个行业进入增速缓慢的调整期（见图1）。但是，本土品牌产业链已经较为成熟，具备成本较低的优势与品质保障的基础。我国的运动休闲品牌凭借价格优势与全渠道的合力拉动，具有较大的发展潜力。

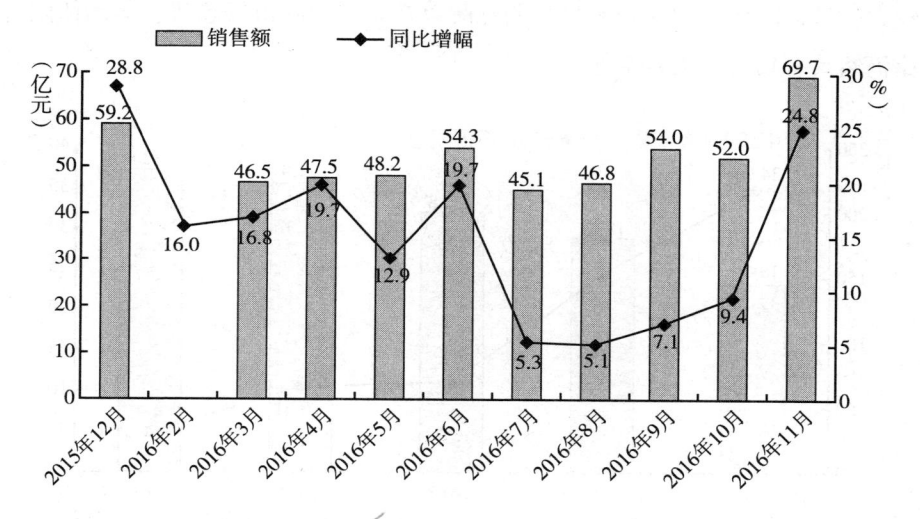

图2　2015年12月至2016年11月体育娱乐用品零售额情况

资料来源：《11月体育娱乐用品零售额69.7亿元同比增长24.8%》，http://www.chinabgao.com/stat/stats/81095.html，最后访问日期：2017年6月6日。

不过，我国的本土品牌尚未形成自身特色鲜明的核心产品以及高效多变的营销模式，在海外市场和高端市场的发展遇到瓶颈。以户外休闲用品为例，根据户外用品分会统计，2016年，中国户外用品市场整体零售额约为232.8亿元，同比增长4.91%（见图3）；批发总额约为131.1亿元，同比增长6.53%[①]。欧美国家和地区作为户外休闲运动的发源地，一直凭借技术、设计理念的优势引领运动休闲用品的潮流，占据运动休闲行业的高端市场和消费能力较高、运动休闲较为盛行的一线城市，因此，目前国内排名前

---

① 《〈2016年中国户外用品市场调研报告〉在京发布　户外用品行业步入消费转型期》，http://www.cqn.com.cn/zgzlb/content/2017-02/23/content_3967148.htm，最后访问日期：2017年6月6日。

十的户外用品企业均为国外的品牌。由于我国运动休闲行业尚处于初期发展阶段，本土产品在设计理念、研发创新、市场营销等方面相对较为薄弱，只能将运动休闲用品定位为中低端和目标市场锁定为二线、三线城市，发展势头相对较弱。但是，随着我国全民健身意识的提升，运动休闲潜在市场规模较大，且运动休闲用品企业自身的觉醒以及紧跟国际市场趋势，运动休闲行业仍然具有较大的提升空间。

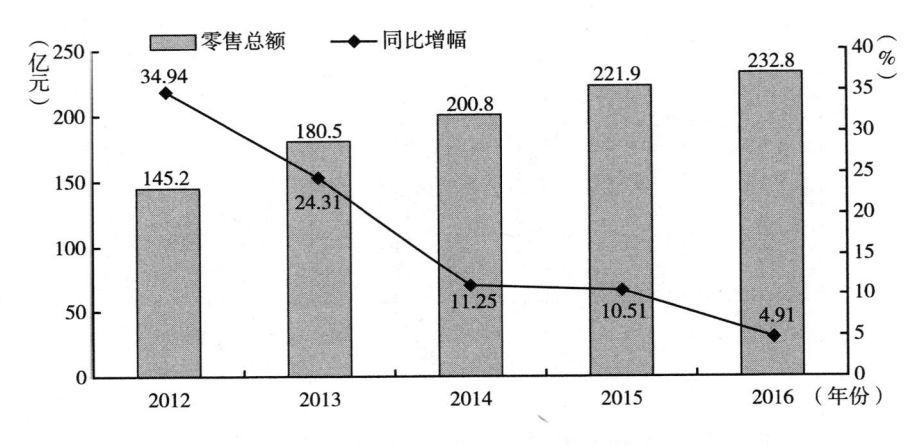

图3 2012~2016年户外用品零售情况

（二）体育、户外用品拓展休闲板块

随着运动休闲生活理念的普及和渗透，体育、户外用品行业逐渐打破传统的专业用品界限，在保持原有运动品牌的基础上拓展休闲板块，开发运动休闲类用品，以更好地迎合大众化的运动休闲需求。例如户外用品企业开始推出"轻户外"服饰，这是基于经济和文化的进步，人们在满足物质需求的同时，更加注重便捷、功能、审美心理及行为上的需求而设计研发的[1]。这种服饰有别于专业运动服和职业运动高难度的户外运动服装设计，是一种便于日常生活中休闲、健康和娱乐，偏重于时尚的运动式服装。如特步集团

---

[1] 汤玲：《轻户外服装的多变性设计》，硕士学位论文，北京工业大学，2016。

紧抓市场需求，推出"爱跑步"系列休闲用品；匹克、安踏等体育品牌也积极突破专业运动领域，在品牌研发中着重加强休闲用品的比例，推出日常休闲板鞋、跑步鞋等用品系列。

（三）运动休闲用品普遍智能化，时尚结合紧密

在初期发展阶段，我国本土运动休闲用品的产品研发设计多处于模仿状态；目前，随着科技的进步以及科技元素在运动休闲行业中的运用日益增多，国内运动休闲企业加强了与高科技公司的合作使运动休闲用品更加智能化、人性化，尽可能地满足用户的个性化需求。许多追求新鲜感、刺激感的消费者更倾向于购买富含高科技元素的产品，例如具备防风、防潮、防雨、防撕裂等高科技元素的产品。诸多国内运动休闲企业在产品生产研发中，紧紧抓住消费者的这一需求，拓宽企业的消费者市场。2016年惠州市欧虎鞋业有限公司正式发布一款自主研发、生产、营销推广、物流配送、售后服务的，以"时尚、简单、舒适、安全、价廉"为主旨的智能运动鞋，这是一款集运动计步、智能加热、LED灯、来电提醒、手机防丢、虚拟来电、无线充电等多功能于一身的高科技产物。这一鞋子的问世将为大家带来全新体验。此外，一些看似专业性很强的户外运动也逐渐转变为大众而时尚的休闲方式，运动休闲品牌与时尚元素的结合日益紧密，产品的设计感也更加注重考虑时尚与美感元素。

（四）营销渠道多元化，电商等新渠道发展迅速

在运动休闲行业用品的销售中，国内的户外用品销售渠道主要包括户外用品专卖店、商场与电商三种，其中户外用品专卖店与商场是最主要的两种渠道。户外用品零售行业的集中度较低，渠道商之间的竞争还处于早期阶段；零售终端数量增加迅猛，但相比品牌商之间的激烈竞争，渠道商之间的竞争相对缓和。现阶段国内户外用品零售渠道的竞争主要表现为户外用品专卖店与商场之间的竞争，尽管电商渠道增长迅猛，但目前的占比仍较低（见图4、图5）。

商场销售额112.6亿元
36.4%

电商销售额84.8亿元
36.4%

户外用品专卖店销售额35.4亿元
15.2%

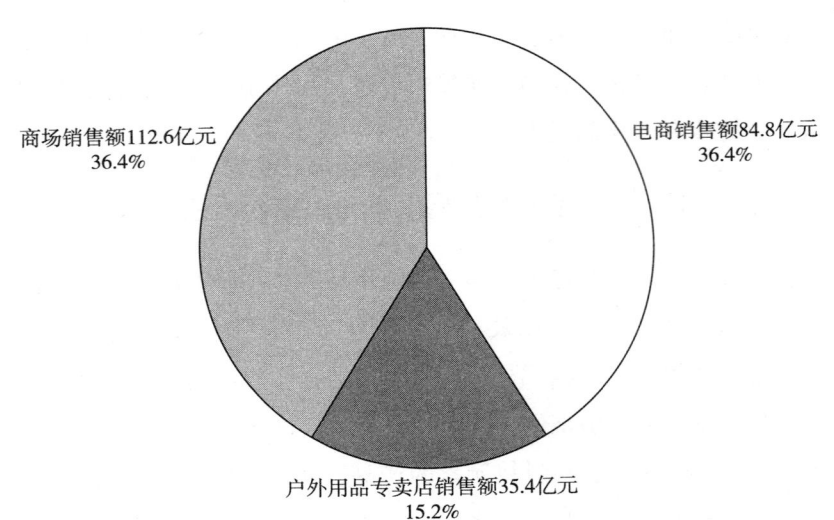

图 4　2015 年户外用品销售情况

电商销售额28亿元
15.4%

商场销售额113亿元
62.9%

户外用品专卖店
销售额39亿元
21.7%

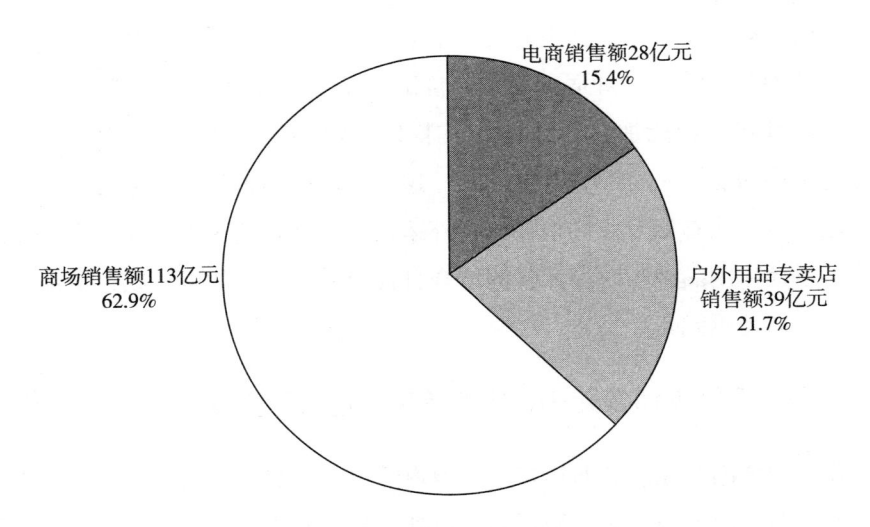

图 5　2016 年户外用品销售情况

目前，我国运动休闲用品生产企业的实体店销售主要采取区域经销的销售模式，然而随着人们消费观念的日趋成熟和市场竞争的不断加剧，越来越多户外用品企业意识到除了扎实做好传统营销只有多方面结合、良性互动才能有效提升整体营销网络的规模和效率。

电商的迅速发展，一方面为传统的户外、运动品牌提供了供应链整合的平台；另一方面为消费者提供了更丰富和物美价廉的产品，尽可能满足不同区域、不同层次消费者的需求。电商也为传统体育企业提供了消除库存的重要渠道，如安踏目前线上的产品中，有50%以上为新品、期货及电商专款①。目前，国内主要运动品牌大力发展电商，电商的竞争强度同实体店的竞争强度大体相同，集中度逐步提升。几大本土运动品牌在电商的销售占比基本在10%以内，运动品牌在电商战略与模式上更多还处在探索创新阶段。除了对接天猫、京东等平台，安踏、李宁等也在尝试自建网上商城，361°也尝试将线上渠道经营权交给经销商。此外，体验式营销作为一种新颖的营销方式具有独特的重要作用，本土运动品牌纷纷推出户外生活体验馆，以此来增强消费者的产品体验。如King camp通过对装备的陈列来模拟露营休闲、野餐烧烤等场景，使消费者更加清晰、全面地认识户外活动及其所需的用品性能。

（五）运动休闲活动具有明显的区域性、季节性特点

运动休闲活动的开展在一定程度上具有明显的区域性和季节性特点，这也带来运动休闲用品销售的差异性。在经济发达地区，生活压力增强了当地居民的健身养生意识，他们参与休闲活动的愿望明显强于经济欠发达地区；收入的增加使人们有富余的资金来购买并使用运动休闲用品，所以运动休闲用品的销售额也比其他地区高。中国东西南北气候条件差异较大，运动休闲活动也受季节因素的影响，有较明显的季节性特点。春夏季比秋冬季更适合参与休闲运动，因此春夏季运动休闲用品的销售量大于秋冬季，但秋冬季的销售总额明显高于春夏季，春夏季与秋冬季运动休闲用品的销售总额比例约为4∶6，其原因是秋冬季产品价格远高于春夏季。

---

① 《2015～2016年全球及中国运动用品本土品牌国际化步伐前景分析》，http://www.chyxx.com/industry/201601/380283.html，最后访问日期：2017年6月6日。

三 中国运动休闲用品行业存在的问题

（一）本土品牌定位与潜在消费需求相悖

随着全民健身工程的不断推进、运动休闲的大众化，运动休闲用品不再是特殊群体的专享。运动休闲用品的多样化、个性化消费需求不断涌现，这是运动休闲用品行业产业转型、消费升级的重大机遇。然而，我国运动休闲用品行业将自身定位为中低端，产业结构不完整，在高端运动休闲用品行业基本处于空白，明显无法为具有较高消费水平的群体提供高端的运动休闲用品。国际品牌的研发已经延伸到观念和生活方式的改变，而国内企业过度依赖廉价劳动力优势、忽视营销手段的更新、对品牌没有清晰的定位，各品牌的服饰、用品大同小异，无法满足市场的个性化需求，所以，我国本土品牌的运动休闲用品消费增速自2013年以来逐年放缓。

（二）运动休闲用品行业缺乏统一生产标准

运动项目具有专业性和业余性、娱乐性和竞技性、医疗性和一般性等区别和特点，因此，运动休闲用品种类繁多，例如健身类、康体类、竞技用品类、运动护具类以及户外运动类等。国内目前仅仅出台了运动休闲的分类，并未出台针对运动休闲用品的统一的国家生产标准，因此运动休闲用品的生产只能参考相关用品的行业生产标准，这也导致了大量质量和标准不合格的运动休闲用品充斥市场。

目前，运动休闲用品的生产企业数量众多，生产能力和生产要求各不相同，难以形成统一标准。尤其是中小生产企业资本不足，研发创新能力不高，还处在外来加工或仿制阶段，生产了大量的贴牌产品和假冒伪劣商品，既浪费了资源也扰乱了市场秩序。

大多生产厂家依赖廉价劳动力，忽视产品营销和创新，产品大同小异，难以激发市场消费热情，成为运动休闲用品行业发展的一大障碍。各地

"3·15"报道以及消费者权益保护协会的数据显示，在出售假冒伪劣商品的投诉案件中，运动休闲用品"榜上有名"；在集中销毁的假冒伪劣商品中，运动休闲用品也名列其中，运动鞋、登山鞋更是占到了大约70%的比重。

（三）多元渠道失衡，销售差距拉大

现阶段国内运动休闲用品的零售终端主要包括户外用品专卖店、商场、电商，相对于电商，户外用品专卖店和商场都是实体店。然而，近几年不同销售渠道之间的销售状况发生了显著变化，各家品牌缺乏对多元化销售渠道的精准对接。

电商折扣力度大，可选择性强，销售量明显增加；实体店运营成本高，商品价格居高不下，销售额遭到电商的强烈冲击，零售总额增速逐年小于品牌商出货总额，实体店零售总额出现负增长[①]。以李宁公司为例，2016年上半年，李宁体育营收为35.96亿元，同比上升13%；上半年经营利润为1.53亿元，同比上升167%。数据显示，其电商业务年增长率高于70%，为总体利润的增长做出较大贡献。在电商迅猛发展的大环境下，李宁集团积极推进O2O运营战略，着手推进全渠道库存一体化建设，向经销商开放线上销售并授权网络销售点。

四 中国运动休闲用品行业发展趋势

随着民众运动健身意识和运动休闲消费理念的不断提升，参与运动休闲的人数稳步增长，运动休闲用品消费额将进一步加大（见图6）。《中国户外产业发展报告》的调查结果认为：2018年和2019年，中国运动休闲用品市场的增速将重返两位数，2020年增速有望超过20%。

本报告认为，未来中国运动休闲用品行业将会呈现以下几大趋势。

---

① 《〈2016年度中国户外用品市场调查报告〉发布，户外用品零售总额创最低增速》，http://www.myzaker.com/article/58a679e51bc8e0a22700000b/，最后访问日期：2017年6月6日。

休闲绿皮书

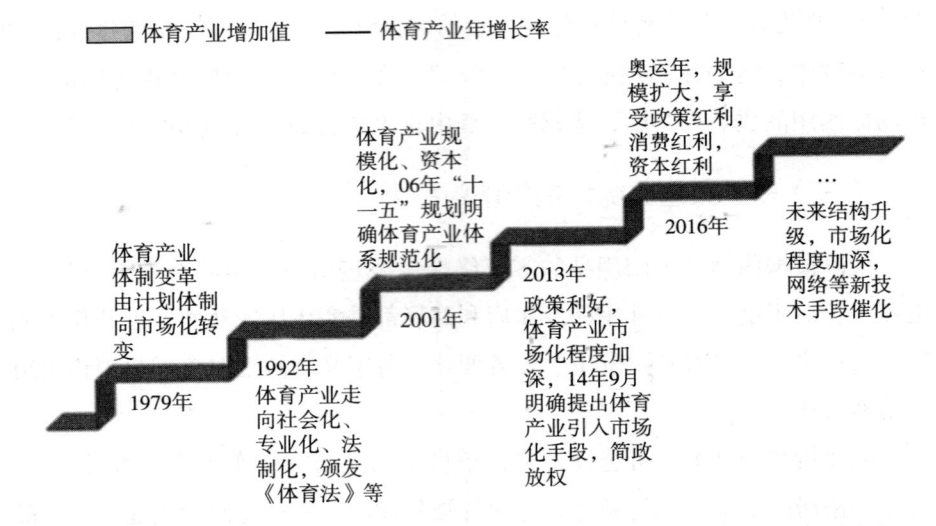

■ 体育产业增加值　—— 体育产业年增长率

```
                                                    奥运年，规
                                                    模扩大，享
                                                    受政策红利，
                                                    消费红利，
                                    体育产业规       资本红利
                                    模化、资本
                                    化，06年"十                    ……
                                    一五"规划明        2016年
                                    确体育产业体                   未来结构升
                                    系规范化                      级，市场化
                                                    2013年        程度加深，
                体育产业                             政策利好，     网络等新技
                体制变革                             体育产业市     术手段催化
                由计划体制               2001年      场化程度加
                向市场化转                           深，14年9月
                变                     1992年       明确提出体育
                                       体育产业走    产业引入市场
                       1979年          向社会化、     化手段，简政
                                       专业化、法    放权
                                       制化，颁发
                                       《体育法》等
```

2015年，我国体育总产值1.8万亿元，体育产业增加值占当年GDP的比重为0.7%，呈稳步增长。

图6　中国体育产业发展趋势

（一）运动休闲行业进入高速发展时代，行业规模持续扩大

虽然现阶段运动休闲用品行业整体增速放缓，但是由于全民健身意识提升，参与到运动休闲行业的规模仍然在不断扩大。国家体育总局发布的统计数据显示：2016~2020年，体育产业的增加值空间为2.6万亿元，年复合增速达到28.7%。在2016年10月14日李克强总理主持召开的国务院常务会议中，确定了加快发展健身休闲产业的指导意见，提出要因地制宜发展冰雪、山地、水上、汽摩、航空等户外运动和电子竞技等产业，配套建设营地、码头等设施，发展民族民间健身项目，提升器材装备研发制造能力①。这一发展意见已成为市场风向标，促进运动休闲用品行业规模的持续性扩大。

（二）运动休闲用品将不断细分化，产品更新换代更迅速

运动休闲大众化带动了消费群体的不断扩大，同时也加速了运动休闲用品的

---

① 《国务院办公厅关于加快发展　健身休闲产业的指导意见》，http://www.gov.cn/zhengce/content/2016-10/28/content_5125475.htm，最后访问日期：2017年6月6日。

需求变化,从而形成了具有差异性的需求市场。不同类型的消费者只关注与自己契合的运动休闲用品,因此,未来运动休闲用品市场必然朝着精细化、专业化的方向发展。各大运动休闲用品品牌也将紧跟市场趋势,深入挖掘细分市场,推出细分市场领域的个性化、特色产品,同时产品更新换代的速度也将进一步加快。

如在儿童市场方面,通过成人运动休闲品牌推动儿童用品线的发展壮大,形成产业规模,专注于儿童运动休闲细分市场的品牌逐步增多。目前,国际市场已有不少企业关注到这一需求趋势,我国运动休闲用品行业也应当紧跟这一趋势。在女性市场方面,根据国家体育总局的统计,预计我国2025年运动人口将达到5亿人以上,女性人口占其中的40%,女性运动休闲用品市场也是市场细分下的重要领域。在一些细分市场(如户外运动、极限运动)上,中国的本土品牌都在做一系列的尝试,比如并购海外一些虽小但很有特色、在专业细分市场有特长的品牌。未来细分市场很可能成长出一些大企业,瓜分综合型品牌的市场份额①。

(三)科技元素将会更多地融入运动休闲用品行业

随着科技的不断发展和主流消费群体运动消费需求的不断提高,对运动休闲用品的性能要求也越来越高,运动休闲用品企业只有研发出新产品才能满足市场需求。年青一代寻求刺激、新鲜感的群体加入了运动休闲的行列,运动休闲用品企业可顺势而为,利用科技元素,开发更加智能的运动休闲用品,不断升级运动休闲带给消费者的体验。

如艾利和(Iriver)研发了一款蓝牙耳机,这款耳机吸引人的地方不仅因为它是运动型耳机,更因为它是一款可监测心率的可穿戴产品。这款耳机采用了PerformTek生物感应技术,能够在运动中精准监测运动心率数据,并以智能语音的方式及时反馈并提供科学有效的运动指导。诸如此类的智能可穿戴、新材料科技运动休闲用品定将成为时代的宠儿。

---

① 《运动品牌复苏 市场细分是趋势》,http://news.hexun.com/2015-07-14/177537412.html,最后访问日期:2017年6月6日。

（四）与"互联网+"紧密结合，线上线下共同推进

在移动互联网时代，"大数据""云计算"已经逐渐成为任何产业发展都离不开的晴雨表。挖掘分析研究对象在互联网上产生的海量行为数据，可以找到消费群体的检索、购买等规律，及时掌握市场动态，然后有针对性地调整产品。分析互联网大数据可以为运动休闲用品行业制定更加精准有效的营销策略提供决策支持，还可以帮助企业为消费者提供更加及时和个性化的服务。

传统的实体店经营模式已经渐渐不适应人们的消费模式，在新的时代背景下，应该将运动休闲用品的营销重点放在电商上。电商不但比传统实体店及时，而且推广成本低，运营灵活，具有良好的互动性。线上销售，线下体验，未来运动休闲用品的营销将在线上线下共同推进。

五 中国运动休闲用品行业发展建议

运动休闲行业的快速增长为运动休闲用品的发展提供了良好的发展环境，面对国内外市场的竞争，运动休闲行业用品企业应当从以下几个方面着手增强实力。

（一）提升品牌定位，构建品牌文化

品牌定位对于一个企业乃至一个行业的发展壮大具有至关重要的作用。从品牌定位上来讲，一个品牌找好自己的定位就等于定下了发展目标，找准了发展方向。精准的品牌定位是品牌经营的前提，也为企业进占市场、拓展市场起到了导航的作用，有利于企业的不断壮大和产品的研发创新。

例如狮牌，紧紧围绕户外旅行和户外生活两大板块，在有针对性地研发产品、开发市场的同时，将企业发展与个人成长相统一，构建自身的企业文化，促进企业做大做强。例如特步，独创了一套属于自己的品牌文化，以"最时尚""最前卫""爱自由""叛逆"等词，将特步的品牌文化诠释得淋

漓尽致，又以高品位、高追求和强大的创新能力及生命力赋予了特步品牌核心价值。在独特的品牌文化引领下，特步将时尚与运动结合，以成为全球第一时尚运动品牌为己任，是国内第一家邀请明星做代言的运动品牌。中国已成为全球最大的休闲运动用品制造国，在品牌全球化的大趋势下，国际化视野愈加重要。过去几年，虽然市场整体低迷，但是本土品牌包括安踏、匹克、361°等纷纷将目光瞄准海外市场、加快国际化进程。

（二）科学划分品类，避免恶性竞争

随着市场的不断细分，针对不同群体做出相应的反应变得越发重要。科学合理地规划品类与产品是企业制胜的重要前提。企业应该结合自身的品牌定位，根据自身特点，将生产线细分，如运动型与休闲型，专注于某个领域，避免照单全收的恶性竞争。这样容易导致市场混乱，也给假冒伪劣商品提供了可乘之机。

（三）产品品质升级，拓宽营销渠道

品质升级着重体现在功能化、人性化。企业应该敢于创新，注重产品的智能化，将科技、时尚与实用完美结合，向高品质靠拢；注重产品品质升级，提升品牌形象，拓展销量，使"中国制造"成为"中国智造"，避免当前中国运动休闲用品同质化现象。市场上有一些产品已经较好地做到了这一点，如威尔逊的智能篮球，金陵的智能篮球架，李宁的智能羽毛球拍等。

面对销售渠道的多样化，企业应在"大数据"分析手段的辅助下，构建运动休闲用品行业独特的营销体系，将电商与实体店联系起来，结合现代人尤其是青年消费群体的个性化需求，打造新颖别致的销售平台，让消费者感到体系化、专业化，取得消费者的认可，赢得消费市场。

G.12
中国房车露营旅游发展状况

林章林　符全胜*

摘　要： 中国房车露营旅游还处于起步阶段。政府对于房车露营旅游的认识有一个不断深化的过程，因此各项促进政策也在不断细化的过程中；房车露营旅游的涉及面极广，包括土地、道路、车辆、景区、供水、排污、供电、供油、安全、卫生等诸多方面，从国务院到各个相关部门从宏观到微观不断递进，给予了全方位支持；对房车产业从百亿级到千亿级的估值一路增长，对房车营地的规划建设数量也从国家到各省市一路走高。作为我国旅游产业发展的新热点之一，如何有效吸引房车营地投资力度，加快营地建设和房车露营旅游发展，增强吸引力是实现房车露营旅游产业快速发展的重要问题。通过分析我国房车露营地发展现状，梳理房车营地旅游市场特征，对房车露营旅游存在的问题进行梳理并提出对策。

关键词： 房车　露营　营地建设

中国房车露营旅游的发展一直跟随国家政策的引导，是典型的政府主导型产业。这其中既有中国土地等资源所有制层面的原因，也有中国特色社会

---

* 林章林，博士，上海城市创新经济研究中心文化旅游研究部主任，研究方向为旅游策划规划、旅游标准化；符全胜，博士，华东师范大学旅游学系副教授，研究方向为旅游服务管理与可持续旅游。

主义市场经济中政府与市场之间相互协调的原因，体现出了诸多中国特色。认识中国房车露营旅游发展的阶段和路径，整理房车露营旅游发展的基本状况及中国化很有意义。

一 对中国房车露营旅游发展的阶段划分

作为一种新型的旅游业态，房车露营旅游发展中所涉及的三个关键因素是消费者、房车和营地。2011年前后，在这一轮中国房车露营旅游大发展之初，我们对房车露营旅游发展路径问题的认识还不清晰，业界普遍探讨的是应该先发展房车还是先发展营地的问题。此后随着对中国房车露营旅游消费者、消费模式理解的深入，对于房车营地功能综合化、层次化认识的不断深化，业界开始摒弃了对北美房车营地运营方式的单纯学习模仿，将房车营地的建设列为首要任务。在发展阶段性认识上，普遍认同中国房车露营旅游发展三阶段的观点，当下中国房车露营旅游还处于起步阶段。

（一）起步阶段

起步阶段的中国消费者数量巨大，但对房车的接触认识还处于新鲜阶段，他们的消费方式以营地体验性消费为主。应该开发房车度假的新型旅游度假产品，以此带来房车营地的第一轮发展，重点发展"营地型房车"这一带有典型中国化特征的房车形态。这一阶段政策的重点在于明确房车营地的开办许可，涉及土地、公安、消防、卫生、工商等多个部门。

（二）发展阶段

发展阶段的中国消费者对房车露营旅游更感兴趣，希望能够体验驾驶房车上路的感觉，但又受限于房车系统化综合知识技能和家庭停车空间，他们的消费方式以房车租赁消费为主。在这一阶段，自行式房车开始突破以传统改装为主的制造方式，大型汽车生产企业介入，房车实现标准化量产；房车销售以租赁公司等商务客户为主；房车营地开始实现联网发展，营地、道路、车辆三位一体的格局开始成型。发展阶段的政策重点在于自行式房车、拖挂式房车的牌照，驾驶证的要求，房车租赁企业的营运证，车辆的保险，高速公路的收费，等等。

（三）成熟阶段

成熟阶段的中国消费者数量更多，也更适应中国家庭汽车消费从代步工具到娱乐工具的转变，甚至开始购买第二辆、第三辆房车。房车消费市场的成熟表现为成熟的消费群体、房车文化、销售市场、融资平台，以及二手房车的交易。在这个阶段，房车露营旅游真正兴起，消费者在标准化房车的基础上再次提出个性化改装的要求，房车企业竞争进入多元化时代；房车营地发展成为房车俱乐部，为车主托管、维护、租赁车辆。成熟阶段的政策重点在于房车的进出口、房车的生产及改装、房车的维修、道路交通安全、房车露营旅游监管、服务区配套，等等。

二 政府在推动中国房车露营旅游发展中发挥作用

2013年11月12日中国共产党第十八届三中全会通过的《中共中央关于全面深化改革若干重大问题的决定》指出："经济体制改革是全面深化改革的重点，核心问题是处理好政府和市场的关系，使市场在资源配置中起决定性作用和更好发挥政府作用。"政府在限制或促进新兴产业发展中还是继续发挥着主导作用，房车露营旅游作为新兴旅游产业也不例外。

（一）政府文件在促进和保障方面不断探索

2009年国务院41号文《关于加快发展旅游业的意见》被视为国家层面大力推进旅游业发展的标志性文件。其中提出"进一步完善自驾车旅游服务体系"，并提出"把旅游房车等旅游装备制造业纳入国家鼓励类产业目录"。这是目前能查阅到的国家首次出台鼓励房车露营旅游发展的政策性文件。

2010年《中国旅游业"十二五"旅游发展规划纲要》发布，2014年国务院《关于促进旅游业改革发展的若干意见》出台，2015年公安部交管局《规范旅居挂车上路通行的通知》，2015年国务院办公厅《关于进一步促进旅游投资和消费的若干意见》正式印发，2015年11月国土资源部、住房和城乡建设部、国家旅游局联合发布《关于支持旅游业发展用地政策的意见》。

2016年国家各部委办出台了一系列文件，鼓励促进房车露营旅游的发展。如《关于推动积极发挥新消费引领作用加快培育形成新供给新动力重点任务落实的分工方案》《关于促进自驾车房车旅游发展的若干意见》《全国生态旅游发展规划（2016~2025年）》《关于大力发展休闲农业的指导意见》《2016年全国公路服务区工作要点》等。

表1 国务院和各部委发布的涉及房车露营旅游发展的相关文件

时间	单位	文件	内容
2009年	国务院	《关于加快发展旅游业的意见》	完善自驾车旅游服务体系，将旅游房车等旅游装备制造业列入国家鼓励类产业目录
2010年	国家旅游局	《中国旅游业"十二五"旅游发展规划纲要》	鼓励发展自驾游，完善自驾车营地、房车宿营地等旅游设施建设和服务提升
2014年	国务院	《关于促进旅游业改革发展的若干意见》	建立标准，完善旅居全挂车上路通行的相关政策措施
2015年	公安部交管局	《规范旅居挂车上路通行的通知》	界定"全挂拖斗车"概念，保障旅居挂车的通行权利
2015年	国务院办公厅	《关于进一步促进旅游投资和消费的若干意见》	制定全国自驾车房车营地建设规划和自驾车房车营地建设标准，明确营地住宿登记、安全救援等政策
2015年	国土资源部、住房和城乡建设部、国家旅游局	《关于支持旅游业发展用地政策的意见》	按照"市场导向、科学布局、合理开发、绿色运营"原则，加快制定自驾车房车营地建设规划和建设标准
2016年	国家发改委	《关于推动积极发挥新消费引领作用加快培育形成新供给新动力重点任务落实的分工方案》	加快旅游咨询中心和集散中心、自驾车房车营地、旅游厕所、停车场等旅游基础设施建设，大力发展智能交通，推动从机场、车站、客运码头到主要景区交通零距离换乘和无缝化衔接，开辟跨区域旅游新路线和大通道

续表

时间	单位	文件	内容
2016年	国家旅游局	《关于促进自驾车房车露营旅游发展的若干意见》	加强规划指导,编制出台《国家风景道自驾车房车营地建设规划》;完善公共服务体系,加快建设交通主干道、重点景区与营地的连接道路;推进高速公路服务区改造升级;把营地标识纳入公共交通标识体系;制定出台《自驾游目的地城市基础设施和公共服务导则》,加快自驾车房车营地建设;提升自驾车房车租赁服务;提高自驾车房车露营旅游经营服务水平;加强对自驾车房车露营旅游的科学管理;大力发展自驾车房车及其营地设施制造业;推广自驾车房车旅居生活新方式
2016年	国家发改委、国家旅游局	《全国生态旅游发展规划(2016~2025年)》	在八大生态旅游片区基础上,培育20个生态旅游协作区,建设200个重点生态旅游目的地,形成50条跨省和省域精品生态旅游线路,打造25条国家生态风景道,形成点线面相结合、适应多样化需求的生态旅游发展格局
2016年	农业部会同发展改革委、财政部等14部门	《关于大力发展休闲农业的指导意见》	鼓励各地依托资源,有规划地开发自驾车房车营地等乡村休闲度假产品
2016年	国家发改委办公厅	《关于印发2016年停车场建设工作要点的通知》	积极发展房车营地建设,鼓励应用集约化立体停车库并同步配建充电桩
2016年	交通运输部办公厅	《2016年全国公路服务区工作要点》	要求旅游发展等需求,利用现有条件开展普通国省干线公路服务区建设试点工作,为公众提供停车休息、如厕、加油等基本公共服务

从以上文件的出台可以看到:第一,政府对于房车露营旅游的认识有一个不断深化的过程,因此各项促进政策也在不断细化的过程中;第二,房车露营旅游涉及土地、道路、车辆、景区、供水、排污、供电、供油、安全、卫生等诸多方面,从国务院到各个相关部门从宏观到微观不断递进,给予了全方位支持。

(二)政府文件中对于房车市场规模给予了积极的期待和预期

2010年全国首部省域层面的自驾车旅游规划——《山东省自驾车旅游

总体规划》制定发布。山东推出"555"工程，力争在"十二五"期间建成5家国际标准、国内一流的自驾车营地项目，50家具有区域竞争力、个性突出的自驾车营地项目，远期建成500家设施完善、服务规范、不同等级、不同主题的自驾营地。

中国旅游协会与中国旅游研究院于2010年发布的《中国旅游集团发展报告（2010~2011）——产业融合与新业态发展》预计，在未来不到10年的时间里，国内有望形成100亿元以上的房车消费市场。

2012年，上海、江苏、浙江、安徽三省一市旅游局联合出台了《长三角房车旅游发展大纲》，第一次从跨区域发展的角度共同提出了房车露营旅游联动发展战略。本报告援引上述报告数据和中国汽车流通协会的预测认为：到2020年，我国高级旅游房车生产及其所带动的相关上下游产业链的经济产值可达1000亿元。长三角地区力争到2020年形成400~500家设施完备、服务规范、不同等级、不同内涵的营地，其中长三角22个城市力争建成250个营地项目。

作为《长三角房车旅游发展大纲》的研究附件，美国波士顿咨询公司所做的研究报告预计，到2020年全国房车露营旅游的客源规模较高，预期为1148万人，较低预期为574万人。长三角房车露营旅游者预计为300万~550万人。

2015年，在《关于进一步促进旅游投资和消费的若干意见》中提出了要制定全国自驾车房车营地建设规划和自驾车房车营地建设标准，要逐步明确营地住宿登记、安全救援等政策，设定了到2020年鼓励引导社会资本建设1000个左右自驾车房车营地的发展目标。

2016年3月，由国家旅游局研究起草的《关于促进自驾车房车旅游发展的若干意见》印发后，各地方旅游部门开始着手编制2016年建设500个营地的方案。2016年7月，国家旅游局及国务院其他相关部门召开自驾车房车露营地建设推进会，之后《关于加快推进2016年自驾车房车营地建设的通知》要求各地相关管理部门要跟进督促落实营地建设任务。

2016年9月，国家发改委、国家旅游局印发《全国生态旅游发展规划

(2016~2025年)》,提出要建设200个重点生态旅游目的地,1000个自驾车、房车停靠式营地和综合型营地。

从以上各类政府文件可以看出两个特点,一是对市场的预估非常高,对房车产业的估值从百亿级到千亿级一路增长,对房车营地的规划建设数量也从国家到各省市一路走高。二是时间紧迫,都是以"十三五"规划为期,实现目标基本都定在了2020年。目前是2017年,可以说5年的中期规划已经只剩下3年行动计划的时间了,时间紧、任务重。

三 中国自驾车房车露营的市场发展迅速

根据中国社会科学院旅游研究中心编制的《中国自驾游发展报告(2015~2016)》显示,2015年全年自驾出游人数达到23.4亿人次,自驾车出游成为我国国内最大的出游群体,占全年国内游客总人数的58.5%。相比于自驾车旅游,房车露营旅游发展仍然较为缓慢,仍然属于小众旅游市场。房车年销售量、保有量和房车露营旅游人数等,都仅占到自驾车旅游市场很小的份额。中国产业调研网《中国房车市场现状调查及未来走势预测报告(2014~2015年)》数据显示,中国目前房车保有量约为2.5万辆,且大多集中于北京、上海及其他沿海经济发达城市,房车露营旅游活动主要以房车营地生活体验和特定线路房车露营旅游为主。

(一)房车销售量与保有量基数仍小,但增幅很大

中国房车年销售量已进入快速增长期,目前中国房车保有量达2.5万辆,房车保有量和销量年增长幅度达30%~50%。中国产业调研网《中国房车市场现状调查及未来走势预测报告(2014~2015年)》数据显示,2009年中国市场上房车生产商(含改装)为30家左右,其中国产品牌不超过10家,房车销量约为600台,保有量约为3600台;至2015年底,中国市场上房车生产企业(含改装)已达200余家,房车营地企业超过120家,房车年销售量达15000台,保有量约为25000台(见表2)。

表2　2009~2015年中国房车保有量与销量

单位：辆

	2009年	2010年	2011年	2012年	2013年	2014年	2015年
保有量	3600	4500	6000	10000	15000	21000	25000
销售量	600	900	1500	2000	5000	5850	15000

数据来源：《中国房车市场现状调查及未来走势预测报告（2014~2015年）》。

随着我国房车产业的不断扩大，我国自主设计生产的自行式、拖挂式等各类房车产品已经开始投入市场，并受到了消费者的好评。受益于本土化特色和价格等优势，国产房车已经开始和进口房车争夺市场份额。

（二）房车制造企业与公示品牌大幅度增加

工业和信息化部发布的《车辆生产企业及产品公告》显示，2015年参与公告的自行式房车和拖挂式房车公告数量达312种和50种，比2014年分别增长了21.8%和138.1%。房车制造企业达88家，比2014年增加了23家，增幅达35.4%（见表3）。

表3　国内房车生产概况

年份	公告类型	公告数量(种)	制造企业数量(辆)
2014	自行式房车	256	65
	拖挂房车	21	8
2015	自行式房车	312	88
	拖挂房车	50	21

资料来源：《2015年中国汽车流通行业年会报告》。

在政府多项有利政策的带动下，房车营地和房车露营旅游基础设施建设进一步加快，房车露营旅游观念已经为更多的消费者所认知。更多中国汽车制造企业加入其中，并推出更多车型款式的房车与外国品牌竞争。工业和信息化部公布的《车辆生产企业及产品公告》和中投顾问产业研究中心发布的《2016~2020年中国房车露营旅游行业深度调研及投资前景预测报告》数据显示，2015年全年共发布房车（旅居车）12批次（从269批次至280

批次），共计参与公示厂家80家，参与公示品牌85个，车型204款。相比2014年49家房车制造企业、101款公示车型，总体增长近100%（见图1）。

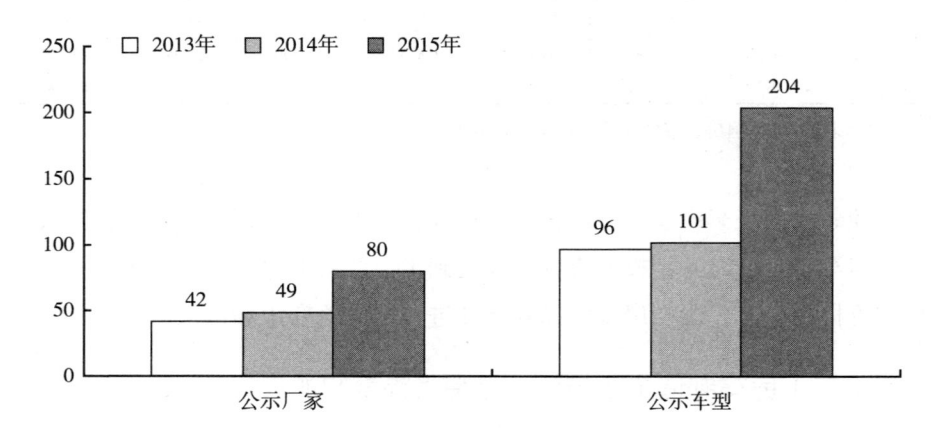

图1 2013~2015年房车公示厂家与车型分布

资料来源：中投顾问产业研究中心，《2016~2020年中国房车露营旅游行业深度调研及投资前景预测报告》。

（三）露营地建设有所发展

据21世纪房车网数据统计，2014年国内正在建设、准备开工及规划中的汽车/房车露营共有96个，其中东北5个、华北9个，华东24个，华中5个，华南2个，西北25个，西南26个。《中国露营地产业发展报告》数据显示，截至2015年12月，全国共有415个露营地，其中东北29个、华北104个、华东121个，华中29个，华南29个，西南78个，西北25个，华东区域经济及基础设施等利好条件优于其他区域，露营地数量最多。

根据国务院部署，2016年国家旅游局会同国家发改委、工业和信息化部、公安部、财政部、国土资源部、住房城乡建设部、交通运输部等部门，确定要在全国建设500个自驾车房车营地（最终确定建设514个），带动投资约350亿元。国务院办公厅督查室已将自驾车营地建设列入2016年度专项督查的范围。《2016年全国自驾车房车营地建设项目表》中所列的514个营地建设任务如下（见表4）。

中国房车露营旅游发展状况

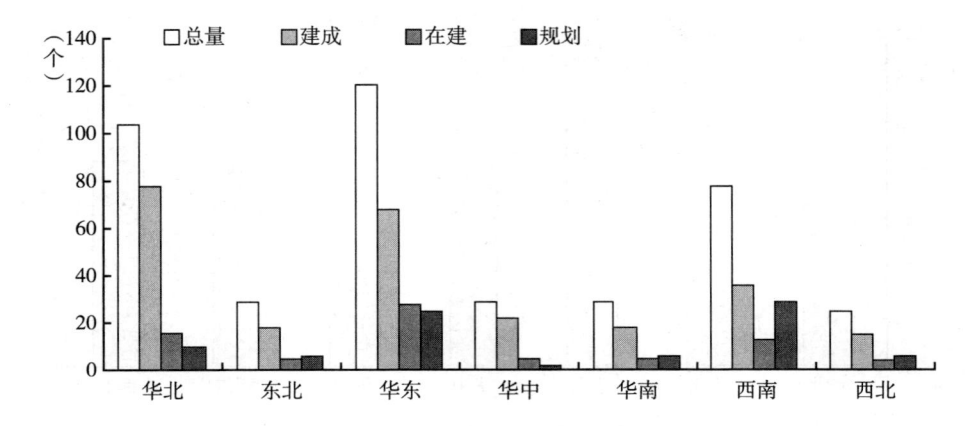

图 2 我国露营地建设情况分布

数据来源：《中国露营地产业发展报告》，http：//www.sohu.com/a/106858529_428335，最后访问日期：2017 年 6 月 6 日。

表 4 2016 年全国自驾车房车营地建设项目

单位：个

省份/单位	数量	省份/单位	数量	省份/单位	数量
北京	1	浙江	32	四川	21
天津	5	安徽	10	贵州	16
河北	19	福建	42	云南	20
山西	5	江西	22	西藏	13
内蒙	39	河南	8	陕西	20
辽宁	5	湖北	50	甘肃	17
吉林	7	湖南	18	青海	10
黑龙江	25	广东	14	宁夏	6
上海	6	广西	14	新疆	25
江苏	8	海南	7	新疆生产建设兵团	10
山东	11	重庆	8		

从数据上看，在相关政府部门的大力推动下，全国自驾车房车营地的数量有所增加，而华东地区的营地总量最多，这与经济发展、消费理念、生活方式是成正相关的。

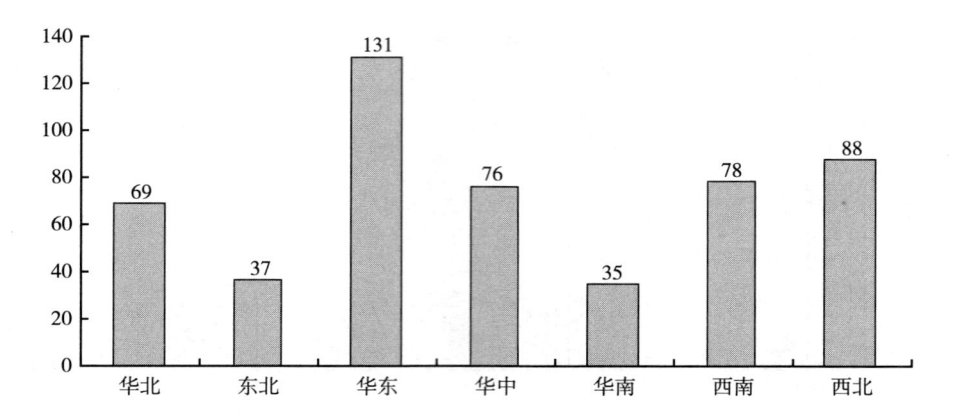

图3 2016年全国自驾车房车营地建设项目区域分布

然而不可忽略的是，我国营地数据的统计存在以下问题。

（1）概念界定不一致。我国户外营地发展的管理部门较多，各地区发展阶段和发展水平不均衡，因此也出现了营地、自驾车营地、房车营地、露营地、汽车公园等概念，而各种营地企业的经营状况也并不一致，这对统计造成了困难。

（2）统计主体不一致。房车产业是新兴产业，本身尚未纳入国民经济统计范畴，因此由不同政府部门、研究机构、代表性企业，以及行业组织各自进行统计。这样统计出来的数据难免有重复和遗漏，各项统计结果之间往往不能比较。

（3）可靠程度低。新生事物在发展过程中难免有求重视、抓眼球的需要。我国营地统计中，往往反复引用国内外的数据，使用第一手资料少，二手、三手资料，甚至四手、五手资料的情况大量存在。而作者在引用的过程中又很少能够切实求证、规范引用，使各类数据的可靠程度大大降低。

（四）房车租赁消费市场开始出现

从近年来房车的购买情况看，房车购买者主要包括房车俱乐部、房车租赁公司、房车营地、企业集团以及部分高收入人群和房车爱好者等，证明目前我国房车露营旅游消费主要以房车营地和租赁房车串联旅游线路为主。相比欧美地区庞大的离退休消费群体，我国房车消费者主要集中于中年高收入群体，这个群体可用于房车露营旅游的时间远远低于欧美地区。

在国产房车大量出现前，车型少、售价高、维修难、使用难等问题是阻碍消费者购买房车的主要原因。目前我国房车市场规模仍然较小，房车维修和核心零部件更换多依赖进口，但值得关注的是，部分本土汽车生产企业，如上海汽车集团、宇通汽车集团、奇瑞汽车集团等已经进入房车生产领域，并拥有完整的整车生产流水线，将推出价格更低廉的房车车型。

（五）房车行业组织的成立数量大幅度增加

中国房车露营旅游市场巨大是一个公认的事实，在政府的倡导下，房车企业迅速跟进。作为一个新生事物，房车产业对中国现有的法律法规也都产生了突破变革的诉求，单个企业无力推动这个变革的发生，而成长之初的产业也需要以行业的力量来实现共同成长，房车行业组织——房车旅游协会应运而生。根据网络信息的不完全统计，可以看到2010年之后国家层面、各省级层面房车（自驾车、露营）行业协会（分会）数量逐年增加，并在2015~2016年达到高峰。

而各地的行业协会的成立情况并不一致。由于房车露营旅游的涉及面广、产业链长，在不同地方的发展历史也不尽相同，因此交通、旅游、体育、商贸等部门都会与之相关，而以往我们国家"一业一会"的协会发展传统，也使得各地房车协会的成立各具特点。大多数地方均在向成立一级协会的方向发展，也有不少地方目前还只能在既有协会中设立分会，今后协会之间的竞争将成为房车业界相互竞争的一种形态。

表5　2010~2017年房车行业协会成立情况

时间	机构
2010年7月	东莞市房车露营协会
2011年11月	海南省房车露营协会
2012年6月	中国汽车工业协会旅居车(房车)委员会
2013年4月	昆明泛亚旅游自驾车与房车露营协会

续表

时间	机构
2013年7月	广东省房车协会
2013年9月	宁波市自驾车旅游协会
2014年2月	厦门市房车露营协会
2014年2月	哈尔滨市房车协会
2014年3月	成都房车旅游协会
2014年5月	中国汽车流通协会汽车房车分会
2014年6月	温州市房车露营旅游协会
2015年1月	福建省露营协会
2015年3月	云南省自驾车与房车露营协会
2015年3月	内蒙古房车露营协会
2015年4月	陕西房车用户服务协会
2015年4月	浙江省自驾车旅游协会旅游露营房车分会
2015年4月	河北省自驾游及露营房车协会暨骑行及装备分会
2015年5月	山西省房车协会
2015年7月	江苏省自驾游协会房车露营分会
2015年11月	郴州市自驾游与露营房车协会
2016年1月	日照市房车露营协会
2016年3月	衢州市自驾游与房车露营协会
2016年3月	山东省房车露营与自驾旅游协会
2016年3月	北京房车露营自驾旅游协会
2016年4月	廊坊市自驾游和房车露营协会
2016年7月	江苏省汽车露营协会
2016年8月	张家口市自驾游与房车露营协会
2016年9月	深圳市房车产业协会
2016年10月	株洲市自驾游与房车露营协会
2016年11月	上海市交通运输行业协会房车露营与自驾车分会
2016年11月	新疆旅游协会自驾游及露营房车分会
2017年1月	重庆市旅游协会房车旅游分会
2017年2月	三亚户外露营房车协会
2017年2月	徐州市旅游房车协会

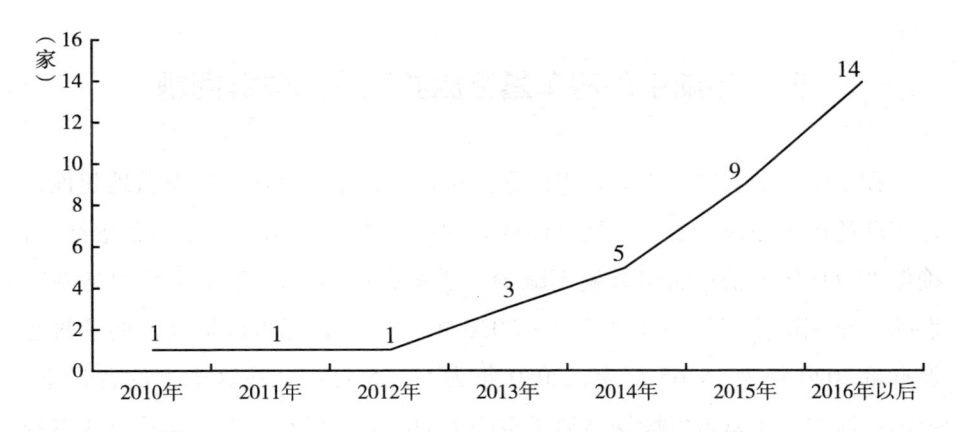

图 4 近几年各级各地各类房车行业协会成立数量变化

（六）房车露营旅游相关标准相继出台

标准化是产品品质的基础和保障，也是产品品牌的技术支撑，作为国家战略，标准化是一个产业做大做强的必由之路。中国房车露营旅游在世界范围内属于新兴市场，在行业发展中则具有后发优势。提前制定相关标准，打破了以往产业先发展后治理的格局，以国际先进经验作为指引，通过系统分析我国国情和特点，很好地使标准在中国房车业发展的过程中起到了引导作用。

表 6 近几年出台的部分房车露营旅游的标准

领域	时间	地区/单位	名称
房车、自驾车营地	2010年	江苏	《自驾游基地设施与服务规范》
	2013年	上海、江苏、浙江、安徽	《房车旅游服务区基本要求》
	2013年	中国汽车运动联合会汽车露营分会	《中国体育休闲（汽车）露营营地建设标准（试行）》
	2015年	中国旅游车船协会	《休闲露营地建设与服务规范第2部分自驾车露营地》
	2014年	福建	《福建省露营地建设与服务规范》
房车租赁	2016年	中国汽车流通协会	《中国旅居车（房车）租赁服务规范》
房车制造	2016年	上海	《营地型房车服务功能与设计导则》
房车线路	2016年	上海	《房车露营旅游线路服务规范》

四 当前中国房车露营旅游发展的关键问题

在中国耕地有限、人口众多的最大国情下，土地是困扰房车营地建设目标实现的最大瓶颈。全国土地总体规划的控制核心是确保18亿亩耕地红线，确保15.60亿亩基本农田数量不减少，质量有提高。2017年1月国务院印发的《全国国土规划纲要（2016~2030年）》，将目标再次提高，要求耕地保有量2020年为18.65亿亩，2030年为18.25亿亩。在这个大的背景下，全国各地的房车营地发展均遭遇了空间上的障碍。房车营地的运营方式本身就是对固定建筑用房的突破，以投入少、见效快、灵活性高作为其优势和特点，但用地上的局限使得这一优势无法发挥。国务院各部门在行政管理上出现矛盾，也造成了规划建设的营地数量与实际发展的营地数量极其不对等的事实。可以说，土地的限制与房车营地的建设目标形成了最大的一组矛盾。

解决这个瓶颈问题的思路有两点：一是充分利用政策机遇，与相关产业融合，实现多样化发展；二是加强对房车营地公共产品的认知，并在此认知上探索适用于"公共管理与公共服务用地"的可行路径。

G.13 旅游休闲产业融合发展路径及探索

——以杭州市为例

李 虹*

摘　要： 以中央"四个全面"为总体战略指导，坚持以"全域化""国际化"为两大导向，贯彻创新、协调、绿色、开放、共享的发展理念，助推杭州城乡区域统筹发展，打造产业融合发展新基点。尤其要借助 G20 国际峰会、亚运会等城市重大发展机遇，进一步深化旅游国际化战略，实现杭州旅游品质提升和产业转型升级，把杭州建设成为新旧元素融合、产业价值共创、新型业态崛起的国际重要的旅游休闲中心。旅游休闲产业融合主要体现为要素融合、资源融合、技术融合、功能融合等四大模式，应以要素融合为发展基础，资源融合为重要抓手，技术融合为突破方向，功能融合为核心工作。

关键词： 休闲产业　产业融合　杭州旅游

各产业与旅游休闲产业融合是第三产业融合发展的战略路径，更是推动区域经济建设的增长点。它通过对传统旅游休闲产业进行升级改造，使之渗透到各个产业领域。旅游休闲产业融合主要体现为要素融合、资源融合、技

---

* 李虹，杭州市旅游委员会主任，杭州行政学院、浙江省旅游职业学院客座教授，研究方向为旅游管理实践。

术融合、功能融合等四大模式，应以要素融合为发展基础，资源融合为重要抓手，技术融合为突破方向，功能融合为核心工作。

一 旅游休闲业融合发展的初步探索

进入21世纪，杭州旅游休闲产业融合在国际化、全域化的引导下，已经成为现代服务业的重要推动力量，也是新型城镇化的核心支撑平台。具体的融合类型有要素融合、资源融合、技术融合和功能融合。

（一）要素融合

美食、茶楼、运动休闲、工艺美术等十大要素是杭州的代表元素，近10年，在杭州市旅游委员会的强力推动下，杭州十大特色潜力行业要素与旅游产业的融合成为休闲业融合发展的基础，通过与现代服务业要素的融合，形成多样化的线路设计及产品创新，具体包括"休闲+美食""休闲+演艺""休闲+茶""休闲+演艺""休闲+佛教"等。这些要素的重组融合，能够促进产业结构优化和休闲产品创新，其融合标志是复合型旅游休闲综合体等新业态的出现。

（二）资源融合

杭州依托农业、工业、文化等资源禀赋，形成产业融合的整合效应，具体包括"旅游+生态"、工业旅游、乡村旅游、文化体验旅游及社会资源国际旅游访问点。

（三）技术融合

通过互联网等技术整合手段，在传统旅游业内实现业态、模式以及产品的迭代创新，具体包括智慧旅游、在线旅游发展、文创创意旅游产品等。

（四）功能融合

通过旅游业与会展、体育、婚恋等功能型产业的相互交叉与整合，形成完整产业链与功能多样化的产业发展新模式，具体包括体育赛事旅游、运动休闲旅游、养生保健旅游、绿色健康旅游、蜜月旅游、婚恋旅游等。

二　旅游休闲业发展的融合路径

（一）旅游休闲+互联网

旅游休闲+互联网是产业内重组和产业间关联的过程。近几年来，互联网技术不断植入休闲产业中。作为阿里巴巴公司总部所在地的杭州，再配合创意性和包容性，必将是新技术的传播源头和未来互联网旅游城市的先驱。

（二）旅游休闲+超能企业

所谓的超能企业是以一个核心企业为轴心，集成战略伙伴、供应网络、顾客网络以及相关利益主体形成的价值共创的中间组织。超越传统企业的边界；运营上内外兼修；把顾客纳入价值创造的整体中，实现价值共创是这类企业的三个主要特征。杭州市政府相关部门对有发展潜力、创新能力强的超能企业给予了政策支持和制度支持。

（三）旅游休闲+社交

简单来说，"圈层"就是一个共趣社区的概念，这个追求有不同的载体。品牌文化的追随者汇聚成一批忠实的客户群，使众多一线品牌有了市场长青的根基，这就是圈层的影响力。

休闲就是一个很好的载体，就像星巴克咖啡代表白领小资一样，休闲怎样融入社交圈层的元素，才能掌握这一圈子的人，使自己的服务成为那一类人身份、品牌的象征呢？靠的是情怀营销。情怀营销，就是不再单纯夸耀产品的优势，而是瞄准人们情感深处，说一些直击人们心灵软肋的话。情怀营销最终说服旅游者的是：你们选择的不是一个产品，而是一种生活方式，一种品位格调，一种社会参与，甚至是一种人生态度。未来杭州应该做旅游社区，在这个社区里，人们有共同的价值和语言，从而增强旅游者对杭州的黏性。比如"丸子地球"APP最初以免费"地主"导游的模式形成了独特的吸引力，"丸子地球"APP的向导被称为"丸子"。"丸子"们热情好客，乐于在闲暇时间接待到访的旅行者，并根据旅行者的不同需求，为他们提供翻译、陪同、讲解等服务，带他们探访城市的著名景点或者走街串巷深入当地，感受这座城市真正的文化和生活。在集体孤独的时代，寻找一起玩的小伙伴和寻找组织的归属感是每个旅游者最深的渴望，所以给予消费者存在感十分重要。

（四）旅游休闲+养老

我国步入老龄化社会，老年人口数量逐年增加，预计从2020年到2050年，我国老龄人口将从2.3亿急增到4.1亿。养老休闲分成四种模式：候鸟式养老模式、立体养老模式、住房养老模式、农家式养老模式。联姻景区即是针对养老休闲业提出的一种发展策略，联姻景区可以带来优势。在《财富》（中文版）杂志开展的"中国最适宜退休城市调研"中，杭州与成都、青岛一起位列前三。杭州是休闲品质之城，杭州的城市现状和特点决定了在这里发展养老旅游大有可为。

（五）旅游休闲+体育

21世纪以来，旅游休闲+体育正成为旅游休闲产业融合发展的一股新兴力量，体育旅游产品的多样化、大众化、产业化以及综合效益等得到了极大的提升。杭州成功获得2017年全国大学生运动会、2018年世界短池游泳锦标赛、2022年亚运会主办权，将极大地促进体育与旅游的融合发展。从近几年举办的群众性体育赛事来看，杭州依托生态自然资源与体育运动等产业天然融合的优势，正吸引着全国运动爱好者的目光。像杭州马拉松比赛，主要沿西湖、茶园和钱塘江跑，被称为全球最美丽的马拉松路线之一；西湖跑山赛是在西湖周围的山岭之间进行山地跑，也有最美跑山赛之誉。和传统旅游休闲、体育赛事不同，外地来杭的运动爱好者在参与体育比赛的同时，也在享受旅游休闲。杭州市体育局有关统计显示，2011年以来，杭州每年承办了众多国际、国内大型体育赛事，市、区两级每年举办的群众性体育赛事超过600场，全市体育人口比重达到35%以上，这些都是杭州发展体育休闲旅游的最佳土壤。未来，杭州要以举办2022年亚运会为契机，积极申办重大体育活动，培育低空飞行、游艇运动、步骑慢行、爬山徒步等运动赛事品牌，带动体育旅游的消费升级，促进旅游和体育产业的融合发展。

三 杭州休闲业融合发展的平台

进一步促进旅游休闲产业与其他行业以及产业内部要素之间的融合，实现产业在新时期转型升级的核心路径是实施以消费者为变革核心的旅游休闲业"供给侧改革"。应以产业融合为发展基点，借助G20峰会等重要发展机遇，弥补消费者休闲需求多元化与旅游产品多样性不足之间的巨大裂痕，不断提升供给体系的质量和效率。根据中共十八届五中全会提出的创新、协调、绿色、开放、共享的规划理念，杭州大旅游产业融合发展的重要举措包括以下几个方面。

（一）加快搭建开放平台

1. 以街区为产业集聚平台

以街区为产业集聚平台，必须以各城区特色美食街、购物街、休闲街区等为基础，根据对象、类型、产品层次进行科学规划，逐步形成4~5个具有鲜明杭州特色的、有国际化接待能力的美食、茶楼、保健、购物及休闲娱乐集聚区块。特别是要以现有的商业综合体为基础，调整相关业态，延伸产业链，打造主客共享的现代化城市休闲中心。还要建设"春夏秋冬美食小镇"、建国南路中医主题街区、主城区主题美食街、茶主题民宿集聚区等街区。

2. 以节庆活动为品牌推广平台

2006年和2011年，杭州市与世界休闲组织举办了两届世界休闲博览

会，在国内外打响了杭州"城市休闲"的品牌影响。2017年10月，杭州市还将与世界休闲组织共同举办第三届世界休闲博览会，举办"一展、一会、一节、一体验"四大类型活动。在休博会的引领带动下，杭州市以现有的美食节、养生文化节、茶博会、夜休闲嘉年华、西湖博览会旅游节等节庆活动为基础，每年重点打造2~3个各行业要素融合的大型主题节庆活动，并充分利用线上线下的优势资源，打通各个关键节点，集中推广行业与企业品牌。

3. 以国际化为整合发展平台

充分借助茶叶、丝绸等杭州城市文化元素在旅游业国际化发展上的比较优势，联合相关国际友好城市开展国际化交流体验活动。鼓励不同文化的碰撞交流，不断总结发扬"旅游外交"的杭州经验，让杭州旅游产业成为城市国际化的先导力量。

4. 以互联网为企业营销平台

充分借助移动互联网、大数据、云计算在杭州旅游产业融合发展中的优势，加快杭州旅游产业在大数据、O2O以及社交媒体营销等方面的推进力度，打造2~3个基于产业融合的城市休闲旅游推广与研发数字平台，比如加快发展茶文化交流论坛、国际斗茶会、国际美食交流推广活动、健康杭州大数据平台等。

（二）加快推进共享项目

大项目是产业融合发展的重要载体，杭州旅游在产业融合发展的过程中，也要以城乡一体、同业合作、异业联盟的共享项目为发展平台，重点打造全域旅游休闲服务系统、旅游风情小镇和旅游休闲综合体三大类型的共享项目。

1. 打造主客共享的全域旅游休闲服务系统

打造一个主客共享、城乡融合、国际水准、优质高效、安全舒适的全域旅游休闲服务系统是共享发展平台的基础，如杭州智慧旅游APP、支付宝杭州旅游护照、城市公共运动休闲基地等项目。

在"互联网+"的时代背景下，旅游产业的融合既要满足游客的体验需求，又要为本地市民提供休闲福祉。因此，在下一步的工作中，建议由杭州市旅游委员会牵头组织电信、银行、市政等企业和部门，推动通信、金融、医疗、餐饮和购物等旅游全过程惠民便民服务，重点推进覆盖远郊景区的蜂窝微波基站，覆盖重点景区（5A级和4A级景区、旅游度假区）和中心城区的免费WiFi，布局合理的银行自动柜员机、医疗急救站，即时清运旅游区的垃圾，布局合理、卫生达标的旅游厕所等工程的建设。通过构建全域化旅游服务体系，实现商旅共兴、产城合一的战略目标。

2. 持续推进旅游风情小镇项目建设

旅游风情小镇是推进城乡一体化、破解二元结构的重要项目，如山南基金小镇、千岛湖进贤湾国际度假区、良渚创意文化城、建德航空特色小镇等。在下一阶段的工作中，建议通过旅游、文化的融入实现整治村庄、保护生态、提升产业的综合治理目的。通过与民宿等产业的融合，不断提升"旅游风情小镇"在长三角区域的市场知名度和影响力。

3. 加快推进旅游休闲综合体项目建设

旅游休闲综合体包括都市商贸游憩综合体、户外运动休闲综合体、山水疗休养度假综合体以及茶文化养生综合体多种类型。建议以旅游休闲综合体为载体，不断发掘、提升"中国茶都""休闲美食之都""中国婴童产业之都""工艺与民间艺术之都"等主题品牌，建设云栖阿里巴巴创意旅游综合体、锦绣富春运动休闲综合体、西溪天堂国际旅游综合体等项目。

（三）尽快培育核心企业

在"旅游休闲+超能企业"的指导思想下，杭州旅游产业融合的重点任务是加快培育具有强大整合能力的核心企业，充分发挥核心企业在促进产业融合上的整合与引导优势。

1. 重点培育本地大型旅游休闲企业

力争在五年内培育5~7家年营业额超过200亿元的旅游企业。杭州商旅集团、宋城集团、开元旅业等大型集团在全国已经具有一定的竞争优势。

在未来的工作中，要鼓励这类大型旅游企业的多元化、国际化扩张经营，通过品牌与连锁的力量，实现在更大范围的经营布局。

2. 鼓励跨行业的企业融合发展

加快引导阿里巴巴、万事利、银泰等企业与旅游业的跨行业融合发展。尤其是通过阿里旅行、支付宝等平台在电子商务领域的突出优势，将线上的数据资源与传统旅游业的线下资源进行对接，通过O2O等模式加快旅游业的转型升级。

3. 不断激发旅行代理商的活力

通过多种形式引导鼓励传统旅行社在产品创新开发上加大投入，不断创新旅游线路和产品，在相关领域中探索多元经营。例如浙江新世界旅行社代理管理的皋亭山亲子度假基地就是一个很好的尝试。

（四）加快打造极致产品

在旅游观光、休闲保健、文化体验、商务会展等功能"四位一体"的产业发展模式的总体引导下，打造杭州旅游产业融合的产品，要以体验化、极致化为基本原则，重点在会奖专题产品、文化旅游产品和"三江两岸"①生态旅游产品等领域加快发展。

1. 会奖专题产品

"极致休闲、灵感瞬现"是杭州会奖旅游品牌的主题。G20峰会、亚运会等国际重大会议、赛事的落地，给杭州会奖旅游的发展带来巨大的机遇，要依托现有优势把杭州打造成为中国具有国际影响力的会奖旅游目的地，还要建设杭州国际博览中心、湘湖会奖旅游基地等会奖旅游举办场地。

2. 文化旅游产品

文化旅游是杭州城市旅游的重要品牌，也是整合资源的重要抓手。要进一步优化创新"印象西湖""宋城千古情""西湖之夜""良渚印象""径山禅茶""新安江之夜"等大型旅游文化项目，挖掘杭州传统的文化艺术活动

---

① "三江两岸"指新安江、富春江、钱塘江的两岸。

项目。

3."三江两岸"生态旅游产品

"三江两岸"生态旅游产品是以旅游业为抓手加快城乡一体化建设的重要项目。旅游西进战略引导下的生态旅游产品以绿道建设、步骑游慢行道建设为发展轴，带动旅居全挂车营地、露营地等旅游项目的投资跟进与建设实施，整合包装"三江两岸"周边乡村旅游产品，打响"三江两岸"黄金旅游线品牌。

（五）加快优化多元市场

激活市场活力，培育多元市场是产业融合的落脚点。杭州休闲产品丰富，市场潜力巨大，未来在亲子旅游、老年旅游和时尚旅游市场具有很大的发展空间。

1. 拓展亲子旅游市场

一方面鼓励产业融合，以亲子、婴童为重点拓展领域，鼓励其与旅游产业、文教产业、动漫产业等有机融合，开展多元化的战略合作，逐步形成以女装、童装、餐饮等为主的复合型产业集群，实现跨界产业的融合与共赢发展。另一方面在整合现有资源的基础上，策划各类主题活动，打造以杭州山岳资源线路为特色的"乐山亲子线路"，以水域资源线路为特色的"悦水亲子线路"和以博物馆、园林建筑为特色的"知识体验型"亲子旅游线路，可以重点建设杭州乐园、临安青山湖亲子旅游基地等项目。

2. 培育老年旅游市场

利用杭州在中医药产业的相关资源，大力培育理疗、疗养、康复、休闲保健等针对老年旅游市场的特色旅游体验产品，打造有杭州特色的老年人健康旅游优质品牌，可以重点推进杭州河坊街中医保健之旅、中老年健康体检项目等。

3. 培育时尚旅游市场

时尚旅游是融合文化创意、智慧旅游、时尚购物等新元素的新型旅游业态。要进一步发挥杭州文化创意和设计服务对旅游资源营销策划、宣传推广

等方面的积极作用，每年推出5~6条"杭州文化创意体验之旅"等特色旅游线路。利用杭州万象城、银泰广场等时尚购物场所的资源，提升现有商业综合体的游客服务能力，并将商业节庆活动与城市旅游推广结合起来，形成2~3个具有国际游客吸引力的主题商业营销推广活动，可以重点推进湖滨银泰城市客厅、来福士商业综合体、嘉里中心等项目。

G.14 我国乡村休闲产业发展

——以浙江省为例*

王婉飞 毛润泽**

摘 要: 近年来,我国乡村休闲产业蓬勃发展,正在成为繁荣农村、富裕农民的新兴支柱产业。浙江省乡村休闲产业发展早、成熟度高,在休闲农业、乡村旅游业、乡村民宿业、乡村文化休闲业、乡村运动休闲业、乡村健康养生业等领域涌现出了湖州模式、丽水模式、富阳模式、横店模式、乌镇模式等典型发展模式,其在发展理念创新、体制机制创新、产品业态创新、规范标准创新、产业融合发展、产业集群发展、休闲人才培养等方面的经验值得借鉴与推广。

关键词: 乡村休闲产业 美丽乡村 新农村建设 乡村旅游

乡村休闲产业融合了经济产业和社会事业综合特征,是耦合性非常突出的产业,在现阶段深入推进农业供给侧结构性改革,对加快培育农业农村发展新动能具有特殊重要的功能与作用。2017年中央一号文件在"壮大新产

---

* 本报告为王婉飞主持的浙江省哲学社会科学基金项目"浙江省乡村旅游产业融合发展模式与机制研究"成果之一,项目编号:17NDJC192YB。
** 王婉飞,管理学博士,浙江大学管理学院旅游与酒店管理学系副主任、教授、博士生导师,研究方向为乡村旅游产业发展与创新管理、度假酒店管理和休闲管理;毛润泽,博士,浙江大学管理学院博士后,上海师范大学旅游学院副教授、硕士生导师,研究方向为休闲产业经济。

业新业态，拓展农业产业链价值链"中提出"大力发展乡村休闲旅游产业"。近些年，浙江省乡村休闲产业发展迅速，涌现出各种典型模式，其融合与创新经验为各地乡村休闲产业的发展提供了借鉴。

一 我国乡村休闲产业发展背景

（一）乡村休闲产业发展的时代背景

国际经验表明，当一个国家或地区人均 GDP 达到 3000～5000 美元时，这个国家或地区就将逐步进入休闲时代。我国人均 GDP 在 2008 年突破 3000 美元，2011 年突破 5000 美元，经济的快速发展为我国步入休闲时代提供了强有力的支撑；人们休闲意识的日益增强、休假制度的日趋完善、休闲相关法律法规的相继出台则为人们休闲提供了时间和制度上的保障。以乡村特有的空间环境、生态资源、文化资源为依托，以休闲农业、乡村旅游、乡村度假、乡村运动休闲及乡土文化体验等为主要内容的乡村休闲产品与服务，越来越受到人们的青睐。

（二）乡村休闲产业发展的市场背景

乡村休闲产业的发展必须以市场为前提，以客源为保障。乡村休闲的主要客源是城市居民，乡村休闲产品的出现也是对城市休闲产品供不应求的一种替代。2016 年，我国城镇化率达到 57.35%，城镇常住人口达 7.93 亿人①。根据世界城镇化发展普遍规律，我国仍处于城镇化率 30%～70% 的快速发展区间。随着我国城镇化建设的推进，乡村休闲不仅成为城里人释放压力、亲近自然的最佳形式，也成为人们寻根和消解乡愁的途径。中国社会科学院舆情实验室发布的 2016 年《中国乡村旅游发展指数报告》指出，中国

---

① 《国务院新闻办发布会介绍 2016 年国民经济运行情况》，http://www.gov.cn/xinwen/zhibo3/20170120fbh1/，最后访问日期：2017 年 6 月 6 日。

乡村旅游进入"大旅游"时代，乡村旅游逐渐成为一个新的大产业，包括乡村旅游观光、乡村休闲度假等，有望发展成为万亿级产业。

（三）乡村休闲产业发展的政策背景

大力发展乡村休闲产业也是全域旅游的重要内容，全域旅游的建设离不开乡村休闲产业的大发展。目前供给侧改革正在向乡村产业推进，调整产业结构，发展乡村休闲产业正是时候。产业政策是乡村休闲产业发展的有效保障，目前我国政府部门中涉及乡村休闲产业的部门主要有农业、林业、旅游、文化、体育等相关部门。支持乡村旅游发展的政策在改革开放初期以农业观光政策为主，后来是各种主题年活动，近几年党中央国务院及国家各部委出台的一系列政策法规，进一步引导和规范了乡村休闲产业的发展。

二 浙江省乡村休闲产业发展现状

（一）休闲农业发展现状

近年来，浙江省休闲观光农业、创意农业、互联网农业等新产业、新业态蓬勃发展，家庭农场、农民专业合作社、农业龙头企业等新型经营主体成长壮大。截至2015年底，浙江省已有美丽乡村创建先进县（市、区）58个，农家乐特色村897个、特色点（各类农庄、山庄、渔庄）2389个[①]，休闲观光农业实际产值为227亿元[②]。截至2016年底，浙江全省拥有17个国家级休闲农业与乡村旅游示范县（市、区）和23个国家级休闲农业与乡村

---

① 《2015年浙江省国民经济和社会发展统计公报》，http://www.zj.stats.gov.cn/tjgb/gmjjshfzgb/201602/t20160229_169661.html，最后访问日期：2017年6月6日。
② 《浙江省现代农业发展"十三五"规划》，http://www.zj.gov.cn/art/2016/8/15/art_5495_2181201.html，最后访问日期：2017年6月6日。

旅游示范点，11个省级休闲农业与乡村旅游示范县，36个省级休闲农业与乡村旅游示范乡镇，75个省级休闲农业与乡村旅游示范点。

（二）乡村旅游业发展现状

随着大众旅游时代的到来，乡村旅游成为消费与投资的新热点，成为浙江省重点打造的新的旅游目的地。2015年，浙江省被纳入统计的农家乐经营户共有1.7万家，床位92万张，接待游客2.4亿人次，实现营业收入209.3亿元，游客购物收入51.9亿元[①]。2016年前三季度，浙江省新开工乡村旅游项目269个，总投资为669.8亿元；乡村旅游接待游客2.2亿人次，其中过夜游客3039万人次，过夜游客平均停留时间1.4天；乡村旅游从业人员57.4万人，其中农家乐特色村从业人员30.7万人[②]。

（三）乡村民宿产业发展现状

浙江各地乡村民宿均呈现出蓬勃发展的良好势头，并涌现出德清"洋家乐"、西湖民宿、松阳民宿、临安乡宿、嵊泗离岛民宿、丽水农家乐综合体、安吉帐篷客等一批民宿品牌，打造了乡村休闲度假"联众模式"和"隐居模式"等典型模式。为了促进民宿业的健康发展，浙江省人民政府办公厅出台了《关于确定民宿范围和条件的指导意见》，各地市也出台了民宿相关标准与意见。2015年5月，德清县发布国内第一部县级民宿地方标准《德清县乡村民宿服务质量等级划分与评定》，2016年该标准被正式立项为国家民宿标准。

（四）乡村文化休闲产业发展现状

浙江省丰富的乡土民俗文化资源，为乡村文化休闲产业发展提供了基

---

① 《2015年浙江旅游经济运行分析报告》，http：//www.tourzj.gov.cn/lyzl_article.aspx?LeftType=1&TypeID=56&NewsID=43386&NewsType=，最后访问日期：2017年6月6日。
② 《2016年前三季度浙江省旅游经济运行情况分析》，http：//www.tjcn.org/jjfx/201702/34785.html，最后访问日期：2017年6月6日。

础。2010 年以来，浙江省文化厅、浙江省旅游局联合开展了三批浙江省非物质文化遗产旅游景区创建活动，截至 2015 年底，浙江省拥有非遗主题小镇 17 个、民俗文化村 48 个[①]。2015 年，浙江省在建历史文化村落保护利用重点村有 130 个，保护利用一般村有 649 个[②]。截至 2016 年，浙江拥有"中国民间文化艺术之乡"78 个、传统戏剧之乡 42 个。

（五）乡村运动休闲产业发展现状

截至 2015 年底，浙江省拥有国家级运动休闲示范区 1 个、国家体育产业示范基地 3 个、国家体育产业示范单位 2 个、省级运动休闲基地 8 个、省级运动休闲旅游示范基地 12 个、省级运动休闲旅游精品路线 10 条、省级运动休闲旅游优秀项目 52 个[③]。目前已创建的体育类特色小镇有 5 个，分别为嘉兴平湖九龙山航空运动小镇、绍兴柯桥酷玩小镇、龙泉宝剑小镇、建德航空小镇、上虞 E 游小镇。此外，还有富阳永安飞翔小镇、宁海胡陈户外运动小镇等 12 个正在培育的创建单位。

（六）乡村休闲健康产业发展现状

为更好地促进健康服务业、养老业和休闲旅游业的发展，浙江省注重将中医药与休闲旅游、养老与休闲旅游等进行有机结合，大力开发中医药文化养生旅游和老年养生旅游项目，取得了良好的成效。截至 2016 年底，浙江省已有中医药文化养生旅游示范基地 37 家，老年养生旅游示范基地 44 家，属于健康小镇范畴的特色小镇已达 13 个。

---

① 《浙江省非物质文化遗产保护发展"十三五"规划》，http://www.zj.gov.cn/art/2016/8/3/art_5495_2175592.html，最后访问日期：2017 年 6 月 6 日。
② 《2015 年浙江省国民经济和社会发展统计公报》，http://tjj.zj.gov.cn/tjgb/gmjjshfzgb/201602/t20160229_169661.html，最后访问日期：2017 年 6 月 6 日。
③ 《浙江省体育发展"十三五"规划》，http://www.zjdpc.gov.cn/art/2016/7/29/art_7_1713264.html，最后访问日期：2017 年 6 月 6 日。

三 浙江省乡村休闲产业发展模式

（一）乡村旅游产业：湖州模式

浙江省湖州市是国家级旅游产业改革创新先行区、首批国家全域旅游示范区、国家乡村旅游扶贫工程观测中心、省级乡村旅游提升发展专项改革试点市、"洋家乐"品牌发源地、乡村旅游标准大体系首创地、"两山理论"发源地。经过多年的探索与实践，湖州乡村旅游由"农家乐"向"乡村游""乡村度假""乡村生活"不断升级，已成为乡村旅游发展的创新范本、新农村建设的经典浓缩、新型城镇化的成功范例和探索生态文明、美丽中国建设的典型样板。

在发展模式方面，湖州乡村旅游形成了四大模式，分别为安吉县的"生态+文化"模式、长兴县的"景区+农家"模式、南浔区和吴兴区的"农庄+游购"模式、德清县的"洋式+中式"模式，都体现了乡村旅游与当地生态、经济、社会、文化系统的融合发展。在产业融合方面，湖州积极培育健康养生、温泉滑雪、研学旅游、旅游演艺等新业态，并创建以乡村旅游、滨湖度假、中医药养生文化旅游、老年养生旅游、体育运动休闲旅游等十大产业融合示范基地。在产业集群方面，湖州积极打造"下渚风情""莫干国际""茶乡水口"等十大乡村旅游集聚示范区。体制机制方面，湖州旅游实现了市、县旅委体制全覆盖，构建了四级行政管理体系、部门联动体系和行业协会自律体系三位一体的乡村旅游产业发展和服务管理的大体制，并建立了"综合执法+旅游警察+旅游市场监管分局+旅游巡回法庭+N"五位一体的乡村旅游执法大体系。标准体系方面，湖州已形成乡村旅游规划、标准和管理办法三位一体的标准化大体系。营销推广方面，创新乡村旅游营销方法，强化乡村旅游目的地整体营销力度，打造"乡村旅游第一市"旅游目的地品牌。另外，湖州率先开展了旅游产业用地制度改革、旅游统计改革、旅游行政许可制度改革、旅游投融资制度改革等。

（二）休闲养生养老产业：丽水模式

浙江省丽水市，是国家优秀旅游城市和国家森林城市。丽水市依托生态优势，紧紧抓住"生活休闲化"和"人口老龄化"两大客观趋势带来的巨大市场需求和发展空间，大力发展生态休闲养生养老产业，塑造"秀山丽水、养生福地、长寿之乡"目的地品牌，致力打造"中国养生养老第一市"。

近年来，丽水市在生态休闲养生养老产业发展的体制机制、规划体系、平台建设、产业体系、行业标准等方面进行了积极探索。体制机制方面，丽水市在全国率先成立生态休闲养生（养老）经济促进会，并设立"食养、药养、水养、体养、文养"等"五养"分会。规划体系方面，丽水市编制了全国第一个休闲养生经济规划《丽水市生态休闲养生（养老）经济发展规划》，并依据此规划，编制了《丽水市生态旅游业发展规划》《丽水市生态休闲养生农业发展规划》等8个子规划。基础平台建设方面，丽水打造休闲旅游景区和乡村养生（养老）基地两大平台。产业体系方面，强调生态休闲旅游业、养生（养老）房产业、养生（养老）文化业、养生（养老）医疗与健康管理业等八大产业的融合发展，共同支撑和推动养生（养老）经济发展。行业标准方面，丽水市率先编制实施《生态休闲养生（养老）基地建设与运营服务规范》及"食养""药养"等市级地方标准。

（三）运动休闲产业：富阳模式

杭州市富阳区是国家级体育产业基地、国家级运动休闲产业示范区、中国球拍之乡、中国赛艇之乡、中国龙舟器材生产研发基地、中国滑翔伞训练基地、游艇生产基地、国家网球训练基地，富阳拥有桐洲岛皮划艇训练基地、新沙岛户外露营基地、龙门古镇定向运动场地等运动休闲场所，获得了浙江十大欢乐健康旅游城市、长三角最佳慢生活旅游名城等品牌称号。

经过近十年的打造，富阳"运动休闲之城"雏形显现，其在体制机制创新、业态创新、体旅融合等方面的做法值得借鉴。体制机制创新方面，富阳区打破部门壁垒，统筹体育局、旅游局，在全国首创"运动休闲委员会"组织机制，并整合政府、民间两股力量，为打造"运动休闲之城"提供了强有力的组织保障。业态创新方面，富阳区"文化＋旅游""体育＋旅游"的产业融合效应不断扩大，一系列的休闲运动活新业态如骑行绿岛、精品民宿、户外露营、休闲马场、专业赛事基地、运动基地、富春山居高尔夫球场等活力十足，其中永安山滑翔伞、新沙岛户外运动、桐洲岛皮划艇等项目已经具有了一定的区域影响力。产业融合方面，旅游休闲与体育产业融合向纵深发展，旅游休闲与工农林业融合不断深入，旅游休闲与健康产业、婚庆产业、会奖产业、文化产业、互联网产业融合正在兴起。

（四）文化休闲产业：横店模式

浙江东阳横店影视城是首家国家级影视产业实验区、省级影视文化产业实验区、国家5A级旅游景区。目前，横店影视城建起了秦王宫、清明上河图、圆明新园等28个影视拍摄基地、15个高科技摄影棚；开发了"梦幻太极""梦回秦汉""汴梁一梦"等20多场演艺节目。2015年，实验区入区企业累计达638家，实现营业收入150亿元，上缴税收15亿元，接待剧组129个，接待游客超过1500万人次[①]。

横店影视城模式是基于厚重的影视文化，依托完善的影视产业配套和后勤服务基地，发展影视旅游主题公园[②]。在体制机制方面，横店实行的是试验区管委会模式，理顺了管理体制。在行业管理方面，管理部门相继出台了《影视拍摄管理制度》《影视版权登记管理保护办法》《关于做好"横漂"管理服务工作的实施意见（试行）》《东阳市影视拍摄外景基地管理办法》等制度措施，规范了影视文化产业管理。在服务标准方面，横店影视城制定了《影视拍摄基地服务规范》和《主题公园演艺服务规范》两大

[①] 横店概况，http：//www.hengdian.co/channels/7.html，最后访问日期：2017年6月6日。
[②] 黄勇、吴晓波主编《浙江省服务业企业商业模式创新案例》，浙江大学出版社，2011，第86页。

企业特色标准体系，其中《影视拍摄基地服务规范》晋升为国家标准。在产品业态方面，横店文化休闲产品正在由观光型向休闲体验型转变，游客在过往观光的基础上还可深度体验影视拍摄，享受度假休闲乐趣。横店影视文化休闲模式与杭州宋城（主题公园+休闲地产+夜间演艺）文化休闲模式相得益彰。

（五）古镇旅游景区产业：乌镇模式

浙江桐乡乌镇是一个有 1300 年建镇史的江南古镇，是中国首批十大历史文化名镇和中国魅力名镇之一，国家 5A 级景区，世界互联网大会永久会址。1999 年，乌镇东栅区块实施保护开发。2001 年东栅景区对外开放当年即赢利，获得社会和业界好评，联合国专家考察小组称其为中国古镇保护的"乌镇模式"。2003 年，乌镇西栅街区实施保护开发，于 2007 年正式对外开放。由此，乌镇由"观光型"景区向"观光+休闲度假型"水乡古镇景区成功转型。2013 年以来，乌镇已连续举办四届乌镇戏剧节，每届都获得了巨大成功，乌镇的文化内涵持续丰富，成功向"文化乌镇"迈进。2014 年以来，乌镇已成功举办了三届世界互联网大会，乌镇在海内外的市场知名度和影响力大幅提升，并向"世界互联网小镇"升级。目前，乌镇景区年接待 800 万的海内外游客及众多中高端商务会议团体，年收入超过 10 亿元，乌镇景区已是一个集观光、休闲度假、商务会奖于一体的国际化的旅游目的地[①]。

乌镇模式是古镇景区开发的创新模式，其在创新产权模式、打造差异化产品、推进复合经营和统一经营、实施精细化管理和社区重构等方面的创新经验值得借鉴。产权层面，乌镇采取整体产权开发模式，在开发中规避与居民之间的矛盾，实现统一规划、统一设计、统一改造和统一经营，规避开发中主体多元化带来的诸多弊端。产品层面，乌镇定位高端休闲与商务，对基

---

① 乌镇旅游股份有限公司企业简介，http://www.wuzhen.com.cn/cn/wz.aspx，最后访问日期：2017 年 6 月 6 日。

建进行脱胎换骨式系统改造,并激活生活文化资源,塑造差异化产品。经营层面,乌镇采用业态上复合经营和管理上的统一经营,避免了营收渠道单一化和古镇氛围过度商业化。管理层面,乌镇由专业管理团队实施精细化管理运作,保障了服务质量,营造了良好体验空间。社区参与层面,乌镇通过社区重构,规避了古镇发展中旅游者与居民之间的矛盾,开发公司与居民形成了古镇发展的合力[①]。

四 浙江乡村休闲产业发展经验

根据浙江省乡村休闲产业发展的成功模式,可以总结出各地发展乡村休闲产业应重视的七大经验。

(一)践行"两山"理念,推进乡村休闲差异化发展

发展乡村休闲产业,符合绿色发展的要求,符合"绿水青山就是金山银山"的发展理念。浙江各地借力美丽乡村建设的机遇和大众旅游、休闲时代的发展趋势,深度挖掘乡村各类物质和非物质资源富集的独特优势,利用"旅游+""生态+"等模式,推进农业、林业与旅游、文化、体育、康养、教育等产业深度融合,将资源特色转化为产业特色、经济特色、地方特色,乡村休闲产业呈现出蓬勃发展的态势。

各地乡村休闲产业发展应谋求差异化,一是要充分发挥山区、平原、滨海和海岛的资源比较优势,深入挖掘乡村生态、生产和生活中蕴含的个性特色与文化基因,因地制宜探索适合本地区的乡村休闲产业发展路径;二是要依托好的自然环境,大力发展休闲度假、旅游观光、养生养老、农渔体验、创意农业、乡村手工艺等产业,突出乡味乡韵乡情,更好地满足广大人民群众休闲消费需求。

---

① 郑世卿、王大悟:《乌镇旅游发展模式解析》,《地域研究与开发》2012年第10期,第86~88页。

（二）创新体制机制，构建乡村休闲产业的综合管理体制

在现行的管理体制下，对乡村休闲产业发展进行引导和管理的部门多而分散，难以适应乡村休闲发展的要求，如乡村休闲产业的发展可能涉及农业、林业、旅游、文化、体育等众多政府部门，部门之间的利益平衡、行业之间的发展侧重、行政法规的关注点都存在协调、统一、规范的过程。另外，现阶段部门分割、条块分割、区域分割、所有权分割等体制分割问题的存在，也使得涉及各行各业的协会和行业中介组织难以发挥作用①。

浙江旅游综合改革以来，各试点围绕不同侧重的改革思路，取得了综合改革的初步成效，特别是在创新旅游行政管理体制上取得重大突破。目前省级综合改革试点县（市）的管理体制大致可以分三种类型——旅游管理委员会模式（如舟山、桐乡、淳安等地）、文旅管理模式（如富阳、龙游、开化等地）、旅游功能区管理模式（如文成、天台等地）②。各地要根据实际创新休闲旅游管理体制，形成合力协作发展。

（三）构筑各类平台，促进乡村休闲产业集群发展

乡村休闲产业集群，是乡村休闲业发展到高级阶段的产物，对于提高区域乡村休闲产业竞争力、创立区域乡村休闲品牌具有重要作用。浙江通过建设大项目、搭建大平台、打造大板块，推动乡村休闲产业向规模化、集群化发展。特色小镇、旅游风情小镇、旅游度假区、旅游休闲度假类省级现代服务业集聚示范区、省级中医药文化养生旅游示范基地、省级老年养生旅游示范基地、省级运动休闲旅游示范基地、省级农家乐特色村、省级休闲农业与乡村旅游示范县（乡镇、点）、省级慢生活休闲旅游示范村等平台性休闲旅游功能区，吸引汇集了更多的资源要素，经营规模从零星分布、分散经营向集群分布、集约经营转变。以上平台不仅成为所在地区加快经济发展、解决

---

① 浙江省旅游局编《浙江旅游业发展报告2014》，中国旅游出版社，2015，第65页。
② 浙江省旅游局编《浙江旅游业发展报告2014》，中国旅游出版社，2015，第73页。

就业、增加税收和财政收入的重要载体,对于促进乡村休闲产业的产品升级、观念转变、管理体制创新等,都有十分重要的作用。

(四)强化龙头带动,培育乡村休闲产业主体

推进乡村休闲产业发展的关键是培育多元化、市场化的新型经营主体,建立政府协调、企业主导、村民共享的利益联结机制。大力培育以乡村休闲旅游专业合作社为代表的新型经营主体,有利于保障农民利益,促进乡村休闲旅游业转型升级。乡村休闲产业的壮大,要有一批乡村休闲龙头企业带动,要鼓励有实力的民营休闲企业集团以资本为纽带,实现跨地区、跨行业、跨所有制兼并、重组和上市。

(五)坚持融合发展,推进乡村休闲业态创新

总体上来说,我国乡村休闲产业的发展仍处于起步和探索阶段,开发层次相对较浅,产品类型略显单一。乡村休闲产业发展应在把握市场变化、顺应消费者需求的基础上,积极开发休闲新业态,不断拓宽休闲产业空间。休闲旅游部门应继续加强与农业、林业、体育、康养、教育、文化等部门的深度融合,发展一批养生养老休闲、运动休闲、旅游休闲、文化休闲等示范基地。休闲旅游企业应主要对接休闲消费者的消费偏好和习惯,注重建设一批房车营地、露营地、自驾车营地、研学基地、旅游休闲绿道等,提升消费者的满意度、愉悦度、体验度。

(六)建立制度标准,规范乡村休闲产业发展

政府部门要通过评定、规划示范点,制定标准,多媒体积极宣传等手段,不断强化对产业发展的引导作用。乡村休闲标准化是政府规范管理乡村休闲产业发展的准绳和促进乡村休闲产业发展的动力机,正是规范化管理使得乡村休闲产业规模化、产业化发展成为可能。例如,浙江德清在国内率先出台了《乡村民宿服务质量等级划分与评定》,对推动民宿产业健康、持续、快速发展起到了重要引导作用。

（七）加大人才保障，支撑乡村休闲产业发展

乡村休闲产业的经营内容涵盖农业、旅游、体育、文化、健康、生态环境等多学科知识，需要引进和培养具有系统性知识的专业人才，重视为乡村休闲产业从业人员提供休闲管理、休闲农业、乡村旅游等知识的培训，提高他们的服务与管理水平。各地应创新乡村休闲人才培养机制，建立多层次、多类型的人才培养和服务体系，支持和鼓励高校开设乡村休闲产业专业或方向，培养一支具有融合战略观、跨行业驾驭能力、多业务水平的综合性人才队伍。

参考文献

黄勇、吴晓波主编《浙江省服务业企业商业模式创新案例》，浙江大学出版社，2011。

郑世卿、王大悟：《乌镇旅游发展模式解析》，《地域研究与开发》2012年第10期。

浙江省旅游局编《浙江旅游业发展报告2014》，中国旅游出版社，2015。

需 求 篇

Demands Reports

G.15
北京市居民生活时间分配20年的变迁

王琪延　韦佳佳*

摘　要： 本报告基于2016年和1996年及其他年份的北京市居民生活时间分配调查数据，从时间分配的角度，对20年来北京人生活方式的变化进行了统计分析。分析结果表明，北京市居民生活时间分配结构发生了巨大变化，从日常时间看，劳动时间大幅缩短，个人生活必需时间大幅增加。虽然周平均休闲时间有所减少，但随着带薪休假制度的落实及国家假日制度的改革，居民全年拥有越来越多的休假日数。居民休闲活动频次不断增多、休闲消费支出日趋增加，休闲消费能力日益提高。

关键词： 时间分配　工作休闲　带薪休假

---

* 王琪延，教授，中国人民大学休闲经济研究中心主任，中国人民大学统计学院博士生导师，研究方向为休闲经济和社会经济统计分析；韦佳佳，中国人民大学统计学院博士研究生，研究方向为社会经济统计分析。

伴随着经济增长和社会进步，北京市居民生活方式发生了巨大的变化。生活时间结构的变化，反映了人们生活方式的变迁，为了了解北京市居民生活方式的变化，本报告依据2016年、1996年及其他年份的生活时间分配调查资料进行统计对比分析，来说明北京市居民20年来生活时间分配的变迁。

一 生活时间分配调查数据说明

生活时间分配调查资料来自由中国人民大学休闲经济研究中心对北京市居民进行的抽样调查，调查从1986年开始进行，之后每隔五年进行一次。本报告使用的调查数据主要来源于1996年、2016年的调查。调查方法采用的都是多阶段随机抽样。但调查范围有所差异，1996年是针对北京城八区（西城区、东城区、海淀区、宣武区、崇文区、朝阳区、丰台区、石景山区）城镇居民进行的调查；2016年是针对北京城六区[①]（西城区、东城区、海淀区、朝阳区、丰台区、石景山区）城镇居民进行的调查。

本调查的问卷为自填式结构型问卷，由被调查者亲自填写。问卷分为两部分："社会生活基本调查问卷Ⅰ"和"社会生活基本调查问卷Ⅱ"。"社会生活基本调查问卷Ⅰ"调查了北京市居民的个人基本信息，如年龄、性别、受教育程度等23个问题；"社会生活基本调查问卷Ⅱ"又包含两部分，第一部分为北京市居民参与的活动情况，有5个大问题；第二部分为生活时间分配记录表，记录了北京市居民一天的生活活动时间分配，以每10分钟为一个记录单位，共144个单位，总计24小时。表1为2016年、1996年的样本结构说明。

---

① 2010年，北京市崇文区并入东城区，宣武区并入西城区，虽然调查城区数量变少了，但实际调查范围不变。

表 1　北京市民生活时间分配调查样本结构说明

单位：%

变量		2016 年 （N=830）	1996 年 （N=411）
性别	男	46.1	47.2
	女	53.9	52.8
年龄	19 岁及以下	4.2	2.4
	20~24 岁	15.1	22.1
	25~29 岁	19.1	30.7
	30~39 岁	21.9	21.9
	40~49 岁	11.1	7.3
	50~59 岁	17.0	11.7
	60 岁及以上	11.6	3.9
受教育 程度	大学及以上	59.9	37.0
	高中	22.3	57.9
	初中及以下	17.8	5.1
工作状态	有业	76.1	89.7
	无业	19.6	7.1
	通学	4.3	3.2

二　生活时间分配结构巨变

伴随科学技术的进步、劳动生产率的提高，居民生活时间分配发生了巨变：劳动时间不断减少，个人生活必需时间日趋增加。加上这 20 年来国家假日制度的改革，居民全年拥有了越来越多的休假日数。

（一）劳动时间大幅缩短，个人生活必需时间大幅增加

从四类活动时间结构来看，1996 年北京市居民工作时间、家务劳动时间、个人生活必需时间和休闲时间的比例关系为 27.0%、7.8%、44.2%、21.0%，2016 年改变为 25.1%、7.4%、49.9%、17.6%。工作时间和家务劳动时间分别减少了 1.9% 和 0.4%，休闲时间减少了 3.4%，而个人生活必

需时间增加了5.7%。劳动时间（工作时间和家务劳动时间的总和）大幅缩短（减少了2.3%），个人生活时间大幅增加。

（二）日常周平均休闲时间减少，制度约束性休闲时间增加

从周平均每日四类活动时间来看，相比1996年，工作时间减少了27分钟，家务劳动时间减少了5分钟，休闲时间减少了50分钟，个人生活必需时间增加了1小时22分钟。

表2　四类活动时间差异

单位：小时：分

活动类别	1996年	2016年	增减
工作时间	06:29	06:02	-00:27
家务劳动时间	01:52	01:47	-00:05
个人生活必需时间	10:36	11:58	01:22
休闲时间	05:03	04:13	-00:50

注：增减为2016年数值减去1996年数值。下同。

日常周平均休闲时间虽有所减少，但是制度约束性休闲时间在增加。制度约束性休闲时间包括国民休假天数和带薪休假天数。国民休假天数随着国家假日制度的变迁得以增加。1949年新中国成立，《全国年节及纪念日放假办法》规定我国法定假日的基本格局：每年四个节假日，元旦1天、春节3天、"五一"1天、"十一"2天，全民法定假日共7天。与此同时，实行一周工作六天，星期天公休制度。国民休假天数一共59天。到了1994年，实行了45年的单休制度开始松动，国家开始试行"1+2"休假模式，即每逢大礼拜休息两天，而在小礼拜只休息一天，国民拥有82天休假天数。1995年我国开始实行双休制度后，国民拥有了111天的休假天数。1999年国务院修改假日制度，增加了三天法定假日，形成了"五一""十一"黄金周假期，国人的假期总天数增加到114天。到了2008年，"五一"黄金周被取消，中秋节、端午节和清明节被定为法定假日，全年假期天数增至115天。相比20年前，国民法定节假日天数增加了4天。

在带薪休假方面，2007年12月16日，我国正式公布了《职工带薪休假条例》，规定职工累计工作已满1年不满10年的，年休假5天；已满10年不满20年的，年休假10天；已满20年的，年休假15天。这标志着带薪休假制度在我国进入了一个新阶段。2013年《国民旅游休闲纲要（2013~2020)》提出到2020年，职工带薪休假制度基本得到落实。2015年人社部调查显示，我国带薪休假落实率达到50%。另外，根据调查结果，1996年北京市有业群体中拥有连休一周以上天数假期的比例为11.7%，2016年该比例增至74.6%。随着带薪休假的逐步落实，北京市居民拥有越来越多休假天数。

三 工作时间减少，但加班加点时间增加

2016年周平均每日工作时间为6小时2分钟，相比20年前，减少了27分钟。加班加点时间为16分钟，比1996年增加了1分钟。

（一）"工作日忙工作，节假日忙休闲"现象越来越明显

2016年周平均每日工作时间比1996周平均工作时间减少27分钟。其中，工作日平均工作时间减少19分钟，休息日减少48分钟。

表3 1996~2016年北京市居民工作时间差异

单位：小时：分

年份	工作日	休息日	周平均每日
2016	7：55	1：17	6：02
1996	8：14	2：05	6：29
增减	-0：19	-0：48	-0：27

虽然总体工作时间有所减少，加班加点时间却增加了1分钟。工作日平均加班加点时间增加了5分钟，休息日减少了8分钟。工作日加班加点时间在增加，而休息日加班加点时间在减少。

相比20年前，居民在工作日越来越忙加班，在休息日工作时间大幅减

少得以越来越忙休闲。即"工作日忙工作，节假日忙休闲"现象越来越明显。

表4 1996~2016年北京市居民加班加点时间差异

单位：小时：分

年份	工作日	休息日	周平均每日
2016	0:19	0:10	0:16
1996	0:14	0:18	0:15
增减	0:05	-0:08	0:01

（二）男女工作时间都有所减少，但男性工作日加班加点时间增加了7分钟

调查结果显示，男女工作时间都有所减少，但是与男性相比，女性减少更多。男性工作时间减少23分钟，女性减少30分钟。另外，1996年女性工作时间为6小时5分钟，比男性少50分钟；而2016年女性工作时间为5小时35分钟，比男性少57分钟（见表5）。男女工作时间差距的增加，说明了北京市女性参与社会劳动的时间减少。

另外，男性加班加点时间始终高于女性。2016年周平均男性加班加点时间为23分钟，女性为11分钟。男性居民与1996年相比，工作日加班加点时间增加了7分钟，而女性居民加班加点时间只增加了3分钟。休息日加班加点时间男性减少了9分钟，女性减少了7分钟。

表5 1996~2016年北京市居民男女工作时间差异

单位：小时：分

年份	男性	女性	男女差距
2016	6:32	5:35	0:57
1996	6:55	6:05	0:50
增减	-0:23	-0:30	—

注：男女差异值为男性工作时间减去女性工作时间，下同。

（三）学历越高，工作时间越长，且性别工时差距随学历提升而降低

根据表6，不管是1996年还是2016年，都呈现出学历越高工作时间越长的现象。相比20年前，高中及以下学历群体的工作时间都有所缩短，大学及以上学历群体的工作时间却在增加，增加了18分钟。

在所有教育水平层次上，男性工作时间均比女性要长，但工作时间的差距随着学历水平的提高而降低。具体来看，初中及以下学历的男女工作时间差距最大，为1小时27分钟。高中学历的男女工时间差距为1小时16分钟。差距最小的为大学及以上学历群体，仅为35分钟。究其原因，低学历群体大多从事农、林、牧、渔业或者其他体力劳动为主的工作，所以该群体的女性劳动时间显著低于男性，而高学历群体多从事脑力劳动或脑体结合的劳动，此时女性在体力方面的弱势会被削弱。伴随着女性人力资本水平的提高，女性的知识水平、专业技术水平或者管理能力足够可以和男性完成一样的工作任务，因此该群体的男女性的工作时间差距会缩小。

表6　1996~2016年北京市居民不同学历工作时间差异

单位：小时:分

年份	初中及以下	高中	大学及以上
2016	4:15	5:11	6:51
1996	5:23	6:20	6:33
增减	-1:08	-1:09	0:18

表7　1996~2016年北京市居民不同学历男女工作时间差异

单位：小时:分

学历	男性	女性	男女差距
初中及以下	5:05	3:38	1:27
高中	5:53	4:37	1:16
大学及以上	7:10	6:35	0:35

四 家务劳动时间减少了5分钟

2016年家务劳动时间为1小时47分钟,与1996年相比减少了5分钟。其中,工作日减少10分钟,休息日增加了4分钟。

(一)购买物品、做饭时间减少

家务劳动时间的减少主要来自购买物品、做饭、其他家务劳动时间的减少。其中购买物品时间减少了4分钟,做饭时间减少了5分钟,其他家务劳动时间减少了8分钟。这主要是家务劳动社会化所造成的。2016年限额以上批发零售业企业实现网上零售额2049亿元,相比2015年增长了20%,占社会消费品零售总额的比重达到18.6%[1],网络零售的迅猛发展为居民购买物品提供了便捷,再加上物流行业的快速发展,节约了居民购买物品的时间。另外,随着微波炉、电磁炉等各种家用电器的普及,大大提高了做饭的效率。餐饮外卖行业的迅速发展,也很大程度上减少了居民的做饭时间。

表8 1996~2016年北京市居民家务劳动时间差异

单位:小时:分

年份	工作日	休息日	周平均每日
2016	1:16	3:01	1:47
1996	1:26	2:57	1:52
增减	-0:10	0:04	-0:05

表9 1996~2016年北京市居民家务劳动时间的减少

单位:小时:分

年份	购买物品	做饭	其他家务劳动
2016	0:24	0:29	0:11
1996	0:28	0:34	0:19
增减	-0:04	-0:05	-0:08

---

[1] 《北京商报:2017北京商业风往哪儿吹》,http://www.bjcoc.gov.cn/spjx/testpmmt/201701/t20170124_72062.html,最后访问日期:2017年6月6日。

（二）男女家务劳动时间都有所减少，但女性依然负担着较重家务劳动

与20年前相比，男女家务劳动时间都有所减少，并且女性群体减少幅度更大。其中，女性减少17分钟，男性减少7分钟。女性家务劳动承担比重从63.4%下降到62.6%，下降了0.8个百分点，女性群体逐渐从家务劳动中解放出来。但不能忽视的是，女性群体依然负担着较重的家务劳动，承担比重依然在60%以上。这主要是因为男性在过度加班、疲惫的状态下再进行家务劳动，他从边际时间投入中获得的边际劳动成果会降低，加之长期以来女性从事家务劳动更多的传统使得女性在家务劳动方面的技能更加娴熟，比较优势明显，所以女性家务分担的比重增加。

表10　1996~2016年北京市居民男女家务劳动时间差异

单位：小时：分

年份	男性	女性	女性家务承担比重（%）
2016	01:18	02:10	62.6
1996	01:25	02:27	63.4
增减	-0:07	-0:17	—

注：女性家务承担比重为女性平均家务劳动时间比上全部平均家务劳动时间。

（三）学历越高，家务劳动时间越短，且高学历女性家务承担比重减少

由表11可见，不管是男性还是女性，学历越高，家务劳动时间越短，且男女家务劳动时间差异更小，初中及以下学历群体的男女差异为1小时25分钟，而大学及以上学历群体的男女差异仅为37分钟。此外，高学历女性家务承担比重低，比初中及以下学历群体要低4个百分点。由此说明，随着女性文化素质的提高，女性和男性发挥着同样的作用，因此在家务劳动分配上差异也在减少。但是，高学历女性的家务承担比重同样在60%以上。

高学历女性在职场上工作时间长,家务劳动任务也重,"主内主外"压力很大。

表 11　1996~2016 年北京市居民不同学历群体家务劳动时间差异

单位:小时:分,%

学历	男性	女性	男女差异	女性家务承担比重
初中及以下	01:39	03:04	-01:25	64.93
高中	01:31	02:34	-01:03	62.76
大学及以上	01:07	01:44	-0:37	60.73

五　个人生活必需时间大幅增加,增加了1小时17分钟

2016 年周平均每日个人生活必需时间为 11 小时 59 分钟,相比 1996 年明显增加了 1 小时 22 分钟。其中,睡眠时间增加最多,占总增量的 47.8%,其次是用餐时间,其增量是总增量的 35.3%。

(一)睡眠时间增加了40分钟,用餐时间增加了29分钟

2016 年周平均每日睡眠时间为 8 小时 58 分钟,比 1996 年增加 43 分钟。工作日与休息日的睡眠时间差异很大,将近 1 小时。

表 12　1996~2016 年北京市居民睡眠时间差异

单位:小时:分

年份	工作日	休息日	周平均每日
2016	8:38	9:36	8:58
1996	7:58	8:57	8:15
增减	0:40	0:39	0:43

除了睡眠时间明显增加外,用餐时间也有大幅上升,比 1996 年多了 29 分钟。其中,工作日用餐时间增加 27 分钟,休息日用餐时间增加 36 分钟。

表13　1996~2016年北京市居民用餐时间差异

单位：小时∶分

年份	工作日	休息日	周平均每日
2016	1∶51	2∶09	1∶56
1996	1∶24	1∶33	1∶27
增减	0∶27	0∶36	0∶29

睡眠时间、用餐时间的增加，一方面是生产效率的提高，使得工作时间缩短，增加了睡眠、用餐的时间。另一方面改革开放30多年，我国经济持续性的高速增长趋于放缓，生活节奏逐步减慢，加之居民生活观念的改变使得人们主动"放下"工作而回归生活的意愿愈加强烈，进而提高了睡眠、用餐时间增长的心理预期。

（二）有业者休息日和工作日个人生活必需时间差异要比无业者大

2016年无业群体周平均每日个人生活必需时间为12小时48分钟，比有业群体多64分钟。但有业者工作日和休息日个人生活必需时间差距为2小时，远远超过无业者，后者仅相差4分钟。这一差异主要体现在睡眠活动上，有业者休息日睡眠时间为9小时39分钟，超过工作日1小时15分钟，而无业者仅超过13分钟。由此说明，大多数有业群体的工作日睡眠时间不足，只有在休息日才能补充睡眠。

表14　1996~2016年北京市居民有业无业群体个人生活必需时间差异

单位：小时∶分

是否有业	休息日	工作日	差值
有业	13∶10	11∶10	1∶58
无业	12∶51	12∶47	0∶03

注：差值为休息日数值减去工作日数值。表15相同。

表 15　1996～2016 年北京市居民有业无业群体睡眠时间差异

单位：小时：分

是否有业	休息日	工作日	差值
有业	9：39	8：24	1：15
无业	9：17	9：30	-0：13

（三）女性个人生活必需时间始终高于男性

相比 20 年前，男女性个人生活必需时间都有所增加，且女性个人生活必需时间始终高于男性。具体的，1996 年女性个人生活必需时间为 10 小时 46 分钟，比男性多 22 分钟。2016 年女性个人生活必需时间为 12 小时 8 分钟，比男性多 21 分钟。在睡眠时间上，女性睡眠时间同样多于男性，从增加幅度来看，女性比男性多 1 分钟，女性增加 40 分钟，男性增加 39 分钟。

表 16　1996～2016 年北京市居民男女周平均个人生活必需时间差异

单位：小时：分

年份	女性	男性
2016	12：08	11：47
1996	10：46	10：24
增减	1：22	1：23

表 17　1996～2016 年北京市居民男女周平均睡眠时间差异

单位：小时：分

年份	女性	男性
2016	08：59	08：49
1996	08：19	08：10
增减	00：40	00：39

六　休闲活动呈现多元化趋势，全年休闲活动频次大幅增加

随着居民消费水平的提高和互联网的普及，休闲活动呈现多元化趋势，休闲活动频次和休闲消费支出大幅增加，休闲消费水平日趋提高。

（一）休闲方式日趋多元化，看电视依旧是主要休闲方式

2016年的调查问卷增加了使用电脑或手机上网（工作及学习除外）这一项活动。调查结果显示，超过半数的人一天使用手机上网时间多于2小时，使用电脑上网时间多于1小时。66.4%的人上网用于人际交往，50.4%的人用于阅读书报新闻，43.9%的人用于看影视作品，32.3%的人用于购物，22.0%的人用于游戏。人们的休闲方式呈现多元化趋势。

从表17主要休闲活动看，看电视、学习研究、体育锻炼、人际交往、教育子女时间有不同程度减少外，阅读报纸时间增加了6分钟，阅读书刊时间增加了5分钟，休息时间增加了7分钟，游园散步时间增加了8分钟。虽然看电视时间减少了27分钟，但是看电视依旧是主要的休闲方式，占用了将近1/3的休闲时间。

表18　1996~2016年北京市居民休闲方式差异

单位：小时：分

年份	阅读报纸	阅读书刊	看电视	休息	学习研究	体育锻炼	游园散步	人际交往	教育子女
2016	0:24	0:09	1:12	0:26	0:10	0:10	0:27	0:07	0:04
1996	0:18	0:14	1:39	0:19	0:42	0:11	0:19	0:17	0:06
增减	0:06	0:05	-0:27	0:07	-0:32	-0:01	0:08	-0:10	-0:02

（二）男女在休闲上更趋于平等

调查结果显示，男性的休闲时间要多于女性。1996年，男性平均每日休闲时间为5小时16分钟，女性为4小时51分钟。2016年男性年平均每日休闲时间为4小时23分钟，女性为4小时6分钟。

为了反映男女在休闲上的平等情况，引入休闲协同度指标。该指标是用休闲时间反映男女休闲活动的趋同性或差异性指标，它是以男性某项休闲活动时间为分母，女性该项休闲活动时间为分子计算的。100%为完全协同，即男女在该项活动上花费的时间是一样的；低于100%说明男性在该项休闲

活动上花费的时间多于女性；相反，超过100%说明在该项体活上女性花费的时间多于男性。

从表19的调查数据来看，2016年北京市居民平均的休闲协同度值为94%，1996年为92%。说明北京的男女共同参与休闲活动的程度有所提高。另外，2016年男性在电视、广播、报纸、杂志以及学习研究方面要多于女性；而女性在休息、游园散步、体育锻炼、教育子女方面的时间要多于男性。

从总体上看，北京市居民男女在休闲活动上，平等程度不断提高。

表19　1996~2016年北京市居民休闲活动协同性差异

单位：%

年份	平均	电视、广播、报纸、杂志	休息	学习研究	游园散步	体育锻炼	教育子女
2016	94	97	103	96	109	103	135
1996	92	96	199	94	89	199	125

（三）休闲活动频次增加了21.6天，休闲消费支出增加了3536.5元

休闲活动频次用一年当中有进行过休闲活动的天数来统计。2016年休闲活动频次比1996年增加21.6天。其中，公益活动增加最多，为11.7天；其次是兴趣娱乐活动和旅行游玩，分别增加9.6天和9.4天。

表20　1996~2016年北京市居民休闲活动频次

单位：天

休闲活动项目	2016	1996	增减
体育锻炼	38.4	38.0	0.4
兴趣娱乐活动	37.4	27.8	9.6
学习研究	62.1	71.6	-9.5
公益活动	27.5	15.8	11.7
旅行游玩	22.5	13.1	9.4

居民休闲消费能力日益提高。对于休闲活动总消费支出，2016年为15318.9元，比2011年增加了3536.5元。其中，旅行游玩的平均消费支出增加的最多，增加了2480.2元。

表21　1996～2016年北京市居民休闲活动消费支出

单位：元

休闲活动项目	2016	2011	增减
体育锻炼	1028.5	654.0	374.5
兴趣娱乐活动	2784.9	2494.7	290.2
学习研究	1471.1	1049.3	421.8
公益活动	265.9	296.1	-30.2
旅行游玩	9768.5	7288.3	2480.2
平均总消费	15318.9	11782.4	3536.5

综上分析，从1996年至2016年，随着劳动生产率的提高、科学技术的进步以及休假制度的变迁，北京市居民的生活时间结构发生了很大变化：劳动时间大幅缩短，个人生活必需时间大幅增加。虽然周平均休闲时间有所减少，但随着带薪休假制度的落实及国家假日制度的改革，居民全年拥有越来越多休假日数。"工作日忙工作，节假日忙休闲"的现象越来越显著。休闲活动频次的增多和休闲活动消费支出的增加，体现了居民休闲消费能力在不断提高。

参考文献

王琪延：《从时间分配看北京人20年生活的变迁——基于2006年北京生活时间分配调查的统计分析》，《北京社会科学》2007年第5期。

王琪延、张卫红：《城市居民的生活时间分配》，经济科学出版社，1999。

孟续铎、杨河清：《工作时间的演变模型及当代特征》，《经济与管理研究》2012年第33期。

宋子千、蒋艳：《城市居民休闲时间现状特征与制度安排》，《商业研究》2014年第6期。

# G.16
餐饮消费休闲化背景下的就餐环境需求

李真 卢慧娟 李享*

摘　要： 餐饮文化根植于中国人的骨髓。随着经济的不断发展，外出就餐不再仅仅是为了商务应酬活动，也成为人们平时休闲消遣的重要方式。对于外出就餐环境，不同的消费者有不同的要求和选择。通过访谈及问卷调查研究发现，在餐饮消费休闲化的背景下，消费者对就餐环境的需求主要应从如下几个方面来满足：餐厅与现代科技的结合，餐厅选址，餐厅洁净程度的维护，餐厅服务人员精神面貌的维护，餐饮功能的提升。

关键词： 消费需求　就餐环境　餐饮业

国家统计局的数据显示，2015年我国社会消费品零售总额超过了30万亿元，成为全球第二大消费国，消费对我国经济的贡献率超过了66%，成为拉动经济增长的第一大动力①，其中，餐饮是我国消费的第一大开销。2016年5月18日，中国饭店协会发布的《2016年中国餐饮业年度报告》显

---

* 李真、卢慧娟，北京联合大学旅游学院硕士研究生，研究方向为旅游经济与管理；李享，北京联合大学旅游学院教授，研究方向为休闲与旅游行为、旅游统计与计量。
① 《2015年消费对国民经济增长的贡献率达66.4%》，http://finance.ifeng.com/a/20160120/14179171_0.shtml，最后访问日期：2017年6月6日。

示，2015年，全国餐饮收入实现32310亿元，同比增长11.7%，餐饮业已经成为引领消费升级的十大行业之一[①]。

自2013年起，国家统计局开展了城乡一体化住户收支与生活状况调查，增加了居民人均可支配收入这项内容，其中2013年的居民人均可支配收入为18311元，2014年为20167元，2015年为21966元[②]。综上可知，我国居民逐步增强的经济实力，为外出就餐提供了必要的经济基础。通过近十年全国餐饮业餐费收入与城镇居民人均可支配收入相关数据，可以发现二者均呈增长态势（见图1、图2）。

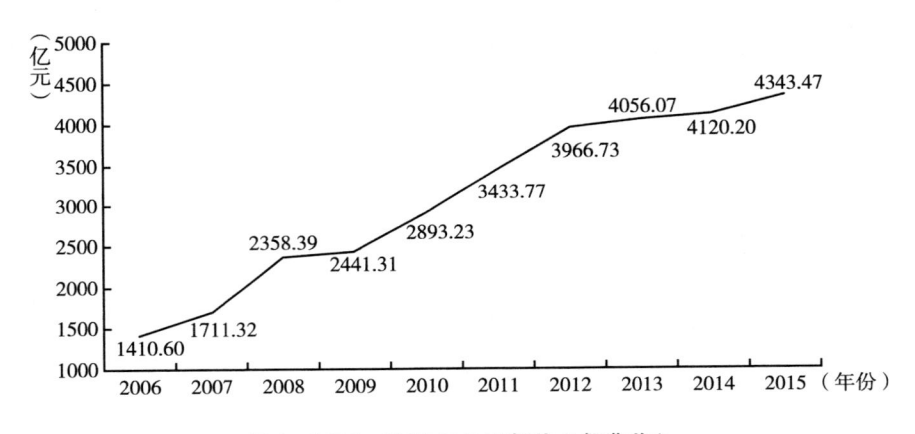

图1 2006~2015年全国餐饮业餐费收入

随着我国经济的发展人们对"吃"的要求越来越高，外出就餐不仅是为了应酬商务活动，也成为人们平时休闲消遣的重要方式。对于外出就餐环境，不同的消费者有不同的要求和选择。基于此，我们将休闲理论与就餐环境研究相结合，研究餐饮消费休闲化背景下消费者的就餐环境需求，一方面促使企业更加了解消费者的需求，并及时地做出反应，满足消费者的需求；另一方面帮助政府及时地了解市场，调整相应的政策。目前，少有学者基于

---

① 辽宁省饭店行业协会编《2016年中国餐饮业年度报告》，http://www.lnfdxh.com/shownews.asp?id=7207，最后访问日期：2017年6月6日。
② 中华人民共和国国家统计局编《国民经济和社会发展统计公报》，2013、2014、2015。

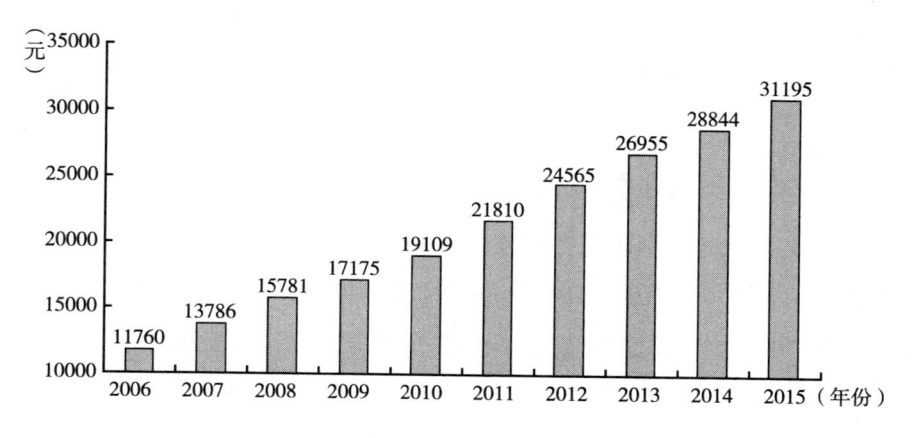

图 2　2006~2015 年全国城镇居民人均可支配收入

餐饮消费休闲化背景来研究消费者的就餐环境需求，且现阶段关于就餐环境的研究多是定性研究。因此，本报告通过访谈和问卷调查，探索餐饮消费休闲化背景下消费者的就餐环境需求，旨在弥补相关研究的不足，并为餐饮企业和政府部门提供相关的建议。

一　休闲与就餐环境

一般认为，休闲是个人闲暇时间的总称，也是人们对可以自己自由支配的时间的一种科学合理的安排和使用[1]。其中，闲暇时间包含四个部分，分别是每天的闲暇时间、每周两天的休息时间、公共假日、带薪假期[2]。然而，休闲与闲暇时间从意义上来讲是完全不同的。换句话来讲，每个人都会拥有闲暇时间，但并不是每一个人都有休闲。所谓闲暇时间，是一种时间的计算方式，而休闲则以闲暇时间为物质基础[3]。闲暇与休闲虽然是两个不同

---

[1] 岳培宇、楼嘉军：《国内休闲理论研究阶段、重点及评述》，《北京第二外国语学院学报》2005 年第 5 期。
[2] 张广瑞、宋瑞：《关于休闲的研究》，《社会科学家》2001 年第 5 期。
[3] 马惠娣：《人类文化思想史中的休闲——历史·文化·哲学的视角》，《自然辩证法研究》2003 年第 1 期。

的概念，但二者也并非毫无联系，它们相互依存，互为条件①。没有"闲"来做前提，又从哪里来的"休"呢？但这里的"闲"更指一种心态和心境。就休闲的分类来看，有以下几个角度的划分。一般意义上的休闲可分为休息、闲暇、有意休闲、追求休闲意蕴四个层次，但只有第四种才是真正的休闲，也就是休闲研究中最核心的部分②；就供给的渠道而言，休闲可以分为自给性休闲、社会供给性休闲和商业供给性休闲③。休闲还可划分为自我休闲和社会休闲，其中社会休闲还可进一步细分为福利休闲和付费休闲④。

"闲"是生产的根本目的之一，休闲时间的长短同人类文明的发展是同步的。从城市的休闲程度来看，休闲有两个非常重要的细节，一个是人们走路的速度，另一个则是人们吃饭的速度⑤。有休闲就有消费，有消费就有经济的活动。休闲不仅意味着休闲消费，而且意味着商业机会、经济效益，意味着休闲经济。休闲消费的重要组成部分之一便是餐饮消费⑥。《中国休闲发展年度报告（2011~2012）》认为："我国城乡居民的休闲活动可分为旅游、餐饮购物、文化娱乐、体育健身和其他休闲五大类"⑦。《中国休闲发展年度报告（2015~2016）》中进一步指出，城镇居民休闲活动中餐饮消费比重相对稳定⑧。可见，餐饮消费已成为我国居民休闲活动中不可缺少的重要组成部分。

古希腊哲学家亚里士多德曾说过："休闲是一切事物环绕的中心"，"只

---

① 于光远、马惠娣：《关于"闲暇"与"休闲"两个概念的对话录》，《自然辩证法研究》2006年第9期。
② 刘啸霆：《休闲问题的当代意境与学科建设》，《自然辩证法研究》2001年第5期。
③ 王宁：《略论休闲经济》，《中山大学学报》2000年第3期。
④ 王寿春：《城市休闲经济的规模与产业结构构建研究》，《财经论丛》2005年第3期。
⑤ 魏小安、李莹：《城市休闲与休闲城市》，《旅游学刊》2007第10期。
⑥ 刘邦凡：《休闲、休闲经济与城市经济》，《自然辩证法研究》2002年第2期。
⑦ 中国旅游研究院编《中国休闲年度发展报告（2011~2012）》，旅游教育出版社，2012，第29~36页。
⑧ 《中国休闲发展年度报告：时间短缺成制约休闲质量提升主因》，http://finance.chinanews.com/cj/2016/11-25/8074883.shtml，最后访问日期：2017年6月6日。

有休闲的人才是幸福的"。休闲业是为人的全面发展服务的,餐饮业是休闲产业的重要内容之一,就餐环境又是餐饮业不可忽视的重要组成部分。就餐环境在很大程度上影响就餐心理,也极易吸引消费者,并促使其进行消费[1]。有学者曾采用问卷调查的方法对就餐环境进行研究,结果表明,餐厅就餐环境对顾客情绪及行为意向存在着正相关性[2]。餐厅的内部空间设计是就餐环境不可或缺的重要部分。餐厅空间布局、照明设计、色彩设计、地面铺装、坐席设置、软装饰与植物配置等均属于餐饮空间设计的范畴。其中,色彩和灯光是营造餐厅气氛不可忽视的重要因素。不同的色彩和灯光对人的心理和行为有着不同的影响,合理应用光环境设计、色彩设计等可营造舒适的就餐环境,美化整体就餐空间,进而提高人们的餐饮品质并给人以愉悦的感受[3]。此外,就餐环境还会影响消费者对食物选择的偏好,包括他人的存在和声音、温度、气味等,这些都影响着消费者的食物选择以及食物摄入量[4]。

二 餐饮消费休闲化背景下的就餐环境需求调查

本次问卷调查分为现场拦截式和网络调查两种形式。调查时间是 2016 年 10~11 月。调查样本为来自全国 27 个省份的 616 份有效样本。其中,实地调查地点涉及商场、公园、景点和社区等。

---

[1] 吴汉龙、高恩信:《就餐环境与就餐心理》,《高校后勤研究》2011 年第 1 期。
[2] 孙华贞、汪京强:《就餐环境对顾客感知的等候时间及行为意向影响》,《乐山师范学院学报》2012 年第 3 期。
[3] 黄莉娅:《餐饮空间中光环境设计的应用》,《大舞台》2013 年第 8 期;周艳:《火锅店设计中色彩的运用》,《赤峰学院学报》2015 年第 7 期。
[4] J. Desa, A. Winter, K. W. Young, C. E. Greenwood, "Changes in type of food service and dining room environment preferentially benefit institutionalized seniors with low body mass indexes", *Journal of the American Dietetic Association* (5) 2007: 8-14.

表1 样本分布

单位：份

省份	安徽	上海	福建	甘肃	广东	广西	贵州
样本量	12	29	7	1	23	4	2
省份	河北	河南	黑龙江	湖北	湖南	吉林	江苏
样本量	21	53	2	11	8	4	10
省份	江西	辽宁	宁夏	山东	山西	陕西	北京
样本量	4	15	1	14	5	11	331
省份	四川	天津	新疆	云南	浙江	重庆	合计
样本量	8	7	1	4	19	9	616

本次问卷调查中，男性占43.5%，女性占56.5%。样本年龄集中于18～45岁，18岁及以下占1.1%；18～25岁区间的人数最多，占比为40.6%；26～35岁，占比为31.7%；36～45岁，占比为16.1%；46～60岁，占比为8.3%；60岁及以上仅占2.3%。样本职业以公司职员占比最大，为30.4%；其次为学生、企业管理人员和专业技术人员，占比分别为19.8%、16.2%、11.4%，四者占比合计达70%以上，其他职业分布人数较少。样本人均月收入集中于7000元以下，其中，月收入在3000元以下占比最大，为33.9%；3000～5000元的人群占25.2%；5001～7000元的占21.3%，三者累计占80.4%；另外，有12.3%的受访者月收入超过7000元；有7.3%的受访者月收入在10000元以上。

调查内容主要涉及餐厅的选址、外观、交通便利程度、营业时间、餐厅内部设计、干净程度、服务员服装及态度、上菜速度、额外服务等方面。

三 餐饮消费休闲化背景下的就餐环境需求分析

（一）餐饮消费休闲化背景下的就餐环境需求特征

1. 外出就餐的时间选择

选择周末外出就餐的受访者占总样本量的72.1%；选择工作日外出就

餐者占11.5%；选择假期外出就餐者占12.3%；选择其他时间外出就餐者，占总样本量的4.1%。可见，消费者更加倾向于在周末外出就餐。

2. 外出就餐的频率

在外出就餐的频率（次/月）方面，1次及以下的人占9.7%；2~5次占总样本量的62%，其中每月外出就餐4次的人最多，占17.2%；6~10次的人占19.4%，其中每月外出就餐10次的人最多，占6.5%；10次以上的人占8.9%，其中每月外出就餐20次的人最多，占2.9%。因此，多数消费者更加倾向于每月就餐2~5次，注重的是外出就餐的质量而非数量。

3. 外出就餐同伴的选择

调查表明，受访者在选择外出就餐时，大多数会选择偕伴出行，其中与亲朋好友一同外出就餐者，占比为76.5%；与家人一同外出就餐者，占比为58%；选择与同事一起外出就餐者，占总样本量的31.8%；选择其他的受访者，占比为2.8%；另外，选择独自一人外出就餐者，占总样本量的13.6%。由上可知，消费者更加喜欢与他人一同外出就餐而非单独就餐，且在就餐同伴选择上更倾向于与自己关系密切的亲朋好友。

4. 外出就餐的平均花费

数据显示，在外出就餐的平均花费（元/次）方面，花费50元以下的受访者占比为45.1%；花费51~100元（包括100元）的受访者占比为39.8%；花费100元以上的合计占比15.1%，其中花费150元的占比为3.7%，花费200元的占比3.6%。根据前面的统计分析，外出就餐者的月收入集中于3000元以下，属于中低收入水平，且他们的年龄多集中于18~25岁，职业以公司职员和学生为主。因此，对于这类群体而言，外出就餐的性价比一定是首要考虑因素。同时，外出就餐花费100元以下者合计占比为84.9%，进一步印证了这一分析。

（二）餐饮消费休闲化背景下的就餐环境需求影响因素分析

1. 餐厅基础设施等四大因素影响消费者就餐地选择

通过数理统计分析可以得出影响消费者外出就餐地选择的四大因素，分别是餐厅基础设施、餐厅内部氛围、餐厅舒适效果和餐厅增值服务。

首先是餐厅的基础设施因素，包括餐具整洁度、厕所洁净度、就餐大厅整洁度、包间隔音效果、WiFi、室内灯光明暗度、等餐位、营业时间、桌椅位置摆放、交通便利程度、上菜速度、会员打折和积分制度、服务员穿着及态度等内容，主要为消费者对外出就餐地的基础硬件设施以及相应餐厅服务的要求。

其次是餐厅内部氛围因素，包括店内活动（表演等）、背景音乐、室内色彩、游乐设施、额外服务（美甲、手机贴膜、擦鞋等）、雨雪天提供伞套等，主要为餐厅为营造舒适的就餐氛围而提供的服务等。

再次是餐厅舒适效果因素，包括餐厅外观、室内温度等，主要影响消费者对餐厅的舒适程度感知。

最后是餐厅增值服务因素，包括停车位数量、衣物除味设备、餐厅选址等，主要是餐厅为促使消费者前来就餐而提供的增值服务。

其中，餐厅基础设施因素中的全部或大部分内容是餐厅必须满足的，这是消费者对餐厅最基本的要求，例如餐厅应保持餐具的整洁等。餐厅内部氛围和餐厅舒适效果两项虽然不是消费者对餐厅的硬性要求，但餐厅若能在餐厅基础设施的基础之上适当辅助，则可为消费者营造更加舒适的就餐环境，进而更易获得消费者的青睐。餐厅增值服务理论上不属于餐厅的基本功能，但餐厅可凭此吸引有相关需求的消费者，如自驾车前来消费的顾客更加倾向于到提供停车位的餐厅就餐。

2. 提供 WiFi 的餐厅可减少顾客流失

"等餐位"和"WiFi"的相关系数为 0.438，表明两者之间呈正相关的实相关关系。即若餐厅提供 WiFi，则会使等餐的人更多、等待时间更长，进而减少顾客流失。通过分析，主要可从以下两个方面来解释二者关系。从顾客的需求角度来讲，等餐时间对顾客而言是一种损失，倘若餐厅提供 WiFi，则顾客可以在等餐期间处理自己生活或工作上的事情，甚至还可以通过观看自己喜爱的视频、浏览自己关注的新闻等来愉悦自己，把这段时间利用起来。从心理学角度来讲，人的等待时间是有生理忍耐极限的，以等红灯为例，超过90秒，信号灯对行人的作用则趋于零①；当等待时间超过3分钟，顾客的心理等待时间与实际等待时间就会出现偏差。如果顾客等了5分钟，那他会感觉自己好像已经等了十几分钟。然而，通过转移顾客的注意力，让顾客在等待时做些其他娱乐的事情，可以减少人们的心理等待时间，从而减少顾客流失，提高顾客满意度。

3. 餐厅合理的选址可增加客流量

首先，餐厅选址处于繁华地段还是萧条地段直接决定着客流量的多少；其次，"餐厅选址"和"餐厅周边交通状况"的相关系数为0.453，表明两者之间呈正相关的实相关关系，即餐厅周边交通状况越好，消费者越易抵达，餐厅选址就越好，客流量也就越多。从顾客的需求角度来讲，他们的休闲时间是有限的，在交通上消耗的时间越少，则意味着用在休闲享受上的时间越多。因此餐厅在选址方面，要注重考虑周边交通的便利程度，使得消费者易于抵达。

4. 人性化厕所让餐厅聚客效果加倍

对于餐厅厕所而言，干净卫生为最基本的要求。此外，餐厅厕所设计应充分考虑顾客的诉求，软、硬件配备要在满足顾客的生理需求的基础上进行更深层次创新。例如，女性顾客往往需要在厕所里补妆、换衣服等，对厕所的要求并不只是干净卫生那么简单，如若不能充分了解和满足顾客对厕所的需求，无论怎样提高菜品质量，都不会达到最终期待的聚客效果。在餐厅厕所人性化设计方面，日本有许多地方值得我们借鉴，例如坐板盖预热功能，寒冬时避免让人承受1~2秒的冷刺激；喷水冲洗臀部功能；卫生纸配两卷，避免如厕时没纸的尴尬；安置遮掩小便声音的音乐除声装置；等等。

5. 餐厅服务质量的提升让顾客好感升华

"服务员穿着、态度"与"餐具整洁度"的相关系数为0.713，表明两者之间呈正相关的显著相关关系。二者在此次调查中相关度最高，可见，顾

---

① 《行人等红灯忍耐限度90秒，国人等灯极限仅为15秒》，http://news.hsw.cn/system/2012/10/26/051519264.shtml，最后访问日期：2017年6月6日。

客不仅注重餐厅的餐具整洁度等硬性标准，也十分注重服务态度等软实力。硬实力对餐饮业的重要性不言而喻，但在信息时代，软实力的重要程度愈加凸显。服务水平高低是顾客在就餐过程中最能直接感受到的，因此，餐厅可从服务细节入手来提升服务质量。例如，主动与顾客沟通、重视客人离店的感受、主动了解顾客的用餐感受、尽量保持安静的就餐环境以保持顾客愉快就餐情绪等。

四 研究结论

（一）餐厅与现代科技的结合

在"您对餐厅配备WiFi的看重程度"的评价中，有29.7%的受访者表示很看重，24.4%的受访者表示比较看重。同时，在"等餐位"与"WiFi"的相关分析中，两者之间呈正相关的实相关关系。由此可见，WiFi的配备对餐厅是否受欢迎有很大程度的影响。此外在访谈中，还涉及餐厅是否支持非现金支付（支付宝支付、微信支付、百度钱包支付、银联卡支付、ApplePay），是否有团购活动等。因此，餐厅与现代科技结合的密切程度是影响消费者前来消费的一大因素。

（二）餐厅选址

"一步差三市"是古人对餐厅选址重要性的经验总结，意思是开店的地址差一步就有可能差三成买卖，由此可见餐厅选址对餐厅经营的重要性。在本次调查中，对于"您对餐厅选址的看重程度"这个问题，有15.1%的受访者表示很看重；32.8%的受访者表示比较看重；29.5%的受访者表示一般；16.1%的受访则表示不太看重；表示非常不看重的受访者只有6.5%。此外，在"餐厅选址"和"餐厅周边交通状况"的相关分析中，二者呈正相关的实相关关系，因此，在注重餐厅选址的同时，应考虑餐厅周边交通状况，使消费者更易抵达。

（三）餐厅洁净程度的维护

数据表明，在"餐具整洁度""厕所洁净程度""就餐大厅整洁度"方面，表示"很看重"和"比较看重"累计百分比分别为58.4%、57.5%、58.9%。此外，在相关分析中，三者两两之间呈正相关的显著相关关系。可见，消费者关注的是全面整洁，餐厅应搞好全方位的卫生而非仅仅是餐具的洁净。这里的"全方位"不仅包含以上三个方面，还包含桌面的整洁、墙壁的整洁、吧台的整洁甚至餐厅气味的清新等诸多方面。现在的人们对气味也是非常敏感的，自然不会希望自己用完餐后满身饭味，所以餐厅可通过增加除味设施来减少甚至消除衣物的味道残留。另外，在雾霾盛行的今天，餐厅还可通过在室内安装空气净化器来达到清新空气的效果。

（四）餐厅服务人员精神面貌的维护

在对"服务员穿着、态度"一项评价中，有超过半数的受访者表示看重，其中，27.6%受访者对此表示很看重，23.2%的受访者表示比较看重。可见，服务员穿着、态度的优劣也是影响消费者前来消费的重要因素。在如今的社会经济发展水平下，餐厅拥有较好的硬件设施并非难事，然而不是所有餐厅都能提供与之相对应的优质服务。相反，有些餐厅虽然由于资金等的限制不能够提供较好的硬件设施，其优质的服务却为其吸引不少顾客，生意反而蒸蒸日上。著名直营餐饮品牌火锅店海底捞便是以优质的服务取胜。海底捞店内提供的菜品与其他火锅店相差无几，然而店内服务员热情的态度以及在顾客等位时所提供的各类贴心的免费服务为其带来了源源不断的顾客。

（五）餐饮功能的提升

从此次调查中，可以发现消费者外出就餐不仅仅只为吃饭，而是在吃饭的基础之上追求更多的附加成分，如会注意到餐厅环境中的温度、色彩、室内灯光、桌椅摆放等。这表明，餐饮消费开始由功能性消费向精神性消费转变，即消费者外出就餐由仅为吃饭等向注重精神文化享受转变。以餐厅环境温度为例，一方面，餐厅环境温度的适宜与否直接影响着人们舒适度的感知；另一方面，餐厅环境温度对菜品温度也有很大影响，而菜品温度进一步影响着菜品的质量，进而又会影响顾客的就餐心理。此外，国内外博物馆餐厅等的兴起更加印证了当下消费者就餐环境需求的转变。

五 对策与建议

（一）政府层面

1. 稳抓消费者需求，促进扩大消费需求

扩大消费需求是我国经济持续稳定发展的基本立足点和加快转变经济发展方式的重要内容，而消费者外出就餐便是扩大消费需求的一大有力抓手。所以政府应调整收入分配制度，提高居民的可支配收入；改善消费预期，使消费者更加大胆地消费；规范市场秩序，营造良好的消费环境。

2. 结合消费者需求，推动供给侧改革

当前中国推进供给侧结构性改革的主要含义，是从"需求管理"到"供给管理"的重大调整[①]，而经济发展的内在逻辑与基本结构是消费需求拉动投资需求，需求拉动供给，供给推动消费，消费推动需求。为推动供给侧改革，政府应坚持完善社会主义市场经济体制，释放改革红利，推进餐饮业加快转型升级。

（二）企业层面

1. 紧跟网络时代，完善餐厅科技配备

据中国互联网络信息中心近日发布的第38次《中国互联网络发展状况

---

① 《中共十八届五中全会在京举行，习近平作重要讲话》，http://www.china.com.cn/cppcc/2015-10/30/content_36932828.html，最后访问日期：2017年6月6日。

统计报告》显示，截至2016年6月，中国网民规模达7.10亿，互联网普及率达到51.7%，我国居民上网人数已过半[①]。在网络时代，餐饮业要紧跟网络时代潮流，尽量为顾客提供更加便捷的消费方式。因此，除了要注重线上网络宣传外，还要注重餐厅的科技配备，如POS机、电子支付、参与网络团购活动、提供WiFi等。

2. 注重餐厅选址，占据地理优势

餐厅所处的地理位置在很大程度上影响着餐厅的客流量、顾客的购买力、对潜在顾客的吸引力和餐厅竞争力等。餐厅在选址时应注重考虑消费者抵达的便利性程度。选址合理的餐厅占据了地理优势，更能够吸引消费者，进而提高企业收益。

3. 重视餐厅卫生，提高服务水平

消费者外出就餐除了考虑以上两个因素外，更加看重的是餐厅的洁净程度，包括餐具、厕所、就餐大厅甚至空气等的洁净程度。另外，企业不但应该提升标准化服务，还应该开发个性化服务，通过优秀的服务留住老顾客，吸引新顾客。这符合现代社会经济发展的要求，可以帮助企业提升竞争力。

4. 紧抓消费者心理，提高餐饮业休闲性与体验性

网购时代，很多其他类型的实体店面临倒闭，而餐饮业却异军突起、逆势而上，其中最重要的原因是餐饮具有休闲性与体验性。企业应更加关注餐厅的温度、色彩、室内灯光、桌椅摆放等环境以充分满足消费者的休闲需求。此外，现阶段市场上存在的餐饮形式休闲性较多，而体验性较少，企业可根据自身定位和企业文化推出具有自身特色的餐饮形式，来增加体验性。

5. 完善增值服务，提高企业效益

餐厅经营者需要以多种手段，分析和满足当代消费者的需求，以吸引更多的顾客，获取更大的利润，而增值服务是其中较为简单有效的手段之一。例如，餐厅可为有需要的顾客提供停车位和除味设备等；在顾客等餐时可效

---

① 中国互联网络信息中心：第38次《中国互联网络发展状况统计报告》，http://www.cnnic.net.cn/hlwfzyj/hlwxzbg/，最后访问日期：2017年6月6日。

仿海底捞为顾客提供一些免费服务，如在等位区设置儿童乐园、美甲中心和擦鞋服务区等，其间可以发小吃、水果和饮料，方便顾客在座位上边吃边聊，这样就不那么容易使顾客因为等餐时间太久而产生焦躁心理进而影响其就餐心情。在餐饮业所能提供的菜肴水平、硬件设施等越来越趋同的今天，企业所能提供的产品其实相差无几，而消费者越来越追求的是消费过程中的心理满足，这时候通过提供贴心的增值服务更能帮助企业获得消费者的青睐。

参考文献

吴汉龙、高恩信：《就餐环境与就餐心理》，《高校后勤研究》2011年第1期。

孙华贞、汪京强：《就餐环境对顾客感知的等候时间及行为意向影响》，《乐山师范学院学报》2012年第3期。

黄莉娅：《餐饮空间中光环境设计的应用》，《大舞台》2013年第8期。

周艳：《火锅店设计中色彩的运用》，《赤峰学院学报》2015年第7期。

《行人等红灯忍耐限度90秒，国人等灯极限仅为15秒》，http：//news.hsw.cn/system/2012/10/26/051519264.shtml，最后访问日期：2017年6月6日。

海外借鉴篇

International Experience and Lessons

G.17 中国城市化进程中的休闲前景：和美国模式有关吗？

Geoffrey Godbey 著 蒋 艳 译*

摘 要： 中国的快速城市化，导致人口密度增加、女性拥有更多休闲机会、大量年轻人涌入城市、城市老龄化等，这些对休闲影响巨大。政府需要推出更多休闲政策，休闲服务组织也在其中发挥积极作用。建议中国政府继续为推动城市休闲发展出台政策法规。

关键词： 城市化 休闲政策 休闲服务组织

---

* Geoffrey Godbey（杰弗瑞·戈比），博士，美国宾夕法尼亚州立大学荣誉退休教授，美国总统前休闲顾问，美国休闲科学研究院创始人兼前院长，美国公园和游憩教育者学会前会长，研究方向为休闲基础理论与相关政策；蒋艳，管理学博士，浙江外国语学院国际商学院旅游系副教授，中国社会科学院旅游研究中心特约研究员，研究方向为城市休闲与旅游体验。本报告由本书副主编、中国社会科学院旅游研究中心教育培训部部长李为人博士审校。

中国正处于快速变化时期。日益加深的人口老龄化、蓬勃发展的消费型社会、机器人更广泛的应用等因素正在改变着经济格局。空气、土壤和水污染问题愈益加剧并引起关注，女性的角色正在发生变化，高新科技正在重塑经济，独生子女政策已然结束。高校越来越多，中国年轻人的行为和人生观更加与世界接轨。中国城市化的推进速度惊人，在未来不到十年时间里，可能会有70%的中国人居住在城市里。

所有这些复杂的形势意味着休闲对中国人来说越来越重要。生活中除了工作和家庭，还有更多内容，这样的意识日趋普遍。当然，老年人有时仍对休闲持消极态度。休闲正在成为健康的一个关键性变量。

如今，更多的假期、更短的工作时间和不断增长的收入，意味着更多中国人有休闲空间。然而，有休闲空间不仅是指生活中有空间，还必须是在这样的空间里，可以找到快乐、宁静和意义，可以有机会丰富生活，或者就是简单地什么也不做。要拥有这样的休闲空间，需要推出更多休闲政策，并将这些政策落实到中国的城市里。

随着中国快速地城市化，自然和人文休闲环境越来越难以获得。中国正处于转型期，从农村到城市，从传统到现代，从相对孤立到更加开放，从局限于工作和家庭的生活到通过休闲来自由追求个人的兴趣、梦想和愿望。由于这些变化在很短的时间内发生，所以休闲空间的设计要适应这些变化。其中涉及将曾经为帝王之家保留的空间改造为大量中国民众也可进入的新的空间。这样的转变将是一个奇迹。

1978年邓小平提出四个现代化的设想：农业现代化、工业现代化、科技现代化和国防现代化。实际上，也需要有第五个现代化——休闲现代化。中国快速发展的行业都是高科技行业，需要受过高等教育的人才来做大部分工作。这些行业包括节能环保、新一代信息技术、生物技术、高端设备、新能源、新材料和新能源汽，预计到2020年，这些行业在经济中的占比将迅速从4%增长至15%。随着产业性质向高科技和专业化转变，休闲也将发生快速变化。

一 城市化对休闲的影响

随着城市化的快速发展，休闲也会发生变化。以往的闲暇时间，人们大多用于流行娱乐、大众传媒和阅读；现在，社交媒体成为大多数城市居民生活的重要内容。在家和学校的休闲活动越来越少，更多的休闲活动发生在专业剧院、博物馆、咖啡馆、茶室、公园、特殊运动区和其他专门的休闲场所。

当人们接触到更多选择甚至超多选择时，他们的休闲兴趣就会倍增，休闲活动变得更加专业化。城市中的人们更多地享受休闲，政府、商业部门和私人非营利部门等组织在提供休闲机会方面将发挥越来越重要的作用。休闲可能成为地位的象征以及识别个体的方式，而不是工作。时尚的休闲形式快速出现，有些转瞬即逝。

休闲机会从只在特殊假期或偶尔的节庆日才有，发展到每天都有。现代城市生活的特点是每天都有闲暇时间可以自由支配，如看电视、从事爱好、走城市游步道或演奏乐器。这些"核心"活动变得和在特殊节庆期间从事的传统"平衡"活动一样重要[①]。

（一）日益提高的城市化与人口密度

历史上第一次出现超过一半的世界人口生活在城市地区。联合国的数据显示，到2030年，城市化将覆盖60%的世界人口。城市化水平的提高，社会阶层、收入和种族差异不仅会一如既往地影响人们选择休闲行为，这些差异本身还会随着城市居民和游客之间文化差异的增大而放大。

首先，人口密度越高，各种疾病的发病率越高，福利参与面更大。显著的环境恶化，比如严重的空气污染，和工业、交通基础设施的增加有关。随着城市人口密度日益增大，人们的工作更加多样化，每天例行的生活也更加丰富。大多数大众运输模式应该因人而异，比如人们去工作、去购物、去海

[①] 有观点认为，传统节日中的大量活动是人们为了平衡辛勤的劳动发展出来的休闲活动。

滩，他们的需要是分散的。越来越多人的工作地点是"去中心化"的，城市交通的高峰期可能发生在白天和晚上的大部分时间里。

其次，未来将会有更多车载技术和软件来"指引"汽车行驶。车载技术是通过语音指令实时指导司机行驶，软件则非实时提供方向。无人驾驶已经成为现实，正在从根本上改变着交通。这些车辆在人口密集的城区将发挥更大作用，但同时也可能让数以百万计的职业卡车司机和出租车司机的生意无以为继。

再次，那些管理休闲和旅游服务的人会做更多的工作，来"引导"游客到访。这种管理变得定制化，然而这种定制化的管理对潜在的游客越来越有价值，因为无论是汽车、摩托车、自行车还是其他交通工具，随着交通流量的增加，保障交通的平安和顺畅会变得更加复杂。人群拥挤、交通拥堵等问题可能会让定制服务变得越来越重要，但是人口密度增加和人口老龄化所带来的负面影响会被放大，比如会妨碍不熟悉互联网的老年人使用这些服务，或是增加了他们的难度。

最后，世界主要城市的人口急剧增长所带来的污染威胁着城市以外的自然休闲区。对城市居民来说，这些可进入性较好的地区必须好好保护。

总之，世界人口变得更加密集化和城市化，包括休闲在内的大多数大众活动必须通过适当规划避免由此产生的问题。

（二）城市化对女性和休闲的影响

在世界上大部分国家，女性的角色和机会都在发生变革。这种变革很大程度上与城市化有关，城市化带来了更好的正规教育、更多的外出旅游机会和更低的出生率。中国社会女性的进步是中国获得当今经济实力的影响因素之一。2013年，中国中高级管理职位中妇女的比例达51%，领先世界。世界上最富有的女富豪有一半生活在中国。

上述变化正在慢慢引起休闲、体育、旅游、娱乐和大众文化等方面的变化。城市化正在改变不同性别的休闲机会，在制定城市休闲政策的时候必须意识到，城市女性应该有更多的休闲机会。

（三）青年人口变化

和中国类似，18~30 岁之间的美国年轻人正在涌入城市。在美国，这种变迁并非出于政府鼓励，而是反映了生活方式和经济的变化。大批年轻的、受过大学教育的成年人回到中心城市。在城区居住的话，拥有汽车的可能性很小，假如你居住在许多美国城市，高昂的房租和停车费意味着拥有汽车很奢侈。

在城市里，汽车也变得不那么需要了。像在凤凰城、盐湖城和休斯敦这些城市，扩张的轻轨，覆盖范围更广的（更新的）跨区校车接送，以及大规模的单车共享计划，如华盛顿特区的"首都单车"（Capital Bikeshare）、纽约的"城市单车"（Citibike），明尼阿波利斯的"舒适骑行"（Nice Ride），都为城市居民出行提供了更大的便利性。

这些变化通过许多方式重塑休闲。城市街道被认为是汽车行驶的通道，而不是休闲场所。旅游和休闲场所更依赖于公共交通、优步（Uber）或单车共享方案。

随着美国城市人口的增长，拥有和驾驶汽车的年轻人比例正在迅速下降，《纽约时报》称之为"汽车文化的终结"。18 岁以下持有驾驶执照的年轻人比例从 1983 年的 80% 下降到了 2010 年的 61%，每人驾驶的里程数也较历史峰值下降了 9%。一方面是经济原因，比如工资没有增加并且存在失业状况；另一方面是因为诸如捷普车（Zipcar）、优步（Uber）、李夫特（Lyft）和卡图构（Car2Go）等公司的创建，使得没有车也可以旅行。网上购物也有助于强化这一趋势，因为可以送货上门，而不需要消费者跑去购买产品。

虽然美国人对城市有着极大的不信任，但如今对城区有了新的态度。更多时候，人们不想逃离城市，而是沉浸其中。"中央公园注定是一个逃避之所"，以往，美国大多数大型城市公园的设计者都把理想中的公园看作是一个被简单运送到城市的乡村草地。现在，情况已经发生变化，通过作为城区组成部分的公园和其他绿地空间，自然已越来越成为城市的一部分。

（四）城市老龄化与移民

和中国一样，美国人口老龄化日益明显。在美国，尽管年轻人比老年人更容易移居到城区，但城市人口正在逐渐老龄化。13%以上的居民超过65岁。尽管一些城市老年人口的增加是由于年轻人移民到了佛罗里达等州的城市或者其他气候温暖的地方，但大部分增长还是因为城市居民的老龄化。美国的老年人比年轻人拥有更加可观的资产，同时，他们的休闲偏好对于休闲服务业的比例分配有着巨大影响。城市老年人占出国旅游者的比例特别高，在利用博物馆、高档餐厅、高尔夫俱乐部和其他一些高档休闲场所方面，也多于其他人。

许多年龄在65岁以上的中国城市居民多在传统文化氛围中成长，并期冀在此终老一生，而居住在美国的城市老年人却更倾向于拒绝"变老"并寻求多样的休闲机会。他们会去染发、整容、去健身房、去享受旅行带来的快乐，或是继续做运动和玩乐器，不然就是积极参与到各种休闲活动之中，他们通常不以老自居。"老年人"这个词甚至开始消失。

二 城市休闲政策

休闲在城市当中越来越重要，越来越个性化。如上所述，当人们从乡村搬至城市，会更加依赖休闲活动。相应地，人们需要组织机构的安排与帮助，将闲暇的时间用来做运动、参观博物馆抑或只是在自然环境中坐在长椅上发呆。因而，为了保障城市居民的休闲活动，必须制定政策法规。中国政府部门颁布的法规开始显现对休闲产业的重视。2011年是"十二五"规划实施的第一个年头，其中，提升居民生活质量成为国家发展战略的主要目标。中国国家旅游局在此过程中发挥了重要作用。

大量资金投入到了文化、旅游及运动领域，然而，比起"核心"休闲，"均衡"休闲将受到更多关注。中国人在日常生活中面临有限的休闲机会，未来的改革将更多关注"核心"休闲活动，提高居民的生活质量。

在美国，休闲的立法和政策已相当完备，例如《水土保护法令》旨在向各州及城市提供联邦政府基金，用于规划、获取和开发户外娱乐的土地和水资源。此项法律促成建立了新的公园、运动场、户外泳池、竞走及自行车道、自然中心、植物园和一些城市正在开发的旅游区。新建的公园和户外区域使城市对游客及移居的技术型人才更具吸引力，也为居住在此的民众增添了荣誉感。

自1960年起，美国的国家森林土地管理遵从《多种用途及持续开采法》，此法规用于户外娱乐、山脉、木材、野生动物及鱼类资源等领域。目前，居住在公共森林附近的城市居民拥有更多的机会来使用这些土地进行休闲娱乐，当然这些土地和水资源也同时用于其他目的。

生效于1978年的《城市公园与娱乐修复法》为城市提供了三种类型的基金：（1）修复基金，用于居民家门口现存的娱乐设施的翻新或重新设计；（2）创新基金，通常资金量较少，旨在支持特别活动、增添娱乐项目，或是提高当地政府经营现有项目的工作效率；（3）规划基金，用于开展复原活动的规划。

《城市公园和娱乐修复》项目中涉及的娱乐设施种类包括：游乐场、社区公园、网球场、篮球场、娱乐中心、游泳池、徒步/骑行/锻炼道路、野餐区等。同时，联邦政府也支持许多城市在20世纪六七十年代开始建设的"便携式娱乐"项目和设施，其中有一些至今仍在使用。总的来说，这种理念就是将休闲娱乐机会带到城市高密度人口居住区而不是让人们去寻求机会。例如，为了让孩子们能在水中玩打水仗，可以定期把可移动浅水池拿到高密度人口居住区；歌舞老师可以上门去教交谊舞；羽毛球或是一些小规模的运动在人们的生活区也成为可能。

多个城市为房产开发商做出规定，他们建造的公寓和房屋要为未来居民提供足够的休闲机会。此项规定可能包含留出户外空间、建立小型公园或游乐场、提供绿化区域或是其他提升休闲措施。此类法规因城市而异。例如，可能规定要求植树，但却没有规定这些树木五年内的存活率或替换率必须达到多少。房产开发商不仅要义务捐赠游泳池、运动场、小型公园或是花园等休闲娱乐设施，还要依法办事。

在中国，因为高密度的城市人口和高昂的地价，这种立法可能需要加以调整。比如可以要求开发商建造屋顶花园，也可以要求开发商设置用于住户聚会、上课和其他用途的公寓房间或者社区中心，还可以制定激励机制来鼓励开发商，让公寓楼里也可以为人们提供休闲机会，如可移动的游泳池和喷水装置、室外羽毛球或为孩子们表演的木偶戏等等。

三 休闲服务组织发挥主动性的机会

城市的休闲服务组织拥有众多角色，我们可以通过其资金来源和组织管理来辨别一二。它们通常分为商业性休闲组织、私有非营利性休闲组织以及政府休闲服务组织。尽管独立存在，但这三种类型的组织通常合作经营，并且在许多方面相互依赖，三者在涉及休闲服务方面的职责范围从未明晰过。比如关于健身中心是该由政府所属的盈利公司来运营，还是由私有的非营利性组织来运营。通常，这三种类型的机构都可以提供同一种服务，只是形式不同而已。

（一）商业性休闲组织

很难想象商业性休闲组织的规模及其对休闲行为的影响。迄今为止，商业性休闲服务是最为普遍的，美国人大部分休闲时间都花在商业休闲服务上。在某种程度上，电视及其他大众传媒和社会媒介、旅游业、主题公园、职业及商业运动设备、酒吧、商业旅游区和许多商业公司占据了我们大部分的休闲供给。这些商业服务对我们的日常生活产生了巨大影响。美国的商业休闲资源已被开发到了极致，比如去迪士尼乐园游玩的游客比去英国旅游的人数还多。

提供商业性休闲服务的企业通常面临较高的风险，因为很难确定人们把时间和金钱花在什么地方，人们对于许多休闲活动的兴趣可能会大起大落。人们对弹跳中心的蹦蹦床、微型高尔夫、越野滑雪、蹦极、卡拉OK或是网上约会等活动的热情转换极快，因而增加了商业性休闲组织规划未来发展的难度。

（二）私有非营利性休闲组织

这类组织机构可能是由市民组成的非正式机构，或者是在联邦政府注册的正式机构。不同于中国，此类组织向城市提供主要的休闲机会。

此类组织最早在20世纪初因为关注城市贫困儿童而大量出现。很多组织获得关注是因为它们在某种程度上打着"塑造个性"的旗帜。它们可能是宗教导向的，如天主教青年会或是基督教青年会；也可能是社会服务导向的，如"警卫体育联盟"或者"无极限鳟鱼（为推进鳟鱼产业而形成的团体）"。这些组织通常设有一个由专业人员组成的负责某一地区事务的总部，以及由志愿者组成的地方或社区分会。

另一种类型的休闲组织叫员工娱乐组织，通常是私有非营利性质的。这些组织关注一批特定的客户群，通常为大中型企业员工提供娱乐休闲服务，包括运动项目、社会教育活动、退休职工的娱乐项目、工作地点午餐和茶歇项目，以及假期活动。此类项目由企业管理层发起，旨在提高员工的生产力以及提升公司形象。员工娱乐服务有时是员工或管理层出资筹办，但大部分是由管理层和员工共同出资筹办。

非营利性休闲组织的资金有多个来源，包括捐赠、用户使用费和政府资源以及其他多个渠道。美国各地拥有数量众多的各种组织机构，这类组织填补了政府服务的缺口。在地方层面，私有非营利性休闲组织利用大量志愿者和专业人士来处理多种事务。作为地方、州和国家层面提供休闲服务的途径，私有非营利性休闲组织不断增加，并在执行任务方面有很多优势。私有非营利休闲组织可以享受免征企业所得税、收据申请税、当地财产税和销售税，还能享受某些政府管理服务的特殊待遇，如降低邮政费用等。

（三）政府休闲服务组织

从英国及其他地方的工业化进程开始，改革运动迅速展开，旨在提高工人阶级的生活水平。产业革命之初，大量农村就业人口涌向城市，进入工厂。但是，农民往往不会成为好的工人，他们不仅厌恶严苛的定时定点的工作，并且如果其简单的经济需求得到满足，就会倾向于离职。于是，在"娱乐合理化运动"的推动下，产生了面向男性工人阶层或其家庭的活动，这些活动包括合唱团、军乐队、朗诵和有组织的体育运动等。另外也产生了面向女性群体的"家庭生活合理化运动"。这个运动虽由男性组织控制，但作为主要组成部分的中高阶层女性被组织去女工家中参观，并帮助女工更好地胜任家庭主妇的工作。

在英国，这些要求娱乐合理化人士的成功之处，是使政府加入到休闲服务和休闲设施的供给中，出售当地土地资源来建设公园和公共图书馆。公共休闲供给资源的使用具有严苛的限制条件，比如公园内不准赌博，图书馆的馆藏会被稽查，但是，公共休闲供给资源在税费方面具有优惠，可以少交费或不交费。

与此同时，地方政府开始向公众提供娱乐服务并监管其休闲行为。市政警署的建立、酒吧和其他商业休闲机构的执照经营制，如上流人士所梦想的那样，规范了工人阶层的休闲行为。20世纪，政府成为市、州、联邦层面休闲服务的核心供给来源。

1. 市政服务

为了将自然风光引入城市，地方政府设立了政府园林部门；考虑到孩童玩乐与农民阶级的社会改革，逐步成立了休闲娱乐部门。在20世纪五六十年代，两者合二为一。在北美，地方的休闲娱乐部门和园林部门已逐渐成为城镇地区的一大特色，在其他一些工业化国家也有此趋势。此类部门履行的职责功能有如下5点。

（1）规划、征收、开发、维护公园用地、娱乐区域和娱乐设施。娱乐设施包括运动场、露营地、海滩、自然中心、多用途建筑（娱乐中心）、竞技场、剧院、高尔夫球场、码头、动物园、野餐区、游乐场、体育场、游泳池、袖珍公园、音乐厅和文化中心。由市政部门管理的户外娱乐区，可能比那些县、州和国有的要小一些，但规划却更全面，使用率也更高。

（2）为特殊休闲需求的团体及个人提供服务。大部分地方的娱乐休闲和公园机构会向老年人及学龄前儿童提供休闲服务，绝大多数会面向智力迟缓的青年人以及有行动障碍的青少年和成年人。如今随着"残疾群体融入社区运动"的开展，在为此类人群提供休闲服务资源方面，市政休闲服务机构担起了更重要的责任。

（3）传授专门休闲技能。大部分市政休闲服务机构会提供一系列的休闲活动指导，包括体育运动、视觉及表演艺术、手工艺以及一批非职业性成人培训班，不过大多数是入门级别。面向城市青年人的休闲活动指导涉及滑冰、编织、蔬菜种植等领域，有时，此类辅导包含来自公立学校体系提供的资源或是由社区的特殊兴趣团体共同赞助。

（4）赞助特殊社区活动及庆典。市政休闲服务机构通常负责协助游行、展览、示威、假日庆典、社区重要纪念日庆典，以及作为社区文化生活组成部分的重大节日与盛会。

（5）赞助社会、文化以及巡回的运动项目。项目包括体育联赛、舞蹈比赛、巡回赛以及有组织的运动场和娱乐中心娱乐项目等。

2．美国城市休闲娱乐与公园的发展趋势

城市政府官员一度认为，公园作为一种便利设施，在经济困难时期可以撤除，现在，公园却被公务员、市政领导和市民奉为城市生活质量的核心体现。城市公园逐步被纳入健康保健体系。

如今，城市休闲娱乐和公园部门扮演着重要角色，车行道和其他以往被汽车占用的土地被规划建成了步行区。许多作为车行道的街道被收回，并用作城市居民的休闲场所。崭新的公园被建在以往不太可能出现的地点，如高架铁路线，曾因排放有毒化学物质被回收的轻污染工业用地，甚至是长期被污染物覆盖后恢复原貌的河道。

近期完成的一项全国调查发现，民众很支持政府部门在这些方面的服务。几十年前也有过类似调查，调查获取了以下10个方面的信息。

（1）公园远近程度。将近70%的美国人声称，从家步行就可到达附近公园、游乐场或者露天场所。

（2）地方公园的使用情况。70%的美国民众去过当地的公园，44%的民众偶尔会去公园，26%的民众经常会去公园。75%的美国民众认为，家庭中其他成员也会使用当地公园。

（3）地方公园的明显优点。绝大部分美国民众认为，当地的公园为社区、个人及家庭成员带来了益处。

（4）地方公园的优点。"运动、健身与调理"是个人、家庭和社区提及最多的益处之一。受访者强烈反映，地方公园为他们带来了娱乐休闲机会。

（5）地方休闲娱乐和公园服务的参与状况。1/3的美国民众在过去一年之中参与过由当地休闲娱乐和公园部门组织的休闲娱乐活动。那些没有在过去一年中参与的民众，2/5的人表示在过去偶尔会参与这些活动。文化活动和团体运动是最受个人和家庭欢迎的。多次被提及的文化活动包括节日、展览会、音乐节和其他艺术表演，团体运动包括足球、篮球、排球以及各种类型的团体运动。

（6）未参与地方休闲娱乐和公园服务的状况。未能参与休闲娱乐和公园服务的民众表示，在过去一年中，没有闲暇时间是首要原因，其他原因包括健康状况差和年龄太大。

（7）休闲娱乐及公园服务的参与状况。将近75%的美国民众表示，在过去一年之中曾去过当地的公园，或使用过当地休闲娱乐及公园服务。

（8）地方休闲娱乐和公园服务的感知价值。当被问及向每家每户每人每年收取70美元（国家向地方休闲娱乐服务业收取的平均税收值）作为当地的休闲娱乐和公园服务费用是否值得时，将近4/5的受访者表示肯定。

（9）1992~2015年的变化情况。大部分美国民众的居住地离当地公园很近。在1992年和2015年都有超过2/3的受访者表示，从住处可步行到达公园、游乐场或是露天场地。

（10）地方公园的使用和明显优点。自1992到2015年，个人和家庭对于地方公园的使用状况相对来说没有太大变化。然而，地方公园带给人们的益处却越来越明显。

3. 城市公园发展趋势

1992年和2015年，受访者都高度赞成（1992年有76%的受访者表示赞成，2015年有79%的受访者表示赞成）地方休闲娱乐和公园服务值得收取与当地税收等额的45美元（针对1992年的受访者）或是70美元（针对2015年的受访者）。

总的来说，地方政府休闲娱乐和公园服务部门受到了高度重视，并成为美国城市民众生活不可或缺的一部分。

四 结论

尽管美国社会经历了人口、经济及文化的变迁，美国民众对于休闲的需求被三大类组织所占据。与之相关的政策法规因市政府和州政府的不同而有所差异，但是政府在私有非营利性组织的协助下，为民众更好利用休闲资源发挥了重要作用。商业性休闲服务组织虽然在某些活动中占据主导地位，但在其他方面却未必如此。

中美社会存在很多共同点：二者都是老龄化社会，都意识到女性担当的角色、受到的教育及应有的权利在不断变革，出生率都低于人口替代所需要的水平，都在经历城市化进程，经济基础都面临着由于计算机化、自动化进程和外部竞争带来的制造业和服务业高失业率的挑战。

尽管两者间存在众多相似之处，但在美国城市的发展过程中，除了为便利手工制造商品的运输，政府规划工人住在工厂附近或交通便利的地方之外，并无其他规划。政府在休闲服务领域的参与，只是满足城市人口对有益健康的休闲机会的需求而已。因此，作为城市改革的一部分，政府的参与是为了努力提高新移居工人及其家庭的生活质量。自从农民抵制较长的工作时间和严苛的工厂管理体系以来，政府一直基于如下理念而努力——工人休闲习惯的好坏很可能会决定工厂体系的崩塌或延续。因此，美国政府支持休闲的发展有两大目标很明确，即改善工人生活质量和重塑工人阶层的需求，以满足资本主义发展需要。

对中国而言，美国最值得借鉴的经验是，中国政府应认识到，现代中国城市能否取得成功，与国民是否能够体验到有意义的休闲活动密切相关。应继续坚定不移地为城市休闲发展出台政策法规，当然，这并不是建议中国城市休闲政策照搬美国。中国政府可通过加强与城市居民的合作，来确认当前中国城市休闲的新特征，并制定政策法规来解决这些新问题。

参考文献

Clarke & Critcher, *The Devil Makes Work: Leisure in Capitalist Britain* (London: Palgrave., 1985).

Godbey, G., *The Future of Leisure, Sport and Tourism: navigating Change* (Champaign, IL: Sagamore – Venture Publishing, 2017).

Godbey, G., *Leisure in Your Life: An Exploration* (Philadelphia: Saunders College Publishing, 1981).

Godbey, G. &J. Liu, "Series of seven articles about the concept of a Leisure City", *Shenzhen Special Zone Daily*, . February, March, May, 2016.

Godbey, G. &Galen Godbey, "The Future of Leisure", *Sport and Tourism Venture Publishing.*, 2016.

Godbey, G. & Song Rui, *Finding Leisure in China* (Venture Publishing, 2015).

Godbey, G., *The Evolution of Leisure: Historical and Philosophical Perspectives by Thomas L. Goodale and Geoffrey.* (Yunnan People's Press, 2013).

Godbey, G., *Leisure in Your Life: An Exploration*, 4th (Yunnan People's Press, 2013).

Godbey, G., *Leisure and Leisure Services in the 21st Century* (Yunnan People's Press, 2013).

Godbey, G. *Leisure in China: Some critical Issues. Annual Report on China's Leisure Development.* (Beijing: Social Sciences Academic Press (China), 2012).

Godbey, G., *Parks and Recreation—Needed for America to Prosper. Parks and Recreation Magazine.* March 2011.

Kaplan, M., *Leisure in America: A Social Inquiry* (New York: John Wiley and Sons, 1960).

Kelly, J. &Godbey G.., *The Sociology of Leisure*, State College, (PA: Venture Publishing, 1992).

Mowen, A., Graefe, A., Barrett, A., Roth, K., and Godbey, G. "Americans' Broad – Based Support for Local Recreation and Park Services: Results From a Nationwide Study Ashburn", VA: *National Recreation and Park Association*, 2016.

Hammond, J., *www. travelandleisure. com/articles/the – worldwide – trend – of – elevated – parks*. 2017.

Kelly, J. and GodbeyG., The Sociology of Leisure. State College, PA: Venture Publishing. 1992.

Kotkin, J. &W. Cox. *Aging America: The U. S. Cities Going Gray The Fastest*November 31, 2014, http://www. newgeography. com/content/004757 – aging – america – the – us – cities – going – gray – the – fastest.

Larsen, D. Jan. "Density is Destiny", *American Demographics* (15) 1993.

Munson, K. cited byGodbey, G.. *Recreation, Park and Leisure Services*. (Philadelphia: W. B. Saunders Company, 1978).

Ross, A. *The Industries of the Future* (New York: Simon and Schuster, 2016).

Song, R. andGodbey, G.. *Finding Leisure In China*, (Beijing: Social Sciences Academy Press, 2016).

Schwartz, A. "Trends Transforming America's Urban Parks", *Gotham Gazette*, July 31 2012.

G.18
加拿大的休闲与户外游憩

Geoffrey Wall 著 苏明明 译*

摘　要： 加拿大地域辽阔、纬度较高、城市化水平较高，是一个移民国家。本报告以公园供给和冬季休闲为背景，简要阐释了加拿大的休闲与户外游憩，探讨了公共、私人和非营利部门的作用，并探究交通、空间的作用和不断增多的节事活动的影响。

关键词： 加拿大　户外游憩　公共部门　非营利部门

20世纪中叶，美国成立了户外游憩资源审查委员会，对休闲和户外游憩进行了开创性的研究。后来，加拿大也引入了户外游憩需求研究并检验了新的研究方法，首次提供了加拿大户外游憩参与情况的详细清单。加拿大的各个省份也都基于家庭调查和休闲景区的用户调查进行了类似的工作，如安大略省进行了8次户外游憩调查。加拿大国家公园在20世纪进行了超过100次的游客调查。

上述研究至关重要，这些研究首次为我们提供了人们在休闲过程中的实际行为以及决策影响因素的相关数据，多年来，这些数据为相应的决策提供

---

*（Geoffrey Wall）杰弗里·沃尔，加拿大滑铁卢大学地理与环境管理系杰出荣誉退休教授，曾任国际旅游研究协会会长，《旅游人类学》（Anthropology Tourism）等国际学术刊物主编或编委；苏明明，加拿大滑铁卢大学环境学院地理与环境管理系博士，现任中国人民大学环境学院环境经济与管理系讲师，研究方向为旅游与社区发展、遗产地管理和旅游发展、可持续发展与可持续旅游。本文由本书副主编、中国社会科学院旅游研究中心教育培训部部长李为人博士审校。

了参考。然而，受限于较高的成本，现在已经很少进行类似的研究，因此，目前加拿大全国范围的休闲和游憩相关数据并不多。

受《休闲绿皮书》主编宋瑞博士的邀请并与其沟通后，我基于自己作为休闲游憩活动参与者的经验以及我和学生进行的相关研究，分享一些关于加拿大休闲和游憩的信息和思考，希望能提供一些有趣的和有用的信息。

一　加拿大的基本情况

加拿大的国土面积位列世界第二，仅次于俄罗斯，和中国差不多大。然而加拿大只有不到3800万人口，且大部分人口生活在加拿大南部与美国毗邻的城市。加拿大又是一个移民国家，国民构成已经从以欧洲移民为主转变为以亚洲移民为主。这也显示出加拿大对各种文化的包容，尤其是政府主张多元文化主义的政策，认可人们在接受加拿大价值观的同时保留自己的文化。因此，加拿大并没有成为一个多元文化的熔炉，这一点有别于美国。由于人口老龄化，加拿大人口自然增长率较低，国家人口增长主要依靠移民。加拿大人口的休闲时间并没有因为技术的进步而增长，这一点在几十年前就被广泛预测。一部分原因是许多人的上班路程增加，尽管弹性工作时间有所延长，在家工作的人数也有所增加。因为加拿大城市的内部人口密度远低于中国，所以在加拿大，哪怕在大城市停车费很高也有较为便捷的公共交通，还是有77.8%的驾龄人口拥有汽车，从而获得更大的出行灵活性。

加拿大是一个高纬度国家，大部分人口生活在国家南部，都要经历漫长的严冬和分明的四季。加拿大的地理位置也意味着气候变化的幅度较大，这往往是高纬度地区的特点。此外，白昼和黑夜长度的变化直接与纬度相关，例如，在加拿大北部，冬天会有极夜现象，而夏季则可以享受24小时的日光，这些对户外活动具有显著影响。

上述因素会对加拿大人的休闲参与和户外游憩活动产生影响。在随后的评论中，我的重点将放在南部城市居民休闲活动的选择和参与情况，相比之下，对于被称为"第一民族"的原住民的生活方式几乎没有涉及。他们生活在北方，面临许多不同的挑战和机遇，因此，值得单独考虑，不过已超出了本报告的范围。他们有自己独特的文化及与土地的关系：那些南方人眼中的"荒野"和潜在的户外娱乐目的地正是他们的"家园"和生活来源。他们的一些出行方式，如狗拉雪橇、雪地鞋、雪地摩托独木舟，已经成为南方人的休闲活动。不幸的是，滥用毒品和酒精（虽然这不局限于任何特定的地点或文化）已经构成了对休闲概念的冲击，也成为一些原住民社区的重要挑战。

二 加拿大司法体系及相关部门责任

作为一个联邦制国家，加拿大的政治决策包括国家、省和地方各级制定的政策。这三个层级的政府都有管理土地和建立公园系统的责任，也有权做出涉及休闲和户外游憩活动的相关决策。然而，随着政府层级的不断降低，地方政府往往更加在意增加休闲机会而不是保护国家公园和自然区域，尽管许多地方政府也试图保护湿地和城市森林等特殊的自然环境。所有省级和地方政府都建设了自己的公园系统用来提供户外休闲游憩机会，然而，各类公园系统的大小和复杂性有所不同。以安大略省为例，该省是省级公园最多的省份，安大略省政府会根据环境保护的相对重点和提供游憩机会对公园进行分类，并据此进行管理。

本报告将集中讨论城市周围休闲和游憩机会的供给，这主要是市政府的责任。然而，市政府的相应决策和行动能力在一定程度上依赖于他们所在省份以及各城市本身的优先事项和预算，所以各个城市的休闲和游憩机会是不一样的。

同时，私营部门和非营利组织也和各级政府一起参与到游憩机会供给的过程中，尤其是在市区及其附近区域。它们的相对重要性在不同时间和空间各不相同，而对于责任和财政分配也是不同政治派别之间的持续辩题。例如，一些人认为公园、其他户外休闲与文化设施、学校（也可能提供公共游憩机会）和图书馆等设施，应该由公共部门提供以提高居民的生活质量，并由税收收入支持（主要是居民和企业的年度财产税）。这种观点的支持者认为由于个人无法为自己提供这些设施，这些设施必须由公共部门提供和维护。然而，由于受过良好教育和相对富裕人群对上述设施的利用率更高，一些人认为这样的规定是对富人的一种补贴，同时也印证了他们支付较高财产税的事实。有些人希望看到用户为使用设施支付适当的费用，或者私营部门在这个过程中起到更突出的作用，如管理设施和租赁设备。然而，私营部门只会经营那些可以盈利的业务，这样的话，公共部门仍需提供和维护那些无法盈利的设施，却无法获得相应收入。非营利组织处于中间地带，如管理地方体育联盟或经营特殊文化活动的组织，它们可能会向用户收费，并且严重依赖政府补贴。由于可能无法提前确保获得政府补贴，因此非营利组织的预算通常很紧张，而且如果不能盈利，它们的生存就会受到威胁。

三　加拿大的公园和开放空间

加拿大的城市公园有着悠久的发展历史，麦克法兰（McFarland）曾经对城市公园系统的早期发展历史进行过描述。例如，在1863年立法之后，蒙特利尔市在19世纪70年代初购置了土地用于建设一个大型公园——皇家山公园，该公园直到今天仍是蒙特利尔市中心重要和突出的开放空间。皇家山公园的设计师是Frederick Law Olmstead，他还是纽约中央公园的设计师。

尽管许多成立较早的公共开放空间还一直在使用（例如哈利法克斯公园——美国波士顿公园的姊妹园——由新斯科舍副省长于1763年决定在哈利法克斯镇建设）。1883年，安大略省通过了加拿大第一部影响城市公园发展的立法，确立了在城市和乡镇建立公园和公园系统，应经过选举人同意或由地方议会建设并管理，该法还授权议会在城市和乡镇分别购买1000英亩和500英亩土地，用于建设城市公园。

温哥华著名的占地1000英亩的斯坦利公园建于欧洲殖民初期的1886年，至今仍是这个城市极其重要的绿地。早期加拿大人对于市区公园建设的远见大大增加了后人的休闲游憩机会。因此，加拿大大部分城市都拥有靠近

城市中心的公园。

和中国著名的城市公园（如北京的北海公园）不同，加拿大的城市公园是免费的。同样，加拿大有吸引力的村落也不是封闭的，不需要购票。由此可见，尽管加拿大和中国地方政府都高度关注预算，但他们获取和花费金钱的方式不同。

加拿大城市的人口密度比中国大多数城市要低，而且有相当比例的人居住在独立的房子中，即单户住宅，并且很可能有自己的花园。他们通常要打理花园，这被看成是一项休闲娱乐活动还是家务劳动取决于人们的态度和所处的人生阶段。花园是孩子们玩耍、享受户外活动和烧烤的地方，在富裕的社区里，花园甚至可以容纳一个游泳池。然而，情况也在不断变化，修剪整齐的草坪往往被更环保的植被替代。而在大城市里，由于个人偏好的改变和政府鼓励高密度城市发展的相关政策，越来越多的人居住在高层公寓。

随着城市的扩张，公共设施建设（包括公园）通常滞后于居住区开发。为了避免这种情况，许多地区要求城郊住宅区开发商预留土地用于开放空间的建设。然而由于被预留建设开放空间的土地往往是那些很难建设或者不适合建设公园这类公共空间的土地，因而这种策略并没有获得全面成功。

我居住的滑铁卢地区采用了一种创新的方法，即在兴建房屋的同时兴建社区康乐设施（通常是游泳池和网球场）。这些设施由社区管理，并由社区内每个家庭按年支付费用。然而，这种方法也遇到了问题，因为不是每个社区成员都愿意支付年费，特别是当他们的家庭结构发生变化而降低对这些康乐设施使用率的时候。

尽管有一些加拿大城市已经规划了开放空间，如多伦多的弥敦菲腊广场（该广场也有一个滑冰场），但加拿大通常没有像中国大多数城市一样的大型公共广场，比如中国的大连就是一个广场城市。这样的广场在中国使用率很高，为中国居民早晚的健身运动、舞蹈以及其他文化活动提供了场所。这种情况在加拿大并不常见，加拿大人进行运动一般会去付费的私人健身房或基督教青年会（YMAC）。基督教青年会是一个1851年就在加拿大成立的慈善机构（非营利组织），现在已经有了1700个场馆，每年服务超过210万人,他们提供包括保健和健身、游泳、训练营、育儿和就业等各项活动和服务。基督教青年会的目标是通过各种项目让加拿大人过上更健康的生活。

四 加拿大的交通

尽管在一些大城市可以选择公共交通而不使用私家车出行,但大部分加拿大家庭都拥有私家车从而使生活更为便利。然而有意思的是,大部分本来用于满足生活和业务需要的交通方式都已经成为人们的休闲游憩活动,比如散步、跑步、徒步旅行、骑马、滑雪、游艇和雪地摩托等。比如,原本为在加拿大北部旅行的人们设计的雪地摩托已经成为北部原住民生活和打猎的交通工具;而在加拿大南部,雪地摩托则是一种热门的户外游憩活动,也成立了相应的俱乐部并开发了雪地摩托车道。

除了一些壮观旅程,如穿越加拿大落基山脉和安大略的亚加华峡谷之外,火车运输在加拿大远没有中国重要。在少数情况下,一些短途列车线路会因历史价值而被保留(如安大略省从滑铁卢到圣雅可布的线路)。很多时候,废弃的铁路轨道被拆除并用于建设健步道。

相比之下,独木舟则成了加拿大荒野的标志。独木舟起源于加拿大原住民,而探险家和毛皮商人则用独木舟穿越森林和湖泊,如今独木舟已经成为贯通古今的加拿大荒野的象征。同样,原来用于探访偏远湖泊并为捕鱼和狩猎点提供物资补给的小型水陆两用飞机,也成为加拿大北部的象征。然而,随着城市化的推进,人们对独木舟和皮划艇以及其他形式野外旅行的熟悉程度不断下降,这些休闲游憩方式更增添了一层神秘感。

五 加拿大的冬季

加拿大的漫长严冬使得冰雪运动成为加拿大的象征。即使是小型社区也会有一个溜冰场,这是冬季娱乐休闲的焦点。在大多数情况下,溜冰场由公共基金建设而需用户(如冰球队)支付租金使用。许多孩子学习滑冰、滑雪或两者都学，一般来说男性倾向于冰球，而女性则倾向于花样滑冰。目前，更具有竞争性的女子冰球的参与率也在逐渐增加。加拿大的男女国家队在冬季项目中具有很强的竞争力，在全国有很高的支持率。

虽然长曲棍球（兜球）是加拿大的国球，但是冰球对加拿大人来说无疑是最重要的。在加拿大，没有必要说冰场曲棍球（ice hockey），因为曲棍球向来被默认是冰场球；相反，如果提到一般的曲棍球，一定要说是场地曲棍球（field hockey），因为很少有人参与这项活动。在加拿大，人们习惯于每星期六晚上聚集在电视前观看"加拿大冰球之夜"节目，专业的国家冰球联盟（包括加拿大和美国）的职业球队争夺斯坦利杯。职业冰球占据了加拿大体育媒体的主导地位，同时全国还有大量的半职业和业余联盟。

与冰球不同，高山滑雪设施一般是由私营部门提供的，而越野滑雪一般是在公有或在公共管理的土地上进行。

尽管冰球和滑雪在加拿大非常重要，但它们也面临着一些挑战。首先，人口变化（包括人口老龄化）、城市化和对这些活动不熟悉的移民潮，意味着对上述两类活动的需求不容易保持。其次，购买这两项运动所需装备的成本不断上升，租用冰场或搭乘雪场缆车的费用不断上涨，使得参与活动变得越来越昂贵。最后，气候变化也使得运营季节缩短、成本增加。例如，目前很多滑雪胜地需要人工造雪，一般来讲，加拿大的孩子们是在社区的临时户外溜冰场甚至自家后院学会溜冰的，然而气候变化导致这种社区溜冰场的生存越来越艰难，南部城市附近的雪场就面临这种危机。因此，有预测认为，儿童对这两项活动早期参与的减少可能导致其未来市场进一步萎缩。

具有讽刺意味的是，购物中心也是加拿大最重要的冬季休闲去处之一，那里有很多免费停车场，人们可以在温暖的室内放松。一些商场在非高峰时段组织健身活动，并在早上提早开门以便老年人可以在室内空间散步。西埃德蒙顿购物中心就曾经是世界上最大的这类购物中心之一，该购物中心在私有但对公众开放的室内环境里提供了大量的休闲娱乐选择，尽管部分休闲活动是商业性的。在多伦多，伊顿中心是最受欢迎的大型商场，包含喷泉，水池,植被,甚至人造的加拿大黑雁(另一个典型的加拿大标志)。当然,这样的商场在世界各地都很普遍,包括中国。

六 对休闲空间的安排与考虑

大多数的休闲和游憩活动都发生在城市。人们的大部分闲暇时间都是在被动的活动中度过的,如看电视、看书、玩电子游戏等。大多数城市至少有一个主要的城市公园,这些也被很好地利用。然而,鼓励人们尤其是针对年轻人和老年人采取更加积极和健康的生活方式一直备受关注。部分原因是随着人口老龄化,医疗保健成本逐渐增加,这也将是中国面临的巨大挑战。

过去人们对城市周边的乡村地区很感兴趣,乡村与拥挤的城市形成鲜明对比,而这些地区是到达森林湖泊的必经之路,让人们可以回归自然。事实上,自19世纪初,许多富裕的加拿大人和美国人在湖边建造了度假区,在夏季回到他们的度假居所,甚至许多人已经成为那里的常住居民。

然而,这种情况正在改变。目前城市附近的湖泊周边已经修建了很多类似的度假区,那些感兴趣并负担得起这种休闲生活方式的人可能被迫去更远的地方,并且要忍耐更长的旅途。同时,不断变化的城市人口已经不再熟悉农村生活,而是倾向于访问适合一天行程的小镇,且只是简单和表面化地体验一下不同的生活方式。许多这样的小镇已经成为乡村购物中心,通过乡村环境下的特殊产品和节事活动吸引顾客,如美食、葡萄酒、当地特产等。有些小城镇甚至举办戏剧表演,他们与城市剧院、商店和节事活动竞争但又有所区别,因为后者往往依托于居住于市区的移民文化(包括食物和音乐)。

无论是在城市还是小镇,节事活动都在增加。它们汇集了当地人和游客来分享文化体验。这些活动通常由志愿者、非政府组织或企业来组织、推广和运营,政府也会给予一定支持。

七 结论

加拿大具有城市公园建设和使用的悠久历史。作为一个联邦制国家，公园的建设责任在不同地方有所不同，政府、私人和非营利部门都不同程度地参与。无论在城市还是乡村，节事活动不断增加以满足居民和游客多样的休闲需求。加拿大拥有美丽的森林和湖泊，享受这些已经成为加拿大身份认同的一部分，哪怕城市化的移民人口越来越不熟悉这些地方。冬季休闲项目，特别是冰球，得到国家的重视。然而，提供冬季游憩机会正受到气候变化带来的成本增加和室外活动季节缩短的巨大挑战。

参考文献

J. Crossman and J. Scherer（eds）, *Social Dimensions of Canadian Sport*, Pearson Education Canada, Toronto（2014）pp. 384.

R. E. McCarville and K. MacKay *Leisure for Canadians*, Venture, State College, PA（2007）pp. 332.

L. Thibault and J. Harvey（eds）*Sport Policy in Canada*, University of Ottawa,（Ottawa, Press, 2014）pp. 434.

G. Wall（ed.）*Recreational Land use in Southern Ontario*, Department of Geography Publication Series No. 14, University of Waterloo, Waterloo（1979）pp. 374.

G. Wall and J. S. Marsh（eds）*Recreational Land Use: Perspectives on its Evolution in Canada*, Carelton Library Series No. 126,（Ottawa: Carleton University Press, 1982）pp. 436.

G. Wall（ed.）*Outdoor Recreation in Canada*, Wiley, Toronto（1989）pp. 365.

G.19 澳大利亚休闲与户外游憩中的地方政府服务

Noel Scott 著 赵丽丽 译*

摘 要: 本报告研究了澳大利亚的休闲与户外游憩发展。文章首先探讨了运动、体育休闲以及文化活动的发展趋势,然后从联邦、州和地方政府三个层级上,对政府在这些活动中的作用分别进行了论述,分析了澳大利亚政府参与休闲与户外游憩的原因,并做了两个关于地方政府休闲活动的案例研究。

关键词: 闲暇 游憩 文化活动 澳大利亚 政府角色

一 澳大利亚休闲发展趋势

(一)运动与体育休闲

在澳大利亚15岁及以上的人口中,有大约60%(1110万人)表示,他们在2013~2014年的12个月内至少参加过一次运动和体育休闲活动,而2011~2012年这一数字为65%。

运动和体育休闲活动的参与程度一般随年龄增长而下降。15~17岁的

---

* Noel Scott(诺尔·斯科特),澳大利亚黄金海岸格里菲斯大学格里菲斯旅游学院教授,研究方向为旅游和休闲体验、目的地管理与营销以及利益相关者组织;赵丽丽,中国社会科学院研究生院博士生,研究方向为旅游经济与管理。本报告由本书副主编、中国社会科学院旅游研究中心教育培训部部长李为人博士审校。

人参与运动和体育休闲的比例最高（74%），65岁及以上的人最低（47%）。除了25～34岁年龄段的男性的参与率（67%）高于女性（61%）外，其他年龄段男性和女性的参与率差不多。运动与体育休闲参与率最高的地区是澳大利亚首都区域（73%），而其他州的参与率在昆士兰州的54%到塔斯马尼亚州的67%之间。

步行锻炼是最受欢迎的体育休闲活动，19%的15岁及以上的人在受访前12个月内至少有一次步行锻炼，女性比男性更倾向于步行锻炼（分别为25%和14%）。健身房内健身是另一项受欢迎的活动（17%），同样女性比男性的参与率更高（分别为19%和16%）。男性比女性参与率高的是打高尔夫球（男性为6.6%，女性为1.4%）或参加骑行和自行车越野（男性为8.5%，女性为4.0%）。

大多数澳大利亚人住在沿海地区，这使海滩成为一个受欢迎的游憩点。澳大利亚盛行水上运动，如游泳和冲浪，冲浪救生便起源于澳大利亚，志愿救生员是该国的标志之一。

澳大利亚其他受欢迎的运动包括足球、赛马、橄榄球、篮球和赛车。一年一度的墨尔本杯赛马和悉尼霍巴特帆船赛吸引了人们浓厚的兴趣。

（二）参与有组织的体育和健身活动

2013～2014年，约有520万（28%）15岁及以上的人表示，他们曾参与过有组织的体育和健身活动，其中380万人直接参与其中，140万人间接参与，如充当教练、指导员或老师。有组织的体育和健身活动的参与率通常随年龄增长而降低，15～24岁的人直接参与运动的比例最高（43%），在全部参与者中的比例也最高（44%）；相比之下，55～64岁和65岁及以上的人直接参与运动的比例最低（分别为18%和17%），其总参与率也最低（分别为19%和18%）。

（三）参与特定文化场馆相关活动

2013～2014年，约有1590万15岁及以上的澳大利亚人至少参加过一项特定的文化场馆相关活动，2009~2010年的参与率也是86%。活动参与率最高的场馆是电影院（66%）、植物园（37%）、图书馆（34%）以及动物园和水族馆（34%）。

老年人的参与率普遍下降，15~17岁人群的参与率为95%，而75岁及以上人群的参与率为66%。虽然去电影院在所有年龄组中都是一项受欢迎的活动，但是相较75岁及以上人群（37%）而言，它在15~17岁人群中更受欢迎（91%）。古典音乐会是一个老年人参与率显著较高的活动，65岁至74岁的人群和75岁及以上人群的参与率分别为14%和10%，而15~17岁人群的参与率只有6%。

二 澳大利亚的休闲组织

澳大利亚政府从三个层级参与休闲、体育、娱乐和旅游组织的管理：联邦政府、州（含六个州和两个领地）政府和地方政府，所有三个层级在资金、政策和设施方面都发挥着重要作用。部长级议会通过召开论坛来实现协调，并讨论负责相关活动的部长共同感兴趣的问题。

此外，每种大型运动都由一个国家体育组织管理，辅之以管理社区体育俱乐部的国家相应部门。伞状或峰状组织代表体育组织或特定体育项目的利益；私营部门通过设施、俱乐部所有权和金融/赞助等方式参与专业运动。

（一）联邦政府

作为联邦制国家，澳大利亚联邦于1901年成立时，各州在《宪法》中授权给联邦政府少量明确的权力，包括涉及国家重大事项，如外交、国防、经济和广播以及与各州达成协议的领域，如教育和运输。根据《2011年国家体育与休闲政策框架》，澳大利亚联邦政府的职能包括：

- 领导体育和休闲体系；
- 与州和领地政府在体系的领导方面进行协作、协商与合作；
- 制定和协调优先发展体育和休闲内在价值的政策，以发展体育和休闲

作为实现政府整体目标的手段;

- 与体育和休闲组织就国家政策方针进行合作;
- 制定国家研究议程,资助国家研究和评估项目,包括对国家体育和休闲政策框架进行独立评估;
- 为体育和休闲基础设施的供给提供战略层面上的支持;
- 投资既有设施,并提供涵盖整个体育路径的计划;
- 投资体育和休闲基础设施;
- 通过能力建设和适当的问责制改善体育和休闲组织的治理和管理;
- 与州政府和领地政府合作,协调主要国际体育赛事的申办和举办;
- 与服务提供商合作,提高目标人群(如残疾人、原住民、农村/偏远地区居民、文化和语言多样化人群、妇女和社会弱势群体)的参与度;
- 努力提高有关体育和休闲产业的研究水平,加强信息统计;
- 在政府各部门之间就共同政策议程开展协作、参与和合作。

（二）州/领地政府

州/领地政府是休闲与户外游憩设施的提供者,例如图书馆、博物馆、画廊和表演艺术中心,还提供全州/领地范围内的国家公园和野生动物园服务,一般还负责建设和管理主要的城市公园。各州/领地都有某种休闲或体育促进部门,每个州的政府都有旅游推广功能,通常通过旅游委员会实施,每个州/领地都有负责艺术、旅游、体育和休闲、博彩和赛车、环境的部长。有一个由联邦、州和领地部长组成的全国部长理事会,这些理事会负责进行联络并制定共同政策,部长理事会特别重要的一个职能是收集调查数据。

州一级层面上管理休闲服务与机构的部门和各法定机构,被越来越多地要求制作三年或五年计划,并编制具体目标和实现这些目标的进展的年度报告。许多州/领地政府由设施管理信托机构来管理其主要的运动区和设施,比如悉尼奥林匹克公园管理局（新南威尔士州）和国家体育中心信托（维多利亚州）。州/领地政府部门向州/领地体育组织提供援助,发展和管理体育设施,为主要体育赛事提供财政支援,并制定当地的体育运动发展政策。

根据《2011年国家体育与休闲政策框架》，州政府和领地政府的作用是：

- 领导辖区内的体育和休闲体系；
- 在领导体育和休闲体系的过程中，与联邦政府进行协作、协商与合作；
- 制定和协调优先发展体育和休闲内在价值的政策，以发展体育和休闲作为实现政府整体目标的手段；
- 投资既有设施，并提供涵盖整个体育路径的计划；
- 领导高水平运动发展，制定政策、提供资金和执行方案；
- 为体育和休闲基础设施的供给提供战略层面上的支持；
- 投资体育和休闲基础设施；
- 开发和资助研究和评估项目；
- 举办体育和休闲项目；
- 通过咨询、建议和能力建设支持服务提供商；
- 通过公共、私人和非政府部门间的可持续伙伴关系，支持性政策和立法、物质和社会环境，促进和鼓励休闲发展；
- 与服务提供者合作，提高目标人群（如残疾人、原住民、农村/偏远地区居民、文化和语言多样化人群、妇女和社会弱势群体）的参与度；
- 努力提高有关体育和休闲产业的研究水平，加强信息统计；
- 在政府各部门之间就共同政策议程开展协作、参与和合作。

（三）地方政府

地方政府提供的主要休闲服务包括公园和图书馆，较大的议会也支持博物馆和市政大厅以及旅游区所涉及的各种旅游推广活动。户外游泳池也是当地议会提供的重点，但是这些泳池越来越有可能被可全年运行并与其他室内外运动设施相联系的室内游泳池所取代。休闲经费往往与地区整体发展水平有关，因为每个州和领地的规划法规允许议会对所有新住房和相关产业征税，以此作为对所提供必要服务的补偿，这些服务包括道路和其他基础设施，也包括休闲设施。因此，在经济较发达的地区，特别是大城市边缘地区和沿海地区，议会可以为新的休闲设施发展提供很大一部分的资金来源；而在经济不那么发达的地区，额外的设施必须由议会的利息、借款或发展重建预备金来资助。

地方政府一般侧重于提供游泳池、运动场、体育场馆、网球场等体育设施，对地方俱乐部体育发展计划的投资比较有限。

根据《2011年全国体育与活动休闲政策框架》，地方政府的作用是：

- 对体育和休闲基础设施的供给提供战略层面的支持，包括开放空间和满足其他需求；
- 管理地方体育和休闲设施并制定准入政策；
- 支持和协调地方服务提供者（场馆和方案）；
- 与州/领地政府联系，合作实施目标方案；
- 支持并与非政府组织合作，提升体育和休闲的参与率；
- 将体育和休闲发展与参与机会纳入议会计划；
- 在政府各部门之间就共同政策议程开展协作；
- 投资运动和休闲基础设施。

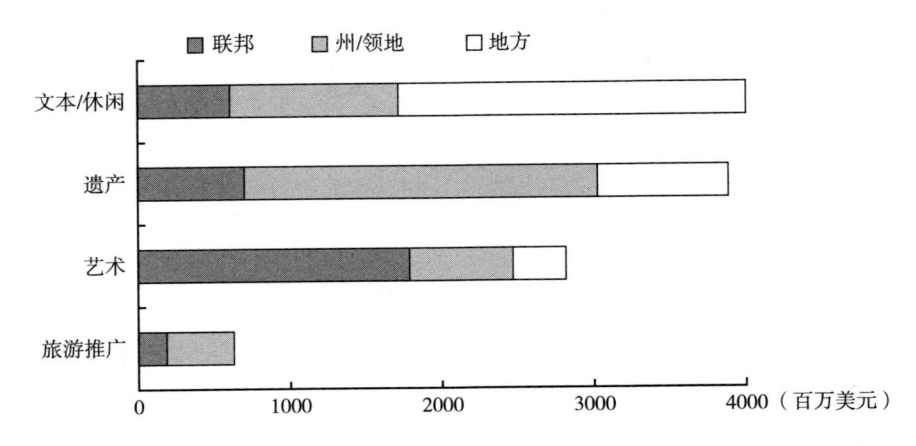

图1 2009~2010年度澳大利亚政府用于休闲的财政支出

资料来源：Veal, Darcy, Lynch, 2012。

（四）政府支出

政府参与休闲活动，必须考虑到各级政府的作用大小。三级政府的相对重要性可由他们的支出来衡量，政府每年支出大约88亿美元用于休闲计划，其中联邦政府的支出占比只有1/4左右。

三　政府为什么参与休闲与游憩？

体育和休闲是澳大利亚生活方式的一个主要特征，在许多澳大利亚人的生活中扮演着重要的角色。休闲涵盖了一系列主动或被动，与社会、健康相关的人们乐于享受的活动；而游憩（包括运动）通常与更有组织和活跃的休闲活动相关联。

休闲有许多社会、环境和经济效益，有助于人们的健康、幸福和交往。例如：

- 增加身体活动可降低患肥胖症、心脏病和抑郁症的风险；
- 身体活动对年轻人健康体魄的养成具有重要作用，对老年人保持生活质量和独立性也很重要；
- 自然环境中的休闲、运动和游憩增加了人们的获得感和幸福感；
- 与他人一起参与运动或体育活动也可以为扩大社会交往提供契机，从而形成更强大的个人和社区网络；
- 增加步行和骑行（减少车辆使用），可以减少温室气体排放；
- 公共空间的开放与使用，有助于降低犯罪率。

有鉴于运动带来的益处，澳大利亚卫生部制定了《国家成人身体活动指南》，倡导每天至少30分钟的中度体力活动。

据估计，慢性疾病导致了全球3170万人的死亡和疾病负担。在澳大利亚，83%的过早死亡都是由慢性疾病导致的，慢性病治疗占澳大利亚所有卫生支出的近70%。在保持初级保健服务的同时通过预防性卫生干预来遏制新兴的慢性病，使卫生部门正面临越来越大的压力。

慢性病与吸烟、运动缺乏、饮食不良、酗酒等因素密切相关,这些行为会导致高血压、肥胖和高胆固醇等疾病。一般认为,拥有这些不良习惯的人数略微下降,就会大幅度降低慢性疾病发生的可能。

健康效益	社会效益
增加 √ 身体素质、耐力和精力 √ 纯瘦肌肉、肌肉力量和骨密度 √ 广泛运动技能的灵活性、协调、平衡与发展 √ 改善免疫系统 √ 老年人的健康老龄化的流动性,独立性和生活质量 √ 精神健康和幸福 √ 专注力 减少 √ 慢性疾病和残疾 √ 死亡率和过早死亡风险 √ 冠心病、心血管病的风险 √ 糖尿病、高胆固醇、高血压的风险 √ 结肠直肠癌和乳腺癌的风险 √ 骨质疏松和关节炎症状的风险 √ 身体肥胖和超重 √ 老年人的跌倒和受伤 √ 发展成痴呆症的风险 √ 疲劳、抑郁,压力和焦虑的感觉 √ 痛经、便秘和背痛的风险 √ 产后抑郁症的风险 √ 卫生服务需求 帮助 √ 改善睡眠和康复 √ 体重管理 √ 认知功能记忆、学习和在学校更好的表现 √ 改善情绪,生活质量,健康感和长期健康 √ 环境	增加 √ 积极和充满活力的社区中心 √ 社交技能和社交网络 √ 社会资本和社区关系 √ 获取服务和资源 √ 独立生活 √ 改善沟通,团队建设 √ 领导和合作技能 √ 自愿效劳 √ 社区参与娱乐和社会活动 减少 √ 社会孤立和无助 √ 反社会行为 帮助 √ 更强大、联系密切的社区 √ 社区包容和公众享受 √ 社区凝聚力和能力建设 √ 犯罪预防 √ 通过活动的文化联系
环境效益	经济效益
增加 √ 对慢行交通、步行以及当地经济可行性的吸纳力 √ 对精心策划和设计空间的发展的影响 减少 √ 交通拥堵、空气和噪音污染 √ 使用化石燃料和能源使用 √ 温室气体的排放、全球变暖与气候变化影响 √ 对主要道路基础设施的需求(道路、停车场) 帮助 √ 附加活动 √ 社区安全 √ 积极的生活环境 √ 改善社区和主要活动中心的公共访问和联系 √ 改善连通性	增加 √ 旅游 √ 零售 √ 商业和就业机会 √ 投资机会 √ 生产力和增长 减少 √ 劣质成本 √ 工伤事故和工人索赔 √ 医疗费用和索赔 √ 雇主所承担的保险费压力 √ 员工流失率 √ 高昂的客运和基础设施成本 帮助 √ 本地商业 √ 吸引劳动力 √ 积极健康的员工和工作场所

图 2 公园与休闲服务的效益

说明:资料修改自《积极生活:西澳州体育活动框架(2012~2016)》。

城市规划要解决影响人们健康的城镇设计问题也面临越来越大的压力。步行和骑行等现代城市中汽车交通的替代方式，被认为有助于缓解交通压力。新的证据表明，车辆导向的城市设计和工程可能会破坏社会凝聚力、人们的身心健康和社区福利。西澳大利亚州的地方政府机构正面临一个新的改革议程，其重点是加强社会、环境和经济发展的可持续性，因此他们正在重新审视其预防性卫生政策，规划了新的社区构架（见图3）。

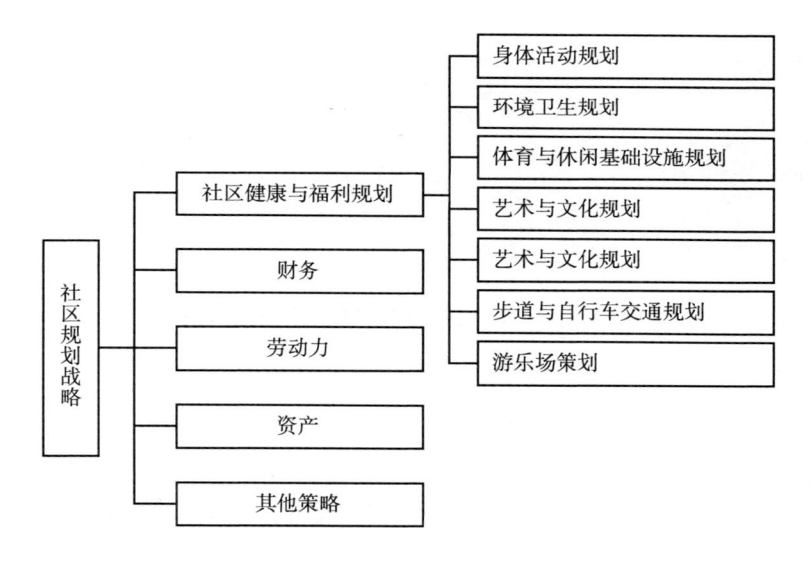

图3 西澳大利亚州的社区架构

资料来源：Milligan，Carter（2013）。

澳大利亚地方政府的健康福利计划方式和范围有很大差异，大多数聚焦于解决影响社区健康和福祉的各种社会、经济、环境因素，其他更具体的方案则集中于慢性疾病风险因素的矫正。图4列举说明了西澳大利亚州政府健康和福利计划的原则以及优先事项。这些健康福利计划关注的重点通常与运输、住房、社区福利、步道、公园和保护区、经济发展和社会包容等内容相关。

组织	原则	优先事项
曼杜拉社区卫生计划	・与全市战略规划相衔接 ・确保公平 ・积极主动 ・具有预防重点 ・分担责任 ・真正以社区为中心	・身体活动 ・健康饮食 ・减少酒精相关的危害 ・绿荫建设和预防皮肤癌 ・减少烟草相关危害
罗金汉区健康与福利计划	・可持续性 ・健康促进和预防疾病 ・能力建设 ・尊重个人尊严 ・全社会的伙伴关系和参与 ・获得服务和资源的公平性 ・与社区进行合作与咨询 ・与社区联系与融合 ・最佳实践和问责制	・身体活动和生活方式 ・信息传递 ・精神建设 ・初级保健 ・参与社区生活
梅尔维尔社区计划	・关系：团队精神、灵活性、同情心、诚信、开放、信任、倾听、支持、诚实 ・卓越：成就、结果、创新、问责、领导、客户服务 ・活力：乐趣、兴奋、成长、机会、学习、创造力 ・福祉：安全的工作场所和社区，工作-生活平衡，可持续发展	・环境卫生 ・食品安全 ・慢性病预防 ・传染性疾病 ・精神健康

图4　西澳大利亚州政府健康福利计划举例

资料来源：Milligan，Carter（2013）。

四　澳大利亚地方政府休闲发展案例：以布里斯班为例

（一）布里斯班南岸公园

在1982年成功举办了英联邦运动会后，布里斯班市在布里斯班河南岸选址举办了1988年世博会。组委会在布里斯班河对岸的布里斯班中央商业区（位于南布里斯班）沿着一公里的河岸从维多利亚大桥延伸到Vulture商业街，开发了一些私人土地、议会土地和州土地共计42公顷。这片土地大部分是废旧港口和工业区。

投资1988年世博会场地开发和节庆活动的条件是在博览会后向私人开发商出售场地。这一策略建立在总体规划的基础之上，通过提供可行的商业空间来吸引投资。然而，一场公共活动成功地使该地区被重新开发为公园，以便人们可以在布里斯班享受生活。1989年，昆士兰州政府法定机构——南岸公司成立，公司负责监督新南岸公园的开发和管理。

布里斯班世博会于1988年4月至10月举办，是澳大利亚国家200周年庆典的一部分，可以说此次世博会将布里斯班由一座乡村小镇改变为充满活力的都市。今天南岸公园地区拥有大批的民族餐厅、咖啡馆、家庭野餐和烧烤区、人工咸水湖和咸水游泳沙滩、商店、游乐场、超市、花园和剧院。公园内有一座为1988年世博会而建的尼泊尔塔，毗邻昆士兰表演艺术中心、昆士兰州图书馆和海事博物馆。这些设施与邻近的CBD相结合，带动了区域旅游业和服务业的发展，进而带动了具有强烈社会文化取向的节事的增长。

（二）布里斯班：积极健康的生活方式

布里斯班是享受积极健康生活方式的理想场所。布里斯班市议会正在对促进这种积极健康生活方式的基础设施和方案进行投资，目的是使所有居民和游客，无论其年龄、性别和能力如何，都能够享受到以下便利：

- 多元化和便利的休闲机会；
- 富有选择性的体育活动、游乐或运动；
- 可达性良好的公共空间、公园、社区场地、体育设施和俱乐部，安全、多样的会见、游乐、锻炼的机会；
- 为休闲娱乐提供的独特可利用的自然资源。

布里斯班市议会通过的《布里斯班慢行交通战略（2012~2026）》致力于打造一个高质量、贯通且无障碍的路网，来鼓励所有年龄和身体条件的人有规律地步行和骑行。布里斯班拥有超过1100公里的自行车道和大量与骑行相关的活动和设施，拥有全国最好的循环设施，这里是骑行的最佳地。

为了帮助居民和游客随时了解布里斯班越来越多的自行车设施，市议会开发了"骑行布里斯班"会员计划和网站，致力于促进与城市骑行有关的所有活动。从骑行赛事、培训课程，到最新交易和配套商家的折扣，"骑行布里斯班"为布里斯班居民和游客提供了他们用个人自行车或"City Cycle"（布里斯班公共自行车共享方案）骑行所需的全部信息。

布里斯班市议会还使用"骑行布里斯班"来塑造布里斯班骑行世界的未来。布里斯班居民可以在网站上发表言论、参与调查、参加比赛和分享骑行经历。布里斯班将在四年内投资1.2亿美元来优化自行车道计划，以使骑行变得更加轻松和安全。

（三）其他布里斯班市议会服务

布里斯班市议会图书馆提供图书俱乐部、阅读计划、电脑培训、活动和研讨会等多项服务。市议会管理一系列可租用的多功能社区大厅和设施。另外，布里斯班境内分布有数百个公园，包括袖珍公园、大型地区公园、两个植物园和若干丛林保护区。郊区公园设有宠物游憩区域和无线网热点，公园网站能够预订活动和婚礼。布里斯班市议会管理着众多体育和休闲设施，包括体育场馆、游泳池、水上游乐区、滑冰公园、自行车道、船和独木舟、浮桥、钓鱼台、高尔夫球场和网球场。议会还举办各种适合不同年龄组和兴趣的娱乐项目，提供公共艺术展览、免费娱乐、音乐和表演。市议会设立的所有新的游乐场都配备有残疾人通道。

参考文献

Be Active WA Physical Activity Taskforce, *Active Living for All*: *A framework for physical activity in Western Australia* 2012 – 2016. Government of Western Australia, Perth, 2012.

Milligan, K., & Carter, M., *Community health & wellbeing*: *Review of literature relating to policy and planning*, Retrieved from Perth, 2013.

Veal, A. J., Darcy, S., & Lynch, R., *Australian Leisure*: Pearson Australia., 2012.

Abstract

Annual Report on China's Leisure Development (2016 – 2017), known as *Green Book of China's Leisure No. 5*, is complied annually by the Tourism Research Center, Chinese Academy of Social Science (CASSTRC). It has been one of the key reports in the "Yearbook Series" published by the Social Sciences Academic Press. This book consists of one general report and more than 20 special reports.

The general report points out thatChina's economy has entered the new normal stage characterized with a L-shapedeconomic trend. Of the three carriages, namely investment, import and consumption, the supporting role of consumption to the overall economy becomes more important. The driving effect of service consumption, especially in five main "happiness industries" including tourism, culture, sports, health and pension on economic growth is becoming more and more prominent. In this context, the development environment of leisure industry continues to be improved. Specifically, in the national strategic basis, the national happiness orientation is taking shape; in the macroeconomic basis, leisure needs propelled by economic structure continue to deepen; in the regional practice basis, leisure development reveals varied characteristics and breakthroughs; In the aspect of public service infrastructure, the public service system related to leisure industry forms institutional guarantee. In the aspect of industrial development, the capital boom is surging, and new investment pattern is being formed. In general, after the rapid development in "twelfth Five-Year" period, tourism, culture, sports and other core industries in leisure field, driven by the rising consumer demand, the country's overall promotion of the happiness industry, supply side reform of leisure industry, intensive implementation of implementation of leisure-related policies and other factors, will release new development potential in "thirteenth Five-Year" period. For the current and future period, the leisure elements are becoming more internationalized; the leisure industry is stepping into bonus period, unicorn leisure enterprises will rise; technology has become a new engine of leisure industry development, the internet plus leisure will become the mainstream of industrial upgrading; industry development is becoming increasingly composite and will gradually form a mixed state of happiness industries. In the future, the top-level design and local practice should be advanced synchronously; the institutional barriers hindered the leisure development should be removed to achieve sustainable development; the iteration and transition of leisure industry should be accelerated to adapt to development needs in the run-off period of well-off stage; the industrialized development thinking should be abandoned to guard against the systematic risk in leisure field.

The other 20 special reports belong to "leisure policy", "leisure space", "leisure activities", "leisure needs", "overseas observation", are related respectively to China's leisure public policy, leisure sports industry policy, leisure education policy, urban leisure space, cultural leisure, sports and leisure goods, RV camping, tourism and leisure industry integration, rural leisure and typical development experience of Hangzhou and other places. The two surveys around residents' living time distribution and food consumption provide first-hand materials so as to help the readers understand the changes in leisure needs. The well-known scholars' analysis on the experience of leisure development in foreign countries such as the United States, Canada, Australia, South Korea and other countries is also quite inspiring.

Contents

I General Report

G. 1 Leisure Development Trends and Prospects in China:
2016 −2017
        Tourism Research Center, Chinese Academy of Social Sciences / 001
    1. *Environment of leisure development* / 002
    2. *Characteristics of leisure related industries* / 009
    3. *Trends of and suggestions on leisure development* / 013

Abstract: China's New Normal highlights the role of service consumption, especially the so-called Happiness industry in driving economic growth. Development of China's leisure industry has become a national strategy. The role of leisure has transformed from the means to achieve national happiness into the pillars of China's development. The development of leisure industry is now becoming a national development strategy, supporting continued growth of china economy, and representing the degree of transformation of the country.

Keywords: Happiness Industry; Leisure Industry; Consumption Upgrade

II Policy Reports

G. 2 New Progress of Leisure Related Policies and Legislation
in China *Song Rui* / 018

Abstract: Public policies and legislation play very important roles in leisure development. Government authorities have been fostering leisure by issuing and revising laws, launching new plans of public service systems and implementing industry incentive polices. General speaking, leisure has been attached high importance of the policy makers, however, the policies andlegislation were not in the name of leisure. The leisure related policies have been issued and implemented separately and indirectly, mainly on the side of supply. In the future, public's perception and administration department of leisure, integration of related policies as well as demand management should be improved.

Keywords: Leisure Related Policies; Public Service System of Leisure; Happiness Industries

G.3 Interpretation and Reflection on Leisure Sports Policy in China

Ling Ping / 029

Abstract: Policy made by a state or a political party is to achieve for establishing a code of conduct in a certain historical period. Planning is a comprehensive long-term development plan, is the future of the overall long-term strategic thinking as well as designs the future package pictures. 2016, the CPC Central Committee and the State Council as well as major ministries have issued eight important documents related to health and leisure industries. The important of these documents and the high level of it can be described as unprecedented. The paper analyses the policies on ice and snow sports industry, mountain outdoor sports industry, water sports industry, residents daily leisure sports industry, sports tourism industry and sports cultural creative industry from the social development times, the main developing target, the developing pattern as well as some confusion and problems in the perspective of leisure sports industry based on these national documents and policy. The paper also put forward some good suggestion on the future development of leisure sports industry.

Keywords: Healthy China; Leisure Healthy Industry; National Fitness Program; Leisure Sports Industry; Sports Tourism

G. 4　An Exploration of Chinese Leisure Education Policy

Liu Huimei, Shen Xiaoyun / 045

Abstract: Whilst the leisure education and leisure policy have aroused extensive concern, there remains little literature on leisure education policy. This article discusses the definitions of leisure education and leisure education policy, reviews the latest Chinese leisure education policies, including the specific content, the policy making body and the characteristics of leisure education policy in China, and identifies some weakness of the policy, then offers suggestions on the future leisure education policy making in China.

Keywords: Ieisure Education Policy; Paid Leave; Holiday Sgstem Development

Ⅲ　Space Reports

G. 5　Public Cultural Space and Urban Residents' Leisure

　　　Participation in China　　　*Cheng Suiying, Rong Peijun* / 062

Abstract: Urban public cultural space is an important place for urban residents and tourists to carry out leisure activities. With the rapid progress of urbanization, the change of residential work style and life style, the adjustment of national holiday policy and the arrival of population aging society, the residents' demand for leisure activities and leisure places has been improved rapidly. However, due to the rising urban land price, the change of commercial operation mode, the guidance of bad social atmosphere and the lack of foresighted planning, the urban public leisure space, which the urban residents rely on, is squeezed seriously, especially thecity public culturalspace. In order to improve the urban residents' leisure experience and guarantee the residents' quality of life, it is of great significance to solve the structural contradiction between urban residents' leisure demand and the supply of public cultural space.

Keywords: Public Cultural Space; Leisure Participation; Urban Residents Leisure

G. 6　A Study on the Characteristics and Differentiation of the Spatial Distribution of Sports Leisure Places in Shanghai

Lou JiaJun, Xu Aiping and Li Ting / 077

Abstract: Taking the Shanghai city recreation area as the research scope, this paper uses the ArcGIS 9. 0 software to analyze the spatial distribution of sports leisure places. The results show that the sport leisure places have the characteristics of multicenter gradient distribution, and the trend of disharmony with population distribution. Then the paper uses the index of regional economy to measure the difference of spatial distribution. The results show that the distribution having a relatively balanced within Shanghai city, but existing differences between counties. The three equilibrium ratio shows that the economic equilibrium coefficient is the smallest. It is illustrated that the economic factors influenced the spatial distribution of Shanghai sports leisure place. The greater the proportion of sports leisure economy, space distribution is more balanced.

Keywords: Sport Leisure Place; Distribution Characteristics; Spatial Distribution

B. 7　Practice and Reflection on the Construction of Central Recreation District

　　—*Taking Beijing Olympic Park as an Example*　　*Wu Jinmei* / 90

Abstract: With the sustained and healthy development of the China's economic and social, national's stability and positive view of leisure is gradually forming. The construction of city central area has pushed ahead. From the view of construction and development of Beijing Olympic Park, the construction of city central area shows the image of the city, carrying the window function, meeting the public demand for leisure, gathering industry. It is public's leisure gathering place and city sightseeing experience place, which has great significance in upgrading the city leisure function and promoting the development of the city. The Beijing Olympic Park has experience in construction practice, but also has experienced confusion and problems. Through this case we can see the need for planning in multiple aspects and promoting co-ordination, in order to achieve better results in the construction of the city central leisure district.

Keywords: City; Central Recreation District; Beijing Olympic Park

G. 8 Impact of Social Media Information Dissemination Mode on Urban Recreational Space of Small and Medium Towns

Shen Han, He Yimeng / 103

Abstract: Small and medium towns are linkage between large cities and countryside. Recent development of small and medium towns has released the tension caused by overdevelopment of large cities. Leisure space of small and medium towns has its unique features other than those of larger cities. Mobile Internet plays an important role in reshaping the leisure demands and space of small and medium town residents, by shifting information communication pattern. It gave rise to flexible leisure activities via visual space. More diversified leisure choices were created. Experience became a key influencer in people's leisure decision. These new behavior and demands have imposed significant impact leisure space, and require new urban planning solutions.

Keywords: Urbanization; Social Media; Leisure Space; Leisure Needs

G. 9 Construction of Age-friendly Urban Leisure Space under the Idea of Regimen

—*Taking Hangzhou for Example*   *Jiang Yan, Guo Zhu / 114*

Abstract: More of the elderly's physiological and psychological features and their needs should be considered during the construction of urban leisure space, with the ageing of Chinese society. Hangzhou as the Oriental Capital of Leisure, is filled with age-friendly culture, such as positive and friendly atmosphere and profound historical culture, and also some negative elements, such as air pollution. Somescattered urban leisure spaces have been formed spontaneously by the elderly at present. More convenient and comfortable urban leisure spaces with characteristics should be provided under the idea of regimen as follows. Firstly, urban health care complex for the elderly should be constructed. Secondly, the function of health care should be added to the existing urban leisure spaces. Thirdly, online urban leisure spaces should be constructed. Fourthly, health and leisure functionshould be enhanced in nursing homes. Fifthly, transportation conditions should be improved for the elderly.

Keywords: Aging Society; Urban Leisure Space; Health Care

Ⅳ　Industry Reports

G. 10　Analysis and Prospect of Chinese Cultural Leisure Industry

Zhao Xin / 126

Abstract: In the background of new economic normality, the development of cultural leisure industry has become more important and arisen more attention. This paper summarizes the current background of cultural leisure industry. It benefits from polices implementation, consumption improvement, and Internet technology application. The market size of Chinese cultural leisure industry rapidly develops, public welfare cultural leisure industry smoothly spreads, traditional and emerging cultural leisure industry well develops. However, the industry as a whole is lagging behind reform, demand and supply needing further adjustment and industry development shows a multi-level imbalance. Finally, the article puts forward four proposals from the perspective of deepening reform, innovation exploring consumer demand, supply side, as well as finding balance point of industrial development.

Keywords: Cultural and Leisure; Supply Side Reform; Cultural Market

G. 11　Development and Prospect of China's Sports Leisure
　　　　Goods Industry　　　*Li Hongbo, Jiang Shan and Wu Yinhong* / 140

Abstract: In recent years, as government's support vigorously and personal disposable income consistently increased, sports and leisure goods have begun to change certain groups to popularization. Driven by such factors as "Internet plus"、"Sports plus"、"National Fitness Project"、"Popular Tourist Leisure", more people like to participated in sport recreation. This change bring sports and leisure goods industry and related industries to flourish in China. This paper started with the development environment of the sports and leisure goods industry, took product quality、product brand and marketing channel as the main point, analyzed the present situation and existing problems of the industry, and on the basic of analysis results puts forward the corresponding development suggestions.

Keywords: Sports Leisure Goods; Development Situation; Trend

G. 12　Development of China's RV Camping Tourism
　　　　　　　　　　　　　　Lin Zhanglin, Fu Quansheng / 156

Abstract: In September 2016, on accelerating the construction of the self-driving RV camp notification on 2016' has officially released. As one of the new hot spots on the development of tourism industry in China, how to effectively attract RV Park investment, accelerate the camp construction and RV tourism development, and strengthenthe attractionunceasingly are significant factors to achieve the rapid and sustainable development of RV camping tourism industry. From theanalyzing of RV campground development status in China, and combing characteristics of RV campground tourism market, the paper sorts out the RV camping tourism problems and puts forward countermeasures accordingly.

Keywords: RV Tourism; Campground Construction; Camping Construction

G. 13　Measures and Explorations on Integrative Development of Tourism and Leisure: Hangzhou Case Study　　*Li Hong* / 171

Abstract: With the strategy of Four Comprehensives set by the Central Committee of CCP as the general guide line, adhering to the "Holistic Tourism" and "Tourism Internationalization" as two major directions, carrying out five development concept of innovation, harmonization, green, openness and sharing, Hangzhou's tourism industry help surban and rural areas to balance their development, creates a new basis for industrial integration. In particular, the city's tourism is committed to making full use of the G20 summit, the Asian Games and other major events as its urban development opportunities to further deepen its tourism internationalization, improve the tourism quality and push forward the industrial's transformation and upgrading. By integrating new and old factors, collectively creating industrial value and booming-up of new business model, Hangzhou will make its way to becoming "an internationally important tourism and leisure center".

As per Hangzhou's practice, the integration of tourism and leisure industry basically fall into four categories: factor integration, resource integration, technology integration and function integration, while factor integration serves as the base for development, resource integration as the important start-point, technology integration as the innovative direction, function integration as the core mission.

Keywords: Tourism; Leisure; Integration Development

G. 14　The Development of Rural Leisure Industry in China: A Case Study of Zhejiang Province　　*Wang Wanfei, Mao Runze* / 181

Abstract: In recent years, China's rural leisure industry has flourished in all parts of the country, and is considered to be an emerging pillar industry for prospering rural areas and making rich for peasants. The development of rural leisure industry is relatively early and with high maturity in Zhejiang Province. In the development of the leisure agriculture, rural tourism, rural dormitory industry, rural culture and leisure industry, rural sports and leisure industry, rural health and other fields, Huzhou model, Lishui model, Fuyang model, Hengdian model, Wuzhen model and other typical development model have emerged in Zhejiang Province. It is worth promoted and learned from its innovation of concept development, institutional innovation, product innovation, standardization innovation, industrial integrated development, industrial cluster development, leisure talent training and other aspects of development experience.

Keywords: Rural Leisure Industry; Beautiful Countryside; New Rural Construction; CountrySide Tour

V Demands Reports

G. 15 Beijing Citizen's Living Changes in 20 Years

Wang Qiyan, Wei Jiajia / 194

Abstract: This paper make use of the investigation data on time allocation made by Research Center of Leisure Economy of China, Renmin University of China between 1996 and 2016 to analyze the changes in Beijing citizen's living style during the 20 years. Deep changes have taken place in Beijing dwellers' living life. From the daily time, the working time is shortened and the personal needed time is greatly increased. Although the average weekly leisure time has decreased, but with the implementation of paid leave system and the national holiday system reform, residents have more and more annual leave. The increasing of the frequency and the expenditures of leisure activities shows residents' consuming ability have been developed.

Keywords: Time Allocation; Work Leisure; Paid Leaue

G. 16　Dining Environment under the Background of Leidsure Needs of the Dining　　*Li Zhen, Lu Huijuan and Li Xiang / 209*

Abstract: Catering culture is rooted in the bone marrow of Chinese people. With the continuous development of the economy, eating out is no longer just for the sake of the abdomen or business entertainment activities, it has become an important way for people's daily leisure and recreation. For the dining environment, different consumers have different requirements and choices. In this study, it explores the dining environment demand of consumers under the background of leisure needs of the dining throughinterview and questionnaire survey and finds that consumer's demands for dining environment can be met mainly from the following several aspects: the combination of restaurant and modern technology; thelocation of the restaurant; restaurant cleanliness maintenance; the maintenance of restaurant staff's mental outlook; improvement of catering functions.

Keywords: Spiritual Consumption; Dining Environment; Catering

Ⅵ　International Experience and Lessons

G. 17　Prospects for Leisure in An Urbanizing China: Is the United States Model Relevant?

Written by Geoffrey Godbey, Translated by Jiang Yan / 223

Abstract: The quick urbanization of Chinese cities led to the higher population density, women's more leisure opportunities, more young people moving to major urban centers, and urban aging, which had a strong impact on leisure. The government should make more policies concerning leisure, and the leisure service organizations had a wide variety of roles. Chinese government was suggested to continue to establish policy for leisure in urban areas.

Keywords: Urbanization; Leisure Policy; Leisure Service Organizations

G. 18　Leisure and Outdoor Recreation in Canada

Written by Geoffrey Wall, Translated by Su Mingming / 238

Abstract: Canada is a large, northern, urbanized country of immigrants. The roles of the public, private and non-profit sectors are discussed in the context of park provision and winter recreation in Canada. The role of transportation, spatial considerations and the proliferation of special events are examined.

Keywords: Canada; Outdoor Recreation; Public Sector; Non-profit Organization

G. 19　Australian Local Government Services for Leisure and Outdoor Recreation

Written by Noel Scott, Translated by Zhao Lili / 247

Abstract: This chapter discusses leisure and outdoor recreation in Australia. It firstly discusses trends in sport and physical recreation, as well as cultural activities. Next the role of the government in these activities is discussed, at three levels, Federal, State and Local Government levels. The reason why governments in Australia are discussed and two case studies of local government recreation activities are provided.

Keywords: Keywords: Leisure; Recreation; Cultural Activities; Australia; Government Roles

社会科学文献出版社　　**皮书系列**

❖ 皮书起源 ❖

"皮书"起源于十七、十八世纪的英国,主要指官方或社会组织正式发表的重要文件或报告,多以"白皮书"命名。在中国,"皮书"这一概念被社会广泛接受,并被成功运作、发展成为一种全新的出版形态,则源于中国社会科学院社会科学文献出版社。

❖ 皮书定义 ❖

皮书是对中国与世界发展状况和热点问题进行年度监测,以专业的角度、专家的视野和实证研究方法,针对某一领域或区域现状与发展态势展开分析和预测,具备原创性、实证性、专业性、连续性、前沿性、时效性等特点的公开出版物,由一系列权威研究报告组成。

❖ 皮书作者 ❖

皮书系列的作者以中国社会科学院、著名高校、地方社会科学院的研究人员为主,多为国内一流研究机构的权威专家学者,他们的看法和观点代表了学界对中国与世界的现实和未来最高水平的解读与分析。

❖ 皮书荣誉 ❖

皮书系列已成为社会科学文献出版社的著名图书品牌和中国社会科学院的知名学术品牌。2016年,皮书系列正式列入"十三五"国家重点出版规划项目;2012~2016年,重点皮书列入中国社会科学院承担的国家哲学社会科学创新工程项目;2017年,55种院外皮书使用"中国社会科学院创新工程学术出版项目"标识。

中国皮书网

发布皮书研创资讯，传播皮书精彩内容
引领皮书出版潮流，打造皮书服务平台

栏目设置

关于皮书：何谓皮书、皮书分类、皮书大事记、皮书荣誉、
皮书出版第一人、皮书编辑部
最新资讯：通知公告、新闻动态、媒体聚焦、网站专题、视频直播、下载专区
皮书研创：皮书规范、皮书选题、皮书出版、皮书研究、研创团队
皮书评奖评价：指标体系、皮书评价、皮书评奖
互动专区：皮书说、皮书智库、皮书微博、数据库微博

所获荣誉

2008年、2011年，中国皮书网均在全国新闻出版业网站荣誉评选中获得"最具商业价值网站"称号；

2012年，获得"出版业网站百强"称号。

网库合一

2014年，中国皮书网与皮书数据库端口合一，实现资源共享。更多详情请登录www.pishu.cn。

权威报告·热点资讯·特色资源

皮书数据库
ANNUAL REPORT(YEARBOOK) DATABASE

当代中国与世界发展高端智库平台

所获荣誉

- 2016年，入选"国家'十三五'电子出版物出版规划骨干工程"
- 2015年，荣获"搜索中国正能量 点赞2015""创新中国科技创新奖"
- 2013年，荣获"中国出版政府奖·网络出版物奖"提名奖
- 连续多年荣获中国数字出版博览会"数字出版·优秀品牌"奖

成为会员

通过网址www.pishu.com.cn或使用手机扫描二维码进入皮书数据库网站，进行手机号码验证或邮箱验证即可成为皮书数据库会员（建议通过手机号码快速验证注册）。

会员福利

- 使用手机号码首次注册会员可直接获得100元体验金，不需充值即可购买和查看数据库内容（仅限使用手机号码快速注册）。
- 已注册用户购书后可免费获赠100元皮书数据库充值卡。刮开充值卡涂层获取充值密码，登录并进入"会员中心"—"在线充值"—"充值卡充值"，充值成功后即可购买和查看数据库内容。

卡号：577539818745
密码：

数据库服务热线：400-008-6695
数据库服务QQ：2475522410
数据库服务邮箱：database@ssap.cn
图书销售热线：010-59367070/7028
图书服务QQ：1265056568
图书服务邮箱：duzhe@ssap.cn

子库介绍
Sub-Database Introduction

中国经济发展数据库

涵盖宏观经济、农业经济、工业经济、产业经济、财政金融、交通旅游、商业贸易、劳动经济、企业经济、房地产经济、城市经济、区域经济等领域，为用户实时了解经济运行态势、把握经济发展规律、洞察经济形势、做出经济决策提供参考和依据。

中国社会发展数据库

全面整合国内外有关中国社会发展的统计数据、深度分析报告、专家解读和热点资讯构建而成的专业学术数据库。涉及宗教、社会、人口、政治、外交、法律、文化、教育、体育、文学艺术、医药卫生、资源环境等多个领域。

中国行业发展数据库

以中国国民经济行业分类为依据，跟踪分析国民经济各行业市场运行状况和政策导向，提供行业发展最前沿的资讯，为用户投资、从业及各种经济决策提供理论基础和实践指导。内容涵盖农业，能源与矿产业，交通运输业，制造业，金融业，房地产业，租赁和商务服务业，科学研究，环境和公共设施管理，居民服务业，教育，卫生和社会保障，文化、体育和娱乐业等 100 余个行业。

中国区域发展数据库

对特定区域内的经济、社会、文化、法治、资源环境等领域的现状与发展情况进行分析和预测。涵盖中部、西部、东北、西北等地区，长三角、珠三角、黄三角、京津冀、环渤海、合肥经济圈、长株潭城市群、关中一天水经济区、海峡经济区等区域经济体和城市圈，北京、上海、浙江、河南、陕西等 34 个省份及中国台湾地区。

中国文化传媒数据库

包括文化事业、文化产业、宗教、群众文化、图书馆事业、博物馆事业、档案事业、语言文字、文学、历史地理、新闻传播、广播电视、出版事业、艺术、电影、娱乐等多个子库。

世界经济与国际关系数据库

以皮书系列中涉及世界经济与国际关系的研究成果为基础，全面整合国内外有关世界经济与国际关系的统计数据、深度分析报告、专家解读和热点资讯构建而成的专业学术数据库。包括世界经济、国际政治、世界文化与科技、全球性问题、国际组织与国际法、区域研究等多个子库。

法律声明

"皮书系列"(含蓝皮书、绿皮书、黄皮书)之品牌由社会科学文献出版社最早使用并持续至今,现已被中国图书市场所熟知。"皮书系列"的LOGO(⬛)与"经济蓝皮书""社会蓝皮书"均已在中华人民共和国国家工商行政管理总局商标局登记注册。"皮书系列"图书的注册商标专用权及封面设计、版式设计的著作权均为社会科学文献出版社所有。未经社会科学文献出版社书面授权许可,任何使用与"皮书系列"图书注册商标、封面设计、版式设计相同或者近似的文字、图形或其组合的行为均系侵权行为。

经作者授权,本书的专有出版权及信息网络传播权为社会科学文献出版社享有。未经社会科学文献出版社书面授权许可,任何就本书内容的复制、发行或以数字形式进行网络传播的行为均系侵权行为。

社会科学文献出版社将通过法律途径追究上述侵权行为的法律责任,维护自身合法权益。

欢迎社会各界人士对侵犯社会科学文献出版社上述权利的侵权行为进行举报。电话:010-59367121,电子邮箱:fawubu@ssap.cn。

社会科学文献出版社

皮书品牌20年
1997~2017
YEAR BOOKS

皮书系列

2017年

智库成果出版与传播平台

社会科学文献出版社
SOCIAL SCIENCES ACADEMIC PRESS (CHINA)

社长致辞

2017年正值皮书品牌专业化二十周年之际,世界每天都在发生着让人眼花缭乱的变化,而唯一不变的,是面向未来无数的可能性。作为个体,如何获取专业信息以备不时之需?作为行政主体或企事业主体,如何提高决策的科学性让这个世界变得更好而不是更糟?原创、实证、专业、前沿、及时、持续,这是1997年"皮书系列"品牌创立的初衷。

1997~2017,从最初一个出版社的学术产品名称到媒体和公众使用频率极高的热点词语,从专业术语到大众话语,从官方文件到独特的出版型态,作为重要的智库成果,"皮书"始终致力于成为海量信息时代的信息过滤器,成为经济社会发展的记录仪,成为政策制定、评估、调整的智力源,社会科学研究的资料集成库。"皮书"的概念不断延展,"皮书"的种类更加丰富,"皮书"的功能日渐完善。

1997~2017,皮书及皮书数据库已成为中国新型智库建设不可或缺的抓手与平台,成为政府、企业和各类社会组织决策的利器,成为人文社科研究最基本的资料库,成为世界系统完整及时认知当代中国的窗口和通道。"皮书"所具有的凝聚力正在形成一种无形的力量,吸引着社会各界关注中国的发展,参与中国的发展。

二十年的"皮书"正值青春,愿每一位皮书人付出的年华与智慧不辜负这个时代!

社会科学文献出版社社长
中国社会学会秘书长

2016年11月

社会科学文献出版社简介

社会科学文献出版社成立于1985年,是直属于中国社会科学院的人文社会科学学术出版机构。成立以来,社科文献出版社依托于中国社会科学院和国内外人文社会科学界丰厚的学术出版和专家学者资源,始终坚持"创社科经典,出传世文献"的出版理念、"权威、前沿、原创"的产品定位以及学术成果和智库成果出版的专业化、数字化、国际化、市场化的经营道路。

社科文献出版社是中国新闻出版业转型与文化体制改革的先行者。积极探索文化体制改革的先进方向和现代企业经营决策机制,社科文献出版社先后荣获"全国文化体制改革工作先进单位"、中国出版政府奖·先进出版单位奖,中国社会科学院先进集体、全国科普工作先进集体等荣誉称号。多人次荣获"第十届韬奋出版奖""全国新闻出版行业领军人才""数字出版先进人物""北京市新闻出版广电行业领军人才"等称号。

社科文献出版社是中国人文社会科学学术出版的大社名社,也是以皮书为代表的智库成果出版的专业强社。年出版图书2000余种,其中皮书350余种,出版新书字数5.5亿字,承印与发行中国社科院院属期刊72种,先后创立了皮书系列、列国志、中国史话、社科文献学术译库、社科文献学术文库、甲骨文书系等一大批既有学术影响又有市场价值的品牌,确立了在社会学、近代史、苏东问题研究等专业学科及领域出版的领先地位。图书多次荣获中国出版政府奖、"三个一百"原创图书出版工程、"五个'一'工程奖"、"大众喜爱的50种图书"等奖项,在中央国家机关"强素质·做表率"读书活动中,入选图书品种数位居各大出版社之首。

社科文献出版社是中国学术出版规范与标准的倡议者与制定者,代表全国50多家出版社发起实施学术著作出版规范的倡议,承担学术著作规范国家标准的起草工作,率先编撰完成《皮书手册》对皮书品牌进行规范化管理,并在此基础上推出中国版芝加哥手册——《SSAP学术出版手册》。

社科文献出版社是中国数字出版的引领者,拥有皮书数据库、列国志数据库、"一带一路"数据库、减贫数据库、集刊数据库等4大产品线11个数据库产品,机构用户达1300余家,海外用户百余家,荣获"数字出版转型示范单位""新闻出版标准化先进单位""专业数字内容资源知识服务模式试点企业标准化示范单位"等称号。

社科文献出版社是中国学术出版走出去的践行者。社科文献出版社海外图书出版与学术合作业务遍及全球40余个国家和地区并于2016年成立俄罗斯分社,累计输出图书500余种,涉及近20个语种,累计获得国家社科基金中华学术外译项目资助76种、"丝路书香工程"项目资助60种、中国图书对外推广计划项目资助71种以及经典中国国际出版工程资助28种,被商务部认定为"2015-2016年度国家文化出口重点企业"。

如今,社科文献出版社拥有固定资产3.6亿元,年收入近3亿元,设置了七大出版分社、六大专业部门,成立了皮书研究院和博士后科研工作站,培养了一支近400人的高素质与高效率的编辑、出版、营销和国际推广队伍,为未来成为学术出版的大社、名社、强社,成为文化体制改革与文化企业转型发展的排头兵奠定了坚实的基础。

经 济 类

皮书系列重点推荐

经济类皮书涵盖宏观经济、城市经济、大区域经济，提供权威、前沿的分析与预测

经济蓝皮书
2017年中国经济形势分析与预测
李扬 / 主编　2017年1月出版　定价：89.00元

◆ 本书为总理基金项目，由著名经济学家李扬领衔，联合中国社会科学院等数十家科研机构、国家部委和高等院校的专家共同撰写，系统分析了2016年的中国经济形势并预测2017年中国经济运行情况。

中国省域竞争力蓝皮书
中国省域经济综合竞争力发展报告（2015～2016）
李建平　李闽榕　高燕京 / 主编　2017年5月出版　定价：198.00元

◆ 本书融多学科的理论为一体，深入追踪研究了省域经济发展与中国国家竞争力的内在关系，为提升中国省域经济综合竞争力提供有价值的决策依据。

城市蓝皮书
中国城市发展报告No.10
潘家华　单菁菁 / 主编　2017年9月出版　估价：89.00元

◆ 本书是由中国社会科学院城市发展与环境研究中心编著的，多角度、全方位地立体展示了中国城市的发展状况，并对中国城市的未来发展提出了许多建议。该书有强烈的时代感，对中国城市发展实践有重要的参考价值。

皮书系列 重点推荐　经济类

人口与劳动绿皮书
中国人口与劳动问题报告 No.18
蔡昉 / 张车伟 / 主编　2017 年 10 月出版　估价：89.00 元

◆ 本书为中国社会科学院人口与劳动经济研究所主编的年度报告，对当前中国人口与劳动形势做了比较全面和系统的深入讨论，为研究中国人口与劳动问题提供了一个专业性的视角。

世界经济黄皮书
2017 年世界经济形势分析与预测
张宇燕 / 主编　2017 年 1 月出版　定价：89.00 元

◆ 本书由中国社会科学院世界经济与政治研究所的研究团队撰写，2016 年世界经济增速进一步放缓，就业增长放慢。世界经济面临许多重大挑战同时，地缘政治风险、难民危机、大国政治周期、恐怖主义等问题也仍然在影响世界经济的稳定与发展。预计 2017 年按 PPP 计算的世界 GDP 增长率约为 3.0%。

国际城市蓝皮书
国际城市发展报告（2017）
屠启宇 / 主编　2017 年 2 月出版　定价：79.00 元

◆ 本书作者以上海社会科学院从事国际城市研究的学者团队为核心，汇集同济大学、华东师范大学、复旦大学、上海交通大学、南京大学、浙江大学相关城市研究专业学者。立足动态跟踪介绍国际城市发展时间中，最新出现的重大战略、重大理念、重大项目、重大报告和最佳案例。

金融蓝皮书
中国金融发展报告（2017）
王国刚 / 主编　2017 年 2 月出版　定价：79.00 元

◆ 本书由中国社会科学院金融研究所组织编写，概括和分析了 2016 年中国金融发展和运行中的各方面情况，研讨和评论了 2016 年发生的主要金融事件，有利于读者了解掌握 2016 年中国的金融状况，把握 2017 年中国金融的走势。

经济类 — 皮书系列 重点推荐

农村绿皮书
中国农村经济形势分析与预测（2016～2017）

魏后凯 杜志雄 黄秉信/主编　2017年4月出版　估价：89.00元

◆ 本书描述了2016年中国农业农村经济发展的一些主要指标和变化，并对2017年中国农业农村经济形势的一些展望和预测，提出相应的政策建议。

西部蓝皮书
中国西部发展报告（2017）

徐璋勇/主编　2017年7月出版　估价：89.00元

◆ 本书由西北大学中国西部经济发展研究中心主编，汇集了源自西部本土以及国内研究西部问题的权威专家的第一手资料，对国家实施西部大开发战略进行年度动态跟踪，并对2017年西部经济、社会发展态势进行预测和展望。

经济蓝皮书·夏季号
中国经济增长报告（2016～2017）

李扬/主编　2017年9月出版　估价：98.00元

◆ 中国经济增长报告主要探讨2016~2017年中国经济增长问题，以专业视角解读中国经济增长，力求将其打造成一个研究中国经济增长、服务宏微观各级决策的周期性、权威性读物。

就业蓝皮书
2017年中国本科生就业报告

麦可思研究院/编著　2017年6月出版　估价：98.00元

◆ 本书基于大量的数据和调研，内容翔实，调查独到，分析到位，用数据说话，对中国大学生就业及学校专业设置起到了很好的建言献策作用。

皮书系列 重点推荐　　社会政法类

社 会 政 法 类

社会政法类皮书聚焦社会发展领域的热点、难点问题，
提供权威、原创的资讯与视点

社会蓝皮书

2017年中国社会形势分析与预测

李培林　陈光金　张翼/主编　2016年12月出版　定价：89.00元

◆ 本书由中国社会科学院社会学研究所组织研究机构专家、高校学者和政府研究人员撰写，聚焦当下社会热点，对2016年中国社会发展的各个方面内容进行了权威解读，同时对2017年社会形势发展趋势进行了预测。

法治蓝皮书

中国法治发展报告No.15（2017）

李林　田禾/主编　2017年3月出版　定价：118.00元

◆ 本年度法治蓝皮书回顾总结了2016年度中国法治发展取得的成就和存在的不足，对中国政府、司法、检务透明度进行了跟踪调研，并对2017年中国法治发展形势进行了预测和展望。

社会体制蓝皮书

中国社会体制改革报告No.5（2017）

龚维斌/主编　2017年3月出版　定价：89.00元

◆ 本书由国家行政学院社会治理研究中心和北京师范大学中国社会管理研究院共同组织编写，主要对2016年社会体制改革情况进行回顾和总结，对2017年的改革走向进行分析，提出相关政策建议。

社会政法类　　皮书系列 重点推荐

社会心态蓝皮书
中国社会心态研究报告（2017）

王俊秀　杨宜音/主编　2017年12月出版　估价：89.00元

◆ 本书是中国社会科学院社会学研究所社会心理研究中心"社会心态蓝皮书课题组"的年度研究成果，运用社会心理学、社会学、经济学、传播学等多种学科的方法进行了调查和研究，对于目前中国社会心态状况有较广泛和深入的揭示。

生态城市绿皮书
中国生态城市建设发展报告（2017）

刘举科　孙伟平　胡文臻/主编　2017年7月出版　估价：118.00元

◆ 报告以绿色发展、循环经济、低碳生活、民生宜居为理念，以更新民众观念、提供决策咨询、指导工程实践、引领绿色发展为宗旨，试图探索一条具有中国特色的城市生态文明建设新路。

城市生活质量蓝皮书
中国城市生活质量报告（2017）

中国经济实验研究院/主编　2017年7月出版　估价：89.00元

◆ 本书对全国35个城市居民的生活质量主观满意度进行了电话调查，同时对35个城市居民的客观生活质量指数进行了计算，为中国城市居民生活质量的提升，提出了针对性的政策建议。

公共服务蓝皮书
中国城市基本公共服务力评价（2017）

钟君　刘志昌　吴正杲/主编　2017年12月出版　估价：89.00元

◆ 中国社会科学院经济与社会建设研究室与华图政信调查组成联合课题组，从2010年开始对基本公共服务力进行研究，研创了基本公共服务力评价指标体系，为政府考核公共服务与社会管理工作提供了理论工具。

皮书系列 重点推荐 　行业报告类

行业报告类

行业报告类皮书立足重点行业、新兴行业领域，提供及时、前瞻的数据与信息

企业社会责任蓝皮书
中国企业社会责任研究报告（2017）

黄群慧　钟宏武　张蒽　翟利峰 / 著　　2017年10月出版　　估价：89.00元

◆ 本书剖析了中国企业社会责任在2016～2017年度的最新发展特征，详细解读了省域国有企业在社会责任方面的阶段性特征，生动呈现了国内外优秀企业的社会责任实践。对了解中国企业社会责任履行现状、未来发展，以及推动社会责任建设有重要的参考价值。

新能源汽车蓝皮书
中国新能源汽车产业发展报告（2017）

中国汽车技术研究中心　日产（中国）投资有限公司
东风汽车有限公司 / 编著　　2017年7月出版　　估价：98.00元

◆ 本书对中国2016年新能源汽车产业发展进行了全面系统的分析，并介绍了国外的发展经验。有助于相关机构、行业和社会公众等了解中国新能源汽车产业发展的最新动态，为政府部门出台新能源汽车产业相关政策法规、企业制定相关战略规划，提供必要的借鉴和参考。

杜仲产业绿皮书
中国杜仲橡胶资源与产业发展报告（2016～2017）

杜红岩　胡文臻　俞锐 / 主编　　2017年4月出版　　估价：85.00元

◆ 本书对2016年杜仲产业的发展情况、研究团队在杜仲研究方面取得的重要成果、部分地区杜仲产业发展的具体情况、杜仲新标准的制定情况等进行了较为详细的分析与介绍，使广大关心杜仲产业发展的读者能够及时跟踪产业最新进展。

行业报告类 — 皮书系列 重点推荐

企业蓝皮书
中国企业绿色发展报告 No.2（2017）

李红玉 朱光辉 / 主编　　2017 年 8 月出版　　估价：89.00 元

◆ 本书深入分析中国企业能源消费、资源利用、绿色金融、绿色产品、绿色管理、信息化、绿色发展政策及绿色文化方面的现状，并对目前存在的问题进行研究，剖析因果，谋划对策，为企业绿色发展提供借鉴，为中国生态文明建设提供支撑。

中国上市公司蓝皮书
中国上市公司发展报告（2017）

张平　王宏淼 / 主编　　2017 年 10 月出版　　估价：98.00 元

◆ 本书由中国社会科学院上市公司研究中心组织编写的，着力于全面、真实、客观反映当前中国上市公司财务状况和价值评估的综合性年度报告。本书详尽分析了 2016 年中国上市公司情况，特别是现实中暴露出的制度性、基础性问题，并对资本市场改革进行了探讨。

资产管理蓝皮书
中国资产管理行业发展报告（2017）

智信资产管理研究院 / 编著　　2017 年 6 月出版　　估价：89.00 元

◆ 中国资产管理行业刚刚兴起，未来将成为中国金融市场最有看点的行业。本书主要分析了 2016 年度资产管理行业的发展情况，同时对资产管理行业的未来发展做出科学的预测。

体育蓝皮书
中国体育产业发展报告（2017）

阮伟　钟秉枢 / 主编　　2017 年 12 月出版　　估价：89.00 元

◆ 本书运用多种研究方法，在体育竞赛业、体育用品业、体育场馆业、体育传媒业等传统产业研究的基础上，并对 2016 年体育领域内的各种热点事件进行研究和梳理，进一步拓宽了研究的广度、提升了研究的高度、挖掘了研究的深度。

皮书系列重点推荐　国别与地区类

国际问题类

国际问题类皮书关注全球重点国家与地区，提供全面、独特的解读与研究

美国蓝皮书
美国研究报告（2017）

郑秉文　黄平 / 主编　2017年6月出版　估价：89.00元

◆ 本书是由中国社会科学院美国研究所主持完成的研究成果，它回顾了美国2016年的经济、政治形势与外交战略，对2017年以来美国内政外交发生的重大事件及重要政策进行了较为全面的回顾和梳理。

日本蓝皮书
日本研究报告（2017）

杨伯江 / 主编　2017年5月出版　估价：89.00元

◆ 本书对2016年日本的政治、经济、社会、外交等方面的发展情况做了系统介绍，对日本的热点及焦点问题进行了总结和分析，并在此基础上对该国2017年的发展前景做出预测。

亚太蓝皮书
亚太地区发展报告（2017）

李向阳 / 主编　2017年4月出版　估价：89.00元

◆ 本书是中国社会科学院亚太与全球战略研究院的集体研究成果。2017年的"亚太蓝皮书"继续关注中国周边环境的变化。该书盘点了2016年亚太地区的焦点和热点问题，为深入了解2016年及未来中国与周边环境的复杂形势提供了重要参考。

德国蓝皮书

德国发展报告（2017）

郑春荣 / 主编　2017年6月出版　估价：89.00元

◆　本报告由同济大学德国研究所组织编撰，由该领域的专家学者对德国的政治、经济、社会文化、外交等方面的形势发展情况，进行全面的阐述与分析。

日本经济蓝皮书

日本经济与中日经贸关系研究报告（2017）

张季风 / 编著　2017年5月出版　估价：89.00元

◆　本书系统、详细地介绍了2016年日本经济以及中日经贸关系发展情况，在进行了大量数据分析的基础上，对2017年日本经济以及中日经贸关系的大致发展趋势进行了分析与预测。

俄罗斯黄皮书

俄罗斯发展报告（2017）

李永全 / 编著　2017年7月出版　估价：89.00元

◆　本书系统介绍了2016年俄罗斯经济政治情况，并对2016年该地区发生的焦点、热点问题进行了分析与回顾；在此基础上，对该地区2017年的发展前景进行了预测。

非洲黄皮书

非洲发展报告 No.19（2016～2017）

张宏明 / 主编　2017年8月出版　估价：89.00元

◆　本书是由中国社会科学院西亚非洲研究所组织编撰的非洲形势年度报告，比较全面、系统地分析了2016年非洲政治形势和热点问题，探讨了非洲经济形势和市场走向，剖析了大国对非洲关系的新动向；此外，还介绍了国内非洲研究的新成果。

皮书系列 重点推荐　地方发展类

地方发展类

地方发展类皮书关注中国各省份、经济区域，提供科学、多元的预判与资政信息

北京蓝皮书
北京公共服务发展报告（2016~2017）

施昌奎/主编　2017年3月出版　定价：79.00元

◆ 本书是由北京市政府职能部门的领导、首都著名高校的教授、知名研究机构的专家共同完成的关于北京市公共服务发展与创新的研究成果。

河南蓝皮书
河南经济发展报告（2017）

张占仓　完世伟/主编　2017年4月出版　估价：89.00元

◆ 本书以国内外经济发展环境和走向为背景，主要分析当前河南经济形势，预测未来发展趋势，全面反映河南经济发展的最新动态、热点和问题，为地方经济发展和领导决策提供参考。

广州蓝皮书
2017年中国广州经济形势分析与预测

庾建设　陈浩钿　谢博能/主编　2017年7月出版　估价：85.00元

◆ 本书由广州大学与广州市委政策研究室、广州市统计局联合主编，汇集了广州科研团体、高等院校和政府部门诸多经济问题研究专家、学者和实际部门工作者的最新研究成果，是关于广州经济运行情况和相关专题分析、预测的重要参考资料。

文化传媒类

文 化 传 媒 类

文化传媒类皮书透视文化领域、文化产业，
探索文化大繁荣、大发展的路径

新媒体蓝皮书
中国新媒体发展报告 No.8（2017）

唐绪军 / 主编　2017 年 6 月出版　估价：89.00 元

◆ 本书是由中国社会科学院新闻与传播研究所组织编写的关于新媒体发展的最新年度报告，旨在全面分析中国新媒体的发展现状，解读新媒体的发展趋势，探析新媒体的深刻影响。

移动互联网蓝皮书
中国移动互联网发展报告（2017）

官建文 / 主编　2017 年 6 月出版　估价：89.00 元

◆ 本书着眼于对 2016 年度中国移动互联网的发展情况做深入解析，对未来发展趋势进行预测，力求从不同视角、不同层面全面剖析中国移动互联网发展的现状、年度突破及热点趋势等。

传媒蓝皮书
中国传媒产业发展报告（2017）

崔保国 / 主编　2017 年 5 月出版　估价：98.00 元

◆ "传媒蓝皮书"连续十多年跟踪观察和系统研究中国传媒产业发展。本报告在对传媒产业总体以及各细分行业发展状况与趋势进行深入分析基础上，对年度发展热点进行跟踪，剖析新技术引领下的商业模式，对传媒各领域发展趋势、内体经营、传媒投资进行解析，为中国传媒产业正在发生的变革提供前瞻行参考。

皮书系列 2017全品种 经济类

经济类

"三农"互联网金融蓝皮书
中国"三农"互联网金融发展报告（2017）
著(编)者：李勇坚 王弢　2017年8月出版 / 估价：98.00元
PSN B-2016-561-1/1

G20国家创新竞争力黄皮书
二十国集团（G20）国家创新竞争力发展报告（2016~2017）
著(编)者：李建平 李闽榕 赵新力　周天勇
2017年8月出版 / 估价：158.00元
PSN Y-2011-229-1/1

产业蓝皮书
中国产业竞争力报告（2017）No.7
著(编)者：张其仔　2017年12月出版 / 估价：98.00元
PSN B-2010-175-1/1

城市创新蓝皮书
中国城市创新报告（2017）
著(编)者：周天勇 旷建伟　2017年11月出版 / 估价：89.00元
PSN B-2013-340-1/1

城市蓝皮书
中国城市发展报告 No.10
著(编)者：潘家华 单菁菁　2017年9月出版 / 估价：89.00元
PSN B-2007-091-1/1

城乡一体化蓝皮书
中国城乡一体化发展报告（2016~2017）
著(编)者：汝信 付崇兰　2017年7月出版 / 估价：85.00元
PSN B-2011-226-1/2

城镇化蓝皮书
中国新型城镇化健康发展报告（2017）
著(编)者：张占斌　2017年8月出版 / 估价：89.00元
PSN B-2014-396-1/1

创新蓝皮书
创新型国家建设报告（2016~2017）
著(编)者：詹正茂　2017年12月出版 / 估价：89.00元
PSN B-2009-140-1/1

创业蓝皮书
中国创业发展报告（2016~2017）
著(编)者：黄群慧 赵卫星 钟宏武等
2017年11月出版 / 估价：89.00元
PSN B-2016-578-1/1

低碳发展蓝皮书
中国低碳发展报告（2016~2017）
著(编)者：齐晔 张希良　2017年3月出版 / 估价：98.00元
PSN B-2011-223-1/1

低碳经济蓝皮书
中国低碳经济发展报告（2017）
著(编)者：薛进军 赵忠秀　2017年6月出版 / 估价：85.00元
PSN B-2011-194-1/1

东北蓝皮书
中国东北地区发展报告（2017）
著(编)者：姜晓秋　2017年2月出版 / 定价：79.00元
PSN B-2006-067-1/1

发展与改革蓝皮书
中国经济发展和体制改革报告No.8
著(编)者：邹东涛 王再文　2017年4月出版 / 估价：98.00元
PSN B-2008-122-1/1

工业化蓝皮书
中国工业化进程报告（2017）
著(编)者：黄群慧　2017年12月出版 / 估价：158.00元
PSN B-2007-095-1/1

管理蓝皮书
中国管理发展报告（2017）
著(编)者：张晓东　2017年10月出版 / 估价：98.00元
PSN B-2014-416-1/1

国际城市蓝皮书
国际城市发展报告（2017）
著(编)者：屠启宇　2017年2月出版 / 定价：79.00元
PSN B-2012-260-1/1

国家创新蓝皮书
中国创新发展报告（2017）
著(编)者：陈劲　2017年12月出版 / 估价：89.00元
PSN B-2014-370-1/1

金融蓝皮书
中国金融发展报告（2017）
著(编)者：王国刚　2017年2月出版 / 定价：79.00元
PSN B-2004-031-1/6

京津冀金融蓝皮书
京津冀金融发展报告（2017）
著(编)者：王爱俭 李向前
2017年4月出版 / 估价：89.00元
PSN B-2016-528-1/1

京津冀蓝皮书
京津冀发展报告（2017）
著(编)者：文魁 祝尔娟　2017年4月出版 / 估价：89.00元
PSN B-2012-262-1/1

经济蓝皮书
2017年中国经济形势分析与预测
著(编)者：李扬　2017年1月出版 / 定价：89.00元
PSN B-1996-001-1/1

经济蓝皮书·春季号
2017年中国经济前景分析
著(编)者：李扬　2017年6月出版 / 估价：89.00元
PSN B-1999-008-1/1

经济蓝皮书·夏季号
中国经济增长报告（2016~2017）
著(编)者：李扬　2017年9月出版 / 估价：98.00元
PSN B-2010-176-1/1

经济信息绿皮书
中国与世界经济发展报告（2017）
著(编)者：杜平　2017年12月出版 / 定价：89.00元
PSN G-2003-023-1/1

就业蓝皮书
2017年中国本科生就业报告
著(编)者：麦可思研究院　2017年6月出版 / 估价：98.00元
PSN B-2009-146-1/2

经济类 — 皮书系列 2017全品种

就业蓝皮书
2017年中国高职高专生就业报告
著(编)者：麦可思研究院　2017年6月出版 / 估价：98.00元
PSN B-2015-472-2/2

科普能力蓝皮书
中国科普能力评价报告（2017）
著(编)者：李富 强李群　2017年8月出版 / 估价：89.00元
PSN B-2016-556-1/1

临空经济蓝皮书
中国临空经济发展报告（2017）
著(编)者：连玉明　2017年9月出版 / 估价：89.00元
PSN B-2014-421-1/1

农村绿皮书
中国农村经济形势分析与预测（2016~2017）
著(编)者：魏后凯 杜志雄 黄秉信
2017年4月出版 / 估价：89.00元
PSN G-1998-003-1/1

农业应对气候变化蓝皮书
气候变化对中国农业影响评估报告 No.3
著(编)者：矫梅燕　2017年8月出版 / 估价：98.00元
PSN B-2014-413-1/1

气候变化绿皮书
应对气候变化报告（2017）
著(编)者：王伟光 郑国光　2017年6月出版 / 估价：89.00元
PSN G-2009-144-1/1

区域蓝皮书
中国区域经济发展报告（2016~2017）
著(编)者：赵弘　2017年6月出版 / 估价：89.00元
PSN B-2004-034-1/1

全球环境竞争力绿皮书
全球环境竞争力报告（2017）
著(编)者：李建平 李闽榕 王金南
2017年12月出版 / 估价：198.00元
PSN B-2013-363-1/1

人口与劳动绿皮书
中国人口与劳动问题报告 No.18
著(编)者：蔡昉 张车伟　2017年11月出版 / 估价：89.00元
PSN G-2000-012-1/1

商务中心区蓝皮书
中国商务中心区发展报告 No.3（2016）
著(编)者：李国红 单菁菁　2017年4月出版 / 估价：89.00元
PSN B-2015-444-1/1

世界经济黄皮书
2017年世界经济形势分析与预测
著(编)者：张宇燕　2017年1月出版 / 定价：89.00元
PSN Y-1999-006-1/1

世界旅游城市绿皮书
世界旅游城市发展报告（2017）
著(编)者：宋宇　2017年4月出版 / 估价：128.00元
PSN G-2014-400-1/1

土地市场蓝皮书
中国农村土地市场发展报告（2016~2017）
著(编)者：李光荣　2017年4月出版 / 估价：89.00元
PSN B-2016-527-1/1

西北蓝皮书
中国西北发展报告（2017）
著(编)者：高建龙　2017年4月出版 / 估价：89.00元
PSN B-2012-261-1/1

西部蓝皮书
中国西部发展报告（2017）
著(编)者：徐璋勇　2017年7月出版 / 估价：89.00元
PSN B-2005-039-1/1

新型城镇化蓝皮书
新型城镇化发展报告（2017）
著(编)者：李伟 宋敏 沈体雁　2017年4月出版 / 估价：98.00元
PSN B-2014-431-1/1

新兴经济体蓝皮书
金砖国家发展报告（2017）
著(编)者：林跃勤 周文　2017年12月出版 / 估价：89.00元
PSN B-2011-195-1/1

长三角蓝皮书
2017年新常态下深化一体化的长三角
著(编)者：王庆五　2017年12月出版 / 估价：88.00元
PSN B-2005-038-1/1

中部竞争力蓝皮书
中国中部经济社会竞争力报告（2017）
著(编)者：教育部人文社会科学重点研究基地
南昌大学中国中部经济社会发展研究中心
2017年12月出版 / 估价：89.00元
PSN B-2012-276-1/1

中部蓝皮书
中国中部地区发展报告（2017）
著(编)者：宋亚平　2017年12月出版 / 估价：88.00元
PSN B-2007-089-1/1

中国省域竞争力蓝皮书
中国省域经济综合竞争力发展报告（2017）
著(编)者：李建平 李闽榕 高燕京
2017年2月出版 / 定价：198.00元
PSN B-2007-088-1/1

中三角蓝皮书
长江中游城市群发展报告（2017）
著(编)者：秦尊文　2017年9月出版 / 估价：89.00元
PSN B-2014-417-1/1

中小城市绿皮书
中国中小城市发展报告（2017）
著(编)者：中国城市经济学会中小城市经济发展委员会
中国城镇化促进会中小城市发展委员会
《中国中小城市发展报告》编纂委员会
中小城市发展战略研究院
2017年11月出版 / 估价：128.00元
PSN G-2010-161-1/1

中原蓝皮书
中原经济区发展报告（2017）
著(编)者：李英杰　2017年6月出版 / 估价：88.00元
PSN B-2011-192-1/1

自贸区蓝皮书
中国自贸区发展报告（2017）
著(编)者：王力　2017年7月出版 / 估价：89.00元
PSN B-2016-559-1/1

社会政法类

北京蓝皮书
中国社区发展报告(2017)
著(编)者：于燕燕　　2017年4月出版 / 估价：89.00元
PSN B-2007-083-5/8

殡葬绿皮书
中国殡葬事业发展报告(2017)
著(编)者：李伯森　　2017年4月出版 / 估价：158.00元
PSN G-2010-180-1/1

城市管理蓝皮书
中国城市管理报告(2016~2017)
著(编)者：刘林　刘承水　2017年5月出版 / 估价：158.00元
PSN B-2013-336-1/1

城市生活质量蓝皮书
中国城市生活质量报告(2017)
著(编)者：中国经济实验研究院
2018年7月出版 / 估价：89.00元
PSN B-2013-326-1/1

城市政府能力蓝皮书
中国城市政府公共服务能力评估报告(2017)
著(编)者：何艳玲　　2017年4月出版 / 估价：89.00元
PSN B-2013-338-1/1

慈善蓝皮书
中国慈善发展报告(2017)
著(编)者：杨团　　2017年6月出版 / 估价：89.00元
PSN B-2009-142-1/1

党建蓝皮书
党的建设研究报告No.2(2017)
著(编)者：崔建民　陈东平　2017年4月出版 / 估价：89.00元
PSN B-2016-524-1/1

地方法治蓝皮书
中国地方法治发展报告No.3(2017)
著(编)者：李林　田禾　2017年4月出版 / 估价：108.00元
PSN B-2015-442-1/1

法治蓝皮书
中国法治发展报告No.15(2017)
著(编)者：李林　田禾　2017年3月出版 / 定价：118.00元
PSN B-2034-027-1/1

法治政府蓝皮书
中国法治政府发展报告(2017)
著(编)者：中国政法大学法治政府研究院
2017年4月出版 / 估价：98.00元
PSN B-2015-502-1/2

法治政府蓝皮书
中国法治政府评估报告(2017)
著(编)者：中国政法大学法治政府研究院
2017年11月出版 / 估价：98.00元
PSN B-2016-577-2/2

法治蓝皮书
中国法院信息化发展报告No.1(2017)
著(编)者：李林　田禾　2017年2月出版 / 定价：108.00元
PSN B-2017-604-3/3

反腐倡廉蓝皮书
中国反腐倡廉建设报告No.7
著(编)者：张英伟　　2017年12月出版 / 估价：89.00元
PSN B-2012-259-1/1

非传统安全蓝皮书
中国非传统安全研究报告(2016~2017)
著(编)者：余潇枫　魏志江　2017年6月出版 / 估价：89.00元
PSN B-2012-273-1/1

妇女发展蓝皮书
中国妇女发展报告No.7
著(编)者：王金玲　　2017年9月出版 / 估价：148.00元
PSN B-2006-069-1/1

妇女教育蓝皮书
中国妇女教育发展报告No.4
著(编)者：张李玺　　2017年10月出版 / 估价：78.00元
PSN B-2008-121-1/1

妇女绿皮书
中国性别平等与妇女发展报告(2017)
著(编)者：谭琳　　2017年12月出版 / 估价：99.00元
PSN G-2006-073-1/1

公共服务蓝皮书
中国城市基本公共服务力评价(2017)
著(编)者：钟君　刘志昌　吴正杲　2017年12月出版 / 估价：89.00元
PSN B-2011-214-1/1

公民科学素质蓝皮书
中国公民科学素质报告(2016~2017)
著(编)者：李群　陈雄　马宗文
2017年4月出版 / 估价：89.00元
PSN B-2014-379-1/1

公共关系蓝皮书
中国公共关系发展报告(2017)
著(编)者：柳斌杰　　2017年11月出版 / 估价：89.00元
PSN B-2016-580-1/1

公益蓝皮书
中国公益慈善发展报告(2017)
著(编)者：朱健刚　　2018年4月出版 / 估价：118.00元
PSN B-2012-283-1/1

国际人才蓝皮书
中国国际移民报告(2017)
著(编)者：王辉耀　　2017年4月出版 / 估价：89.00元
PSN B-2012-304-3/4

国际人才蓝皮书
中国留学发展报告(2017)No.5
著(编)者：王辉耀　苗绿　2017年10月出版 / 估价：89.00元
PSN B-2012-244-2/4

海洋社会蓝皮书
中国海洋社会发展报告(2017)
著(编)者：崔凤　宋宁而　2017年7月出版 / 估价：89.00元
PSN B-2015-478-1/1

社会政法类 — 皮书系列 2017全品种

行政改革蓝皮书
中国行政体制改革报告（2017）No.6
著(编)者：魏礼群　2017年5月出版 / 估价：98.00元
PSN B-2011-231-1/1

华侨华人蓝皮书
华侨华人研究报告（2017）
著(编)者：贾益民　2017年12月出版 / 估价：128.00元
PSN B-2011-204-1/1

环境竞争力绿皮书
中国省域环境竞争力发展报告（2017）
著(编)者：李建平　李闽榕　王金南
2017年11月出版 / 估价：198.00元
PSN G-2010-165-1/1

环境绿皮书
中国环境发展报告（2017）
著(编)者：刘鉴强　2017年4月出版 / 估价：89.00元
PSN G-2006-048-1/1

基金会蓝皮书
中国基金会发展报告（2016~2017）
著(编)者：中国基金会发展报告课题组
2017年4月出版 / 估价：85.00元
PSN B-2013-368-1/1

基金会绿皮书
中国基金会发展独立研究报告（2017）
著(编)者：基金会中心网　中央民族大学基金会研究中心
2017年6月出版 / 估价：88.00元
PSN G-2011-213-1/1

基金会透明度蓝皮书
中国基金会透明度发展研究报告（2017）
著(编)者：基金会中心网　清华大学廉政与治理研究中心
2017年12月出版 / 估价：89.00元
PSN B-2015-509-1/1

家庭蓝皮书
中国"创建幸福家庭活动"评估报告（2017）
著(编)者：国务院发展研究中心"创建幸福家庭活动评估"课题组著
2017年8月出版 / 估价：89.00元
PSN B-2015-508-1/1

健康城市蓝皮书
中国健康城市建设研究报告（2017）
著(编)者：王鸿春　解树江　盛继洪
2017年9月出版 / 估价：89.00元
PSN B-2016-565-2/2

教师蓝皮书
中国中小学教师发展报告（2017）
著(编)者：曾晓东　鱼霞　2017年6月出版 / 估价：89.00元
PSN B-2012-289-1/1

教育蓝皮书
中国教育发展报告（2017）
著(编)者：杨东平　2017年4月出版 / 估价：89.00元
PSN B-2006-047-1/1

科普蓝皮书
中国基层科普发展报告（2016~2017）
著(编)者：赵立　新陈玲　2017年9月出版 / 估价：89.00元
PSN B-2016-569-3/3

科普蓝皮书
中国科普基础设施发展报告（2017）
著(编)者：任福君　2017年6月出版 / 估价：89.00元
PSN B-2010-174-1/3

科普蓝皮书
中国科普人才发展报告（2017）
著(编)者：郑念　任嵘嵘　2017年4月出版 / 估价：98.00元
PSN B-2015-512-2/3

科学教育蓝皮书
中国科学教育发展报告（2017）
著(编)者：罗晖　王康友　2017年10月出版 / 估价：89.00元
PSN B-2015-487-1/1

劳动保障蓝皮书
中国劳动保障发展报告（2017）
著(编)者：刘燕斌　2017年9月出版 / 估价：188.00元
PSN B-2014-415-1/1

老龄蓝皮书
中国老年宜居环境发展报告（2017）
著(编)者：党俊武　周燕珉　2017年4月出版 / 估价：89.00元
PSN B-2013-320-1/1

连片特困区蓝皮书
中国连片特困区发展报告（2017）
著(编)者：游俊　冷志明　丁建军
2017年4月出版 / 估价：98.00元
PSN B-2013-321-1/1

流动儿童蓝皮书
中国流动儿童教育发展报告（2016）
著(编)者：杨东平　2017年1月出版 / 定价：79.00元
PSN B-2017-600-1/1

民调蓝皮书
中国民生调查报告（2017）
著(编)者：谢耘耕　2017年12月出版 / 估价：98.00元
PSN B-2014-398-1/1

民族发展蓝皮书
中国民族发展报告（2017）
著(编)者：郝时远　王延中　王希恩
2017年4月出版 / 估价：98.00元
PSN B-2006-070-1/1

女性生活蓝皮书
中国女性生活状况报告 No.11（2017）
著(编)者：韩湘景　2017年10月出版 / 估价：98.00元
PSN B-2006-071-1/1

汽车社会蓝皮书
中国汽车社会发展报告（2017）
著(编)者：王俊秀　2017年12月出版 / 估价：89.00元
PSN B-2011-224-1/1

皮书系列 2017全品种 — 社会政法类

青年蓝皮书
中国青年发展报告（2017）No.3
著(编)者：廉思 等　2017年4月出版 / 估价：89.00元
PSN B-2013-333-1/1

青少年蓝皮书
中国未成年人互联网运用报告（2017）
著(编)者：李文革 沈洁 李为民
2017年11月出版 / 估价：89.00元
PSN B-2010-165-1/1

青少年体育蓝皮书
中国青少年体育发展报告（2017）
著(编)者：郭建军 杨桦　2017年9月出版 / 估价：89.00元
PSN B-2015-482-1/1

群众体育蓝皮书
中国群众体育发展报告（2017）
著(编)者：刘国永 杨桦　2017年12月出版 / 估价：89.00元
PSN B-2016-519-2/3

人权蓝皮书
中国人权事业发展报告 No.7（2017）
著(编)者：李君如　2017年9月出版 / 估价：98.00元
PSN B-2011-215-1/1

社会保障绿皮书
中国社会保障发展报告（2017）No.8
著(编)者：王延中　2017年1月出版 / 估价：98.00元
PSN G-2001-014-1/1

社会风险评估蓝皮书
风险评估与危机预警评估报告（2017）
著(编)者：唐钧　2017年8月出版 / 估价：85.00元
PSN B-2016-521-1/1

社会管理蓝皮书
中国社会管理创新报告 No.5
著(编)者：连玉明　2017年11月出版 / 估价：89.00元
PSN B-2012-300-1/1

社会蓝皮书
2017年中国社会形势分析与预测
著(编)者：李培林 陈光金 张翼
2016年12月出版 / 定价：89.00元
PSN B-1998-002-1/1

社会体制蓝皮书
中国社会体制改革报告No.5（2017）
著(编)者：龚维斌　2017年3月出版 / 定价：89.00元
PSN B-2013-330-1/1

社会心态蓝皮书
中国社会心态研究报告（2017）
著(编)者：王俊秀 杨宜音　2017年12月出版 / 估价：89.00元
PSN B-2011-199-1/1

社会组织蓝皮书
中国社会组织发展报告（2016~2017）
著(编)者：黄晓勇　2017年1月出版 / 估价：89.00元
PSN B-2008-118-1/2

社会组织蓝皮书
中国社会组织评估发展报告（2017）
著(编)者：徐家良 廖鸿　2017年12月出版 / 估价：89.00元
PSN B-2013-366-1/1

生态城市绿皮书
中国生态城市建设发展报告（2017）
著(编)者：刘举科 孙伟平 胡文臻
2017年9月出版 / 估价：118.00元
PSN G-2012-269-1/1

生态文明绿皮书
中国省域生态文明建设评价报告（ECI 2017）
著(编)者：严耕　2017年12月出版 / 估价：98.00元
PSN G-2010-170-1/1

土地整治蓝皮书
中国土地整治发展研究报告 No.4
著(编)者：国土资源部土地整治中心
2017年7月出版 / 估价：89.00元
PSN B-2014-401-1/1

土地政策蓝皮书
中国土地政策研究报告（2017）
著(编)者：高延利 李宪文
2017年12月出版 / 定价：89.00元
PSN B-2015-506-1/1

医改蓝皮书
中国医药卫生体制改革报告（2017）
著(编)者：文学国 房志武　2017年11月出版 / 估价：98.00元
PSN B-2014-432-1/1

医疗卫生绿皮书
中国医疗卫生发展报告 No.7（2017）
著(编)者：申宝忠 韩玉珍　2017年4月出版 / 估价：85.00元
PSN G-2004-033-1/1

应急管理蓝皮书
中国应急管理报告（2017）
著(编)者：宋英华　2017年9月出版 / 估价：98.00元
PSN B-2016-563-1/1

政治参与蓝皮书
中国政治参与报告（2017）
著(编)者：房宁　2017年9月出版 / 估价：118.00元
PSN B-2011-200-1/1

宗教蓝皮书
中国宗教报告（2016）
著(编)者：邱永辉　2017年4月出版 / 估价：89.00元
PSN B-2008-117-1/1

行业报告类

SUV蓝皮书
中国SUV市场发展报告（2016~2017）
著(编)者：靳军　2017年9月出版／估价：89.00元
PSN B-2016-572-1/1

保健蓝皮书
中国保健服务产业发展报告No.2
著(编)者：中国保健协会　中共中央党校
2017年7月出版／估价：198.00元
PSN B-2012-272-3/3

保健蓝皮书
中国保健食品产业发展报告No.2
著(编)者：中国保健协会
　　　　　中国社会科学院食品药品产业发展与监管研究中心
2017年7月出版／估价：198.00元
PSN B-2012-271-2/3

保健蓝皮书
中国保健用品产业发展报告No.2
著(编)者：中国保健协会
　　　　　国务院国有资产监督管理委员会研究中心
2017年4月出版／估价：198.00元
PSN B-2012-270-1/3

保险蓝皮书
中国保险业竞争力报告（2017）
著(编)者：项俊波　2017年12月出版／估价：99.00元
PSN B-2013-311-1/1

冰雪蓝皮书
中国滑雪产业发展报告（2017）
著(编)者：孙承华　伍斌　魏庆华　张鸿俊
2017年8月出版／估价：89.00元
PSN B-2016-560-1/1

彩票蓝皮书
中国彩票发展报告（2017）
著(编)者：益彩基金　2017年4月出版／估价：98.00元
PSN B-2015-462-1/1

餐饮产业蓝皮书
中国餐饮产业发展报告（2017）
著(编)者：邢颖　2017年6月出版／估价：98.00元
PSN B-2009-151-1/1

测绘地理信息蓝皮书
新常态下的测绘地理信息研究报告（2017）
著(编)者：库热西·买合苏提
2017年12月出版／估价：118.00元
PSN B-2009-145-1/1

茶业蓝皮书
中国茶产业发展报告（2017）
著(编)者：杨江帆　李闽榕　2017年10月出版／估价：88.00元
PSN B-2010-164-1/1

产权市场蓝皮书
中国产权市场发展报告（2016~2017）
著(编)者：曹和平　2017年5月出版／估价：89.00元
PSN B-2009-147-1/1

产业安全蓝皮书
中国出版传媒产业安全报告（2016~2017）
著(编)者：北京印刷学院文化产业安全研究院
2017年4月出版／估价：89.00元
PSN B-2014-384-13/14

产业安全蓝皮书
中国文化产业安全报告（2017）
著(编)者：北京印刷学院文化产业安全研究院
2017年12月出版／估价：89.00元
PSN B-2014-378-12/14

产业安全蓝皮书
中国新媒体产业安全报告（2017）
著(编)者：北京印刷学院文化产业安全研究院
2017年12月出版／估价：89.00元
PSN B-2015-500-14/14

城投蓝皮书
中国城投行业发展报告（2017）
著(编)者：王晨艳　丁伯康　2017年11月出版／估价：300.00元
PSN B-2016-514-1/1

电子政务蓝皮书
中国电子政务发展报告（2016~2017）
著(编)者：李季　杜平　2017年7月出版／估价：89.00元
PSN B-2003-022-1/1

杜仲产业绿皮书
中国杜仲橡胶资源与产业发展报告（2016~2017）
著(编)者：杜红岩　胡文臻　俞锐
2017年4月出版／估价：85.00元
PSN G-2013-350-1/1

房地产蓝皮书
中国房地产发展报告No.14（2017）
著(编)者：李春华　王业强　2017年5月出版／估价：89.00元
PSN B-2004-028-1/1

服务外包蓝皮书
中国服务外包产业发展报告（2017）
著(编)者：王晓红　刘德军
2017年6月出版／估价：89.00元
PSN B-2013-331-2/2

服务外包蓝皮书
中国服务外包竞争力报告（2017）
著(编)者：王力　刘春生　黄育华
2017年11月出版／估价：85.00元
PSN B-2011-216-1/2

工业和信息化蓝皮书
世界网络安全发展报告（2016~2017）
著(编)者：洪京一　2017年4月出版／估价：89.00元
PSN B-2015-452-5/5

工业和信息化蓝皮书
世界信息化发展报告（2016~2017）
著(编)者：洪京一　2017年4月出版／估价：89.00元
PSN B-2015-451-4/5

皮书系列 2017全品种 — 行业报告类

工业和信息化蓝皮书
世界信息技术产业发展报告（2016~2017）
著（编）者：洪京一　2017年4月出版／估价：89.00元
PSN B-2015-449-2/5

工业和信息化蓝皮书
移动互联网产业发展报告（2016~2017）
著（编）者：洪京一　2017年4月出版／估价：89.00元
PSN B-2015-448-1/5

工业和信息化蓝皮书
战略性新兴产业发展报告（2016~2017）
著（编）者：洪京一　2017年4月出版／估价：89.00元
PSN B-2015-450-3/5

工业设计蓝皮书
中国工业设计发展报告（2017）
著（编）者：王晓红　于炜　张立群
2017年9月出版／估价：138.00元
PSN B-2014-420-1/1

黄金市场蓝皮书
中国商业银行黄金业务发展报告（2016~2017）
著（编）者：平安银行　2017年4月出版／估价：98.00元
PSN B-2016-525-1/1

互联网金融蓝皮书
中国互联网金融发展报告（2017）
著（编）者：李东荣　2017年9月出版／估价：128.00元
PSN B-2014-374-1/1

互联网医疗蓝皮书
中国互联网医疗发展报告（2017）
著（编）者：宫晓东　2017年9月出版／估价：89.00元
PSN B-2016-568-1/1

会展蓝皮书
中外会展业动态评估年度报告（2017）
著（编）者：张敏　2017年4月出版／估价：88.00元
PSN B-2013-327-1/1

金融监管蓝皮书
中国金融监管报告（2017）
著（编）者：胡滨　2017年6月出版／估价：89.00元
PSN B-2012-281-1/1

金融蓝皮书
中国金融中心发展报告（2017）
著（编）者：王力　黄育华　2017年11月出版／估价：85.00元
PSN B-2011-186-6/6

建筑装饰蓝皮书
中国建筑装饰行业发展报告（2017）
著（编）者：刘晓一　葛道顺　2017年7月出版／估价：198.00元
PSN B-2016-554-1/1

客车蓝皮书
中国客车产业发展报告（2016~2017）
著（编）者：姚蔚　2017年10月出版／估价：85.00元
PSN B-2013-361-1/1

旅游安全蓝皮书
中国旅游安全报告（2017）
著（编）者：郑向敏　谢朝武　2017年5月出版／估价：128.00元
PSN B-2012-280-1/1

旅游绿皮书
2016~2017年中国旅游发展分析与预测
著（编）者：宋瑞　2017年2月出版／定价：89.00元
PSN G-2002-018-1/1

煤炭蓝皮书
中国煤炭工业发展报告（2017）
著（编）者：岳福斌　2017年12月出版／估价：85.00元
PSN B-2008-123-1/1

民营企业社会责任蓝皮书
中国民营企业社会责任报告（2017）
著（编）者：中华全国工商业联合会
2017年12月出版／估价：89.00元
PSN B-2015-510-1/1

民营医院蓝皮书
中国民营医院发展报告（2017）
著（编）者：庄一强　2017年10月出版／估价：85.00元
PSN B-2012-299-1/1

闽商蓝皮书
闽商发展报告（2017）
著（编）者：李闽榕　王日根　林琛
2017年12月出版／估价：89.00元
PSN B-2012-298-1/1

能源蓝皮书
中国能源发展报告（2017）
著（编）者：崔民选　王军生　陈义和
2017年10月出版／估价：98.00元
PSN B-2006-049-1/1

农产品流通蓝皮书
中国农产品流通产业发展报告（2017）
著（编）者：贾敬敦　张东科　张玉玺　张鹏毅　周伟
2017年4月出版／估价：89.00元
PSN B-2012-288-1/1

企业公益蓝皮书
中国企业公益研究报告（2017）
著（编）者：钟宏武　汪杰　顾一　黄晓娟　等
2017年12月出版／估价：89.00元
PSN B-2015-501-1/1

企业国际化蓝皮书
中国企业国际化报告（2017）
著（编）者：王辉耀　2017年11月出版／估价：98.00元
PSN B-2014-427-1/1

企业蓝皮书
中国企业绿色发展报告No.2（2017）
著（编）者：李红玉　朱光辉　2017年8月出版／估价：89.00元
PSN B-2015-481-2/2

企业社会责任蓝皮书
中国企业社会责任研究报告（2017）
著（编）者：黄群慧　钟宏武　张蒽　翟利峰
2017年11月出版／估价：89.00元
PSN B-2009-149-1/1

企业社会责任蓝皮书
中资企业海外社会责任研究报告（2016~2017）
著（编）者：钟宏武　叶柳红　张蒽
2017年1月出版／定价：79.00元
PSN B-2017-603-2/2

行业报告类

皮书系列 2017全品种

汽车安全蓝皮书
中国汽车安全发展报告（2017）
著(编)者：中国汽车技术研究中心
2017年7月出版／估价：89.00元
PSN B-2014-385-1/1

汽车电子商务蓝皮书
中国汽车电子商务发展报告（2017）
著(编)者：中华全国工商业联合会汽车经销商商会
　　　　　北京易观智库网络科技有限公司
2017年10月出版／估价：128.00元
PSN B-2015-485-1/1

汽车工业蓝皮书
中国汽车工业发展年度报告（2017）
著(编)者：中国汽车工业协会 中国汽车技术研究中心
　　　　　丰田汽车（中国）投资有限公司
2017年4月出版／估价：128.00元
PSN B-2015-463-1/2

汽车工业蓝皮书
中国汽车零部件产业发展报告（2017）
著(编)者：中国汽车工业协会 中国汽车工程研究院
2017年10月出版／估价：98.00元
PSN B-2016-515-2/2

汽车蓝皮书
中国汽车产业发展报告（2017）
著(编)者：国务院发展研究中心产业经济研究部
　　　　　中国汽车工程学会 大众汽车集团（中国）
2017年8月出版／估价：98.00元
PSN B-2008-124-1/1

人力资源蓝皮书
中国人力资源发展报告（2017）
著(编)者：余兴安　2017年11月出版／估价：89.00元
PSN B-2012-287-1/1

融资租赁蓝皮书
中国融资租赁业发展报告（2016~2017）
著(编)者：李光荣 王力　2017年8月出版／估价：89.00元
PSN B-2015-443-1/1

商会蓝皮书
中国商会发展报告No.5（2017）
著(编)者：王钦敏　2017年7月出版／估价：89.00元
PSN B-2008-125-1/1

输血服务蓝皮书
中国输血行业发展报告（2017）
著(编)者：朱永明 耿鸿武　2016年8月出版／估价：89.00元
PSN B-2016-583-1/1

社会责任管理蓝皮书
中国上市公司社会责任能力成熟度报告（2017）No.2
著(编)者：肖红军 王晓光 李伟阳
2017年12月出版／估价：98.00元
PSN B-2015-507-2/2

社会责任管理蓝皮书
中国企业公众透明度报告(2017)No.3
著(编)者：黄速建 熊梦 王晓光 肖红军
2017年4月出版／估价：98.00元
PSN B-2015-440-1/2

食品药品蓝皮书
食品药品安全与监管政策研究报告（2016~2017）
著(编)者：唐民皓　2017年6月出版／估价：89.00元
PSN B-2009-129-1/1

世界能源蓝皮书
世界能源发展报告（2017）
著(编)者：黄晓勇　2017年6月出版／估价：99.00元
PSN B-2013-349-1/1

水利风景区蓝皮书
中国水利风景区发展报告（2017）
著(编)者：谢婵才 兰思仁　2017年5月出版／估价：89.00元
PSN B-2015-480-1/1

碳市场蓝皮书
中国碳市场报告（2017）
著(编)者：定金彪　2017年11月出版／估价：89.00元
PSN B-2014-430-1/1

体育蓝皮书
中国体育产业发展报告（2017）
著(编)者：阮伟 钟秉枢　2017年12月出版／估价：89.00元
PSN B-2010-179-1/4

网络空间安全蓝皮书
中国网络空间安全发展报告（2017）
著(编)者：惠志斌 唐涛　2017年4月出版／估价：89.00元
PSN B-2015-466-1/1

西部金融蓝皮书
中国西部金融发展报告（2017）
著(编)者：李忠民　2017年8月出版／估价：85.00元
PSN B-2010-160-1/1

协会商会蓝皮书
中国行业协会商会发展报告（2017）
著(编)者：景朝阳 李勇　2017年4月出版／估价：99.00元
PSN B-2015-461-1/1

新能源汽车蓝皮书
中国新能源汽车产业发展报告（2017）
著(编)者：中国汽车技术研究中心
　　　　　日产（中国）投资有限公司 东风汽车有限公司
2017年7月出版／估价：98.00元
PSN B-2013-347-1/1

新三板蓝皮书
中国新三板市场发展报告（2017）
著(编)者：王力　2017年6月出版／估价：89.00元
PSN B-2016-534-1/1

信托市场蓝皮书
中国信托业市场报告（2016~2017）
著(编)者：用益信托研究院
2017年1月出版／定价：198.00元
PSN B-2014-371-1/1

信息化蓝皮书
中国信息化形势分析与预测（2016~2017）
著(编)者：周宏仁　2017年8月出版／估价：98.00元
PSN B-2010-168-1/1

信用蓝皮书
中国信用发展报告（2017）
著(编)者：章政 田侃 2017年4月出版 / 估价：99.00元
PSN B-2013-328-1/1

休闲绿皮书
2017年中国休闲发展报告
著(编)者：宋瑞 2017年10月出版 / 估价：89.00元
PSN G-2010-158-1/1

休闲体育蓝皮书
中国休闲体育发展报告（2016~2017）
著(编)者：李相如 钟炳枢 2017年10月出版 / 估价：89.00元
PSN G-2016-516-1/1

养老金融蓝皮书
中国养老金融发展报告（2017）
著(编)者：董克用 姚余栋
2017年8月出版 / 估价：89.00元
PSN B-2016-584-1/1

药品流通蓝皮书
中国药品流通行业发展报告（2017）
著(编)者：佘鲁林 温再兴 2017年8月出版 / 估价：158.00元
PSN B-2014-429-1/1

医院蓝皮书
中国医院竞争力报告（2017）
著(编)者：庄一强 曾益新 2017年3月出版 / 定价：108.00元
PSN B-2016-529-1/1

邮轮绿皮书
中国邮轮产业发展报告（2017）
著(编)者：汪泓 2017年10月出版 / 估价：89.00元
PSN G-2014-419-1/1

智能养老蓝皮书
中国智能养老产业发展报告（2017）
著(编)者：朱勇 2017年10月出版 / 估价：89.00元
PSN B-2015-488-1/1

债券市场蓝皮书
中国债券市场发展报告（2016~2017）
著(编)者：杨农 2017年10月出版 / 估价：89.00元
PSN B-2016-573-1/1

中国节能汽车蓝皮书
中国节能汽车发展报告（2016~2017）
著(编)者：中国汽车工程研究院股份有限公司
2017年9月出版 / 估价：98.00元
PSN B-2016-566-1/1

中国上市公司蓝皮书
中国上市公司发展报告（2017）
著(编)者：张平 王宏淼
2017年10月出版 / 估价：98.00元
PSN B-2014-414-1/1

中国陶瓷产业蓝皮书
中国陶瓷产业发展报告（2017）
著(编)者：左和平 黄速建 2017年10月出版 / 估价：98.00元
PSN B-2016-574-1/1

中国总部经济蓝皮书
中国总部经济发展报告（2016~2017）
著(编)者：赵弘 2017年9月出版 / 估价：89.00元
PSN B-2005-036-1/1

中医文化蓝皮书
中国中医药文化传播发展报告（2017）
著(编)者：毛嘉陵 2017年7月出版 / 估价：89.00元
PSN B-2015-468-1/1

装备制造业蓝皮书
中国装备制造业发展报告（2017）
著(编)者：徐东华 2017年12月出版 / 估价：148.00元
PSN B-2015-505-1/1

资本市场蓝皮书
中国场外交易市场发展报告（2016~2017）
著(编)者：高峦 2017年4月出版 / 估价：89.00元
PSN B-2009-153-1/1

资产管理蓝皮书
中国资产管理行业发展报告（2017）
著(编)者：智信资产管理研究院
2017年6月出版 / 估价：89.00元
PSN B-2014-407-2/2

文化传媒类

传媒竞争力蓝皮书
中国传媒国际竞争力研究报告（2017）
著(编)者：李本乾 刘强
2017年11月出版 / 估价：148.00元
PSN B-2013-356-1/1

传媒蓝皮书
中国传媒产业发展报告（2017）
著(编)者：崔保国 2017年5月出版 / 估价：98.00元
PSN B-2005-035-1/1

传媒投资蓝皮书
中国传媒投资发展报告（2017）
著(编)者：张向东 谭云明
2017年6月出版 / 估价：128.00元
PSN B-2015-474-1/1

动漫蓝皮书
中国动漫产业发展报告（2017）
著(编)者：卢斌 郑玉明 牛兴侦
2017年9月出版 / 估价：89.00元
PSN B-2011-198-1/1

非物质文化遗产蓝皮书
中国非物质文化遗产发展报告（2017）
著(编)者：陈平 2017年5月出版 / 估价：98.00元
PSN B-2015-469-1/1

广电蓝皮书
中国广播电影电视发展报告（2017）
著(编)者：国家新闻出版广电总局发展研究中心
2017年7月出版 / 估价：98.00元
PSN B-2006-072-1/1

广告主蓝皮书
中国广告主营销传播趋势报告 No.9
著(编)者：黄升民 杜国清 邵华冬 等
2017年10月出版 / 估价：148.00元
PSN B-2005-041-1/1

国际传播蓝皮书
中国国际传播发展报告（2017）
著(编)者：胡正荣 李继东 姬德强
2017年11月出版 / 估价：89.00元
PSN B-2014-408-1/1

国家形象蓝皮书
中国国家形象传播报告（2016）
著(编)者：张昆 2017年3月出版 / 定价：98.00元
PSN B-2017-605-1/1

纪录片蓝皮书
中国纪录片发展报告（2017）
著(编)者：何苏六 2017年9月出版 / 估价：89.00元
PSN B-2011-222-1/1

科学传播蓝皮书
中国科学传播报告（2017）
著(编)者：詹正茂 2017年7月出版 / 估价：89.00元
PSN B-2008-120-1/1

两岸创意经济蓝皮书
两岸创意经济研究报告（2017）
著(编)者：罗昌智 林咏能
2017年10月出版 / 估价：98.00元
PSN B-2014-437-1/1

媒介与女性蓝皮书
中国媒介与女性发展报告(2016~2017)
著(编)者：刘利群 2017年9月出版 / 估价：118.00元
PSN B-2013-345-1/1

媒体融合蓝皮书
中国媒体融合发展报告（2017）
著(编)者：梅宁华 宋建武 2017年7月出版 / 估价：89.00元
PSN B-2015-479-1/1

全球传媒蓝皮书
全球传媒发展报告（2017）
著(编)者：胡正荣 李继东 唐晓芬
2017年11月出版 / 估价：89.00元
PSN B-2012-237-1/1

少数民族非遗蓝皮书
中国少数民族非物质文化遗产发展报告（2017）
著(编)者：肖远平（彝） 柴立（满）
2017年8月出版 / 估价：98.00元
PSN B-2015-467-1/1

视听新媒体蓝皮书
中国视听新媒体发展报告（2017）
著(编)者：国家新闻出版广电总局发展研究中心
2017年7月出版 / 估价：98.00元
PSN B-2011-184-1/1

文化创新蓝皮书
中国文化创新报告（2017）No.7
著(编)者：于平 傅才武 2017年7月出版 / 估价：98.00元
PSN B-2009-143-1/1

文化建设蓝皮书
中国文化发展报告（2016~2017）
著(编)者：江畅 孙伟平 戴茂堂
2017年6月出版 / 估价：116.00元
PSN B-2014-392-1/1

文化科技蓝皮书
文化科技创新发展报告（2017）
著(编)者：于平 李凤亮 2017年11月出版 / 估价：89.00元
PSN B-2013-342-1/1

文化蓝皮书
中国公共文化服务发展报告（2017）
著(编)者：刘新成 张永新 张旭
2017年12月出版 / 估价：98.00元
PSN B-2007-093-2/10

文化蓝皮书
中国公共文化投入增长测评报告（2017）
著(编)者：王亚南 2017年2月出版 / 定价：79.00元
PSN B-2014-435-10/10

皮书系列 2017全品种 文化传媒类·地方发展类

文化蓝皮书
中国少数民族文化发展报告（2016~2017）
著(编)者：武翠英 张晓明 任乌晶
2017年9月出版 / 估价：89.00元
PSN B-2013-369-9/10

文化蓝皮书
中国文化产业发展报告（2016~2017）
著(编)者：张晓明 王家新 章建刚
2017年4月出版 / 估价：89.00元
PSN B-2002-019-1/10

文化蓝皮书
中国文化产业供需协调检测报告（2017）
著(编)者：王亚南 2017年2月出版 / 定价：79.00元
PSN B-2013-323-8/10

文化蓝皮书
中国文化消费需求景气评价报告（2017）
著(编)者：王亚南 2017年2月出版 / 定价：79.00元
PSN B-2011-236-4/10

文化品牌蓝皮书
中国文化品牌发展报告（2017）
著(编)者：欧阳友权 2017年5月出版 / 估价：98.00元
PSN B-2012-277-1/1

文化遗产蓝皮书
中国文化遗产事业发展报告（2017）
著(编)者：苏杨 张颖岚 王宇飞
2017年8月出版 / 估价：98.00元
PSN B-2008-119-1/1

文学蓝皮书
中国文情报告（2016～2017）
著(编)者：白烨 2017年5月出版 / 估价：49.00元
PSN B-2011-221-1/1

新媒体蓝皮书
中国新媒体发展报告No.8（2017）
著(编)者：唐绪军 2017年6月出版 / 估价：89.00元
PSN B-2010-169-1/1

新媒体社会责任蓝皮书
中国新媒体社会责任研究报告（2017）
著(编)者：钟瑛 2017年11月出版 / 估价：89.00元
PSN B-2014-423-1/1

移动互联网蓝皮书
中国移动互联网发展报告（2017）
著(编)者：官建文 2017年6月出版 / 估价：89.00元
PSN B-2012-282-1/1

舆情蓝皮书
中国社会舆情与危机管理报告（2017）
著(编)者：谢耘耕 2017年9月出版 / 估价：128.00元
PSN B-2011-235-1/1

影视蓝皮书
中国影视产业发展报告（2017）
著(编)者：司若 2017年4月出版 / 估价：138.00元
PSN B-2016-530-1/1

地方发展类

安徽经济蓝皮书
合芜蚌国家自主创新综合示范区研究报告（2016～2017）
著(编)者：黄家海 王开玉 蔡宪
2017年7月出版 / 估价：89.00元
PSN B-2014-383-1/1

安徽蓝皮书
安徽社会发展报告（2017）
著(编)者：程桦 2017年4月出版 / 估价：89.00元
PSN B-2013-325-1/1

澳门蓝皮书
澳门经济社会发展报告（2016～2017）
著(编)者：吴志良 郝雨凡 2017年6月出版 / 估价：98.00元
PSN B-2009-138-1/1

北京蓝皮书
北京公共服务发展报告（2016～2017）
著(编)者：施昌奎 2017年3月出版 / 定价：79.00元
PSN B-2008-103-7/8

北京蓝皮书
北京经济发展报告（2016～2017）
著(编)者：杨松 2017年6月出版 / 估价：89.00元
PSN B-2006-054-2/8

北京蓝皮书
北京社会发展报告（2016～2017）
著(编)者：李伟东 2017年6月出版 / 估价：89.00元
PSN B-2006-055-3/8

北京蓝皮书
北京社会治理发展报告（2016～2017）
著(编)者：殷星辰 2017年5月出版 / 估价：89.00元
PSN B-2014-391-8/8

北京蓝皮书
北京文化发展报告（2016～2017）
著(编)者：李建盛 2017年4月出版 / 估价：89.00元
PSN B-2007-082-4/8

北京律师绿皮书
北京律师发展报告No.3（2017）
著(编)者：王隽 2017年7月出版 / 估价：88.00元
PSN G-2012-301-1/1

北京旅游蓝皮书
北京旅游发展报告（2017）
著(编)者：北京旅游学会 2017年4月出版 / 估价：88.00元
PSN B-2011-217-1/1

皮书系列 2017全品种
地方发展类

北京人才蓝皮书
北京人才发展报告（2017）
著（编）者：于淼　2017年12月出版 / 估价：128.00元
PSN B-2015-201-1/1

北京社会心态蓝皮书
北京社会心态分析报告（2016~2017）
著（编）者：北京社会心理研究所
2017年8月出版 / 估价：89.00元
PSN B-2014-422-1/1

北京社会组织管理蓝皮书
北京社会组织发展与管理（2016~2017）
著（编）者：黄江松　2017年4月出版 / 估价：88.00元
PSN B-2015-446-1/1

北京体育蓝皮书
北京体育产业发展报告（2016~2017）
著（编）者：钟秉枢　陈杰　杨铁黎
2017年9月出版 / 估价：89.00元
PSN B-2015-475-1/1

北京养老产业蓝皮书
北京养老产业发展报告（2017）
著（编）者：周明明　冯喜良　2017年8月出版 / 估价：89.00元
PSN B-2015-465-1/1

滨海金融蓝皮书
滨海新区金融发展报告（2017）
著（编）者：王爱俭　张锐钢　2017年12月出版 / 估价：89.00元
PSN B-2014-424-1/1

城乡一体化蓝皮书
中国城乡一体化发展报告·北京卷（2016~2017）
著（编）者：张宝秀　黄序　2017年5月出版 / 估价：89.00元
PSN B-2012-258-2/2

创意城市蓝皮书
北京文化创意产业发展报告（2017）
著（编）者：张京成　王国华　2017年10月出版 / 估价：89.00元
PSN B-2012-263-1/7

创意城市蓝皮书
天津文化创意产业发展报告（2016~2017）
著（编）者：谢思全　2017年6月出版 / 估价：89.00元
PSN B-2016-537-7/7

创意城市蓝皮书
武汉文化创意产业发展报告（2017）
著（编）者：黄永林　陈汉桥　2017年9月出版 / 估价：99.00元
PSN B-2013-354-4/7

创意上海蓝皮书
上海文化创意产业发展报告（2016~2017）
著（编）者：王慧敏　王兴全　2017年8月出版 / 估价：89.00元
PSN B-2016-562-1/1

福建妇女发展蓝皮书
福建省妇女发展报告（2017）
著（编）者：刘群英　2017年11月出版 / 估价：88.00元
PSN B-2011-220-1/1

福建自贸区蓝皮书
中国（福建）自由贸易实验区发展报告（2016~2017）
著（编）者：黄茂兴　2017年4月出版 / 估价：108.00元
PSN B-2017-532-1/1

甘肃蓝皮书
甘肃经济发展分析与预测（2017）
著（编）者：安文华　罗哲　2017年1月出版 / 定价：79.00元
PSN B-2013-312-1/6

甘肃蓝皮书
甘肃社会发展分析与预测（2017）
著（编）者：安文华　包晓霞　谢增虎
2017年1月出版 / 定价：79.00元
PSN E-2013-313-2/6

甘肃蓝皮书
甘肃文化发展分析与预测（2017）
著（编）者：王俊莲　周小华　2017年1月出版 / 定价：79.00元
PSN 3-2013-314-3/6

甘肃蓝皮书
甘肃县域和农村发展报告（2017）
著（编）者：朱智文　包东红　王建兵
2017年1月出版 / 定价：79.00元
PSN B-2013-316-5/6

甘肃蓝皮书
甘肃舆情分析与预测（2017）
著（编）者：陈双梅　张谦元　2017年1月出版 / 定价：79.00元
PSN B-2013-315-4/6

甘肃蓝皮书
甘肃商贸流通发展报告（2017）
著（编）者：张应华　王福生　王晓芳
2017年1月出版 / 定价：79.00元
PSN B-2016-523-6/6

广东蓝皮书
广东全面深化改革发展报告（2017）
著（编）者：周林生　涂成林　2017年12月出版 / 估价：89.00元
PSN B-2015-504-3/3

广东蓝皮书
广东社会工作发展报告（2017）
著（编）者：罗观翠　2017年6月出版 / 估价：89.00元
PSN B-2014-402-2/3

广东外经贸蓝皮书
广东对外经济贸易发展研究报告（2016~2017）
著（编）者：陈万灵　2017年8月出版 / 估价：98.00元
PSN B-2012-286-1/1

广西北部湾经济区蓝皮书
广西北部湾经济区开放开发报告（2017）
著（编）者：广西北部湾经济区规划建设管理委员会办公室
　　　　　广西社会科学院　广西北部湾发展研究院
2017年4月出版 / 估价：89.00元
PSN B-2010-181-1/1

巩义蓝皮书
巩义经济社会发展报告（2017）
著（编）者：丁同民　朱军　2017年4月出版 / 估价：58.00元
PSN B-2016-533-1/1

广州蓝皮书
2017年中国广州经济形势分析与预测
著（编）者：庾建设　陈浩钿　谢博能
2017年7月出版 / 估价：85.00元
PSN B-2011-185-9/14

皮书系列 2017全品种 地方发展类

广州蓝皮书
2017年中国广州社会形势分析与预测
著(编)者：张强 陈怡霓 杨秦　2017年6月出版 / 估价：85.00元
PSN B-2008-110-5/14

广州蓝皮书
广州城市国际化发展报告（2017）
著(编)者：朱名宏　2017年8月出版 / 估价：79.00元
PSN B-2012-246-11/14

广州蓝皮书
广州创新型城市发展报告（2017）
著(编)者：尹涛　2017年7月出版 / 估价：79.00元
PSN B-2012-247-12/14

广州蓝皮书
广州经济发展报告（2017）
著(编)者：朱名宏　2017年7月出版 / 估价：79.00元
PSN B-2005-040-1/14

广州蓝皮书
广州农村发展报告（2017）
著(编)者：朱名宏　2017年8月出版 / 估价：79.00元
PSN B-2010-167-8/14

广州蓝皮书
广州汽车产业发展报告（2017）
著(编)者：杨再高 冯兴亚　2017年7月出版 / 估价：79.00元
PSN B-2006-066-3/14

广州蓝皮书
广州青年发展报告（2016~2017）
著(编)者：徐柳 张强　2017年9月出版 / 估价：79.00元
PSN B-2013-352-13/14

广州蓝皮书
广州商贸业发展报告（2017）
著(编)者：李江涛 肖振宇 荀振英
2017年7月出版 / 估价：79.00元
PSN B-2012-245-10/14

广州蓝皮书
广州社会保障发展报告（2017）
著(编)者：蔡国萱　2017年8月出版 / 估价：79.00元
PSN B-2014-425-14/14

广州蓝皮书
广州文化创意产业发展报告（2017）
著(编)者：徐咏虹　2017年7月出版 / 估价：79.00元
PSN B-2008-111-6/14

广州蓝皮书
中国广州城市建设与管理发展报告（2017）
著(编)者：董皞 陈小钢 李江涛
2017年7月出版 / 估价：85.00元
PSN B-2007-087-4/14

广州蓝皮书
中国广州科技创新发展报告（2017）
著(编)者：邹采荣 马正勇 陈爽
2017年7月出版 / 估价：79.00元
PSN B-2006-065-2/14

广州蓝皮书
中国广州文化发展报告（2017）
著(编)者：徐俊忠 陆志强 顾涧清
2017年7月出版 / 估价：79.00元
PSN B-2009-134-7/14

贵阳蓝皮书
贵阳城市创新发展报告No.2（白云篇）
著(编)者：连玉明　2017年10月出版 / 估价：89.00元
PSN B-2015-491-3/10

贵阳蓝皮书
贵阳城市创新发展报告No.2（观山湖篇）
著(编)者：连玉明　2017年10月出版 / 估价：89.00元
PSN B-2011-235-1/1

贵阳蓝皮书
贵阳城市创新发展报告No.2（花溪篇）
著(编)者：连玉明　2017年10月出版 / 估价：89.00元
PSN B-2015-490-2/10

贵阳蓝皮书
贵阳城市创新发展报告No.2（开阳篇）
著(编)者：连玉明　2017年10月出版 / 估价：89.00元
PSN B-2015-492-4/10

贵阳蓝皮书
贵阳城市创新发展报告No.2（南明篇）
著(编)者：连玉明　2017年10月出版 / 估价：89.00元
PSN B-2015-496-8/10

贵阳蓝皮书
贵阳城市创新发展报告No.2（清镇篇）
著(编)者：连玉明　2017年10月出版 / 估价：89.00元
PSN B-2015-489-1/10

贵阳蓝皮书
贵阳城市创新发展报告No.2（乌当篇）
著(编)者：连玉明　2017年10月出版 / 估价：89.00元
PSN B-2015-495-7/10

贵阳蓝皮书
贵阳城市创新发展报告No.2（息烽篇）
著(编)者：连玉明　2017年10月出版 / 估价：89.00元
PSN B-2015-493-5/10

贵阳蓝皮书
贵阳城市创新发展报告No.2（修文篇）
著(编)者：连玉明　2017年10月出版 / 估价：89.00元
PSN B-2015-494-6/10

贵阳蓝皮书
贵阳城市创新发展报告No.2（云岩篇）
著(编)者：连玉明　2017年10月出版 / 估价：89.00元
PSN B-2015-498-10/10

贵州房地产蓝皮书
贵州房地产发展报告No.4（2017）
著(编)者：武廷方　2017年7月出版 / 估价：89.00元
PSN B-2014-426-1/1

贵州蓝皮书
贵州册亨经济社会发展报告(2017)
著(编)者：黄德林　2017年3月出版 / 估价：89.00元
PSN B-2016-526-8/9

地方发展类

皮书系列 2017全品种

贵州蓝皮书
贵安新区发展报告（2016~2017）
著(编)者：马长青 吴大华　2017年6月出版 / 估价：89.00元
PSN B-2015-459-4/9

贵州蓝皮书
贵州法治发展报告（2017）
著(编)者：吴大华　2017年5月出版 / 估价：89.00元
PSN B-2012-254-2/9

贵州蓝皮书
贵州国有企业社会责任发展报告（2016~2017）
著(编)者：郭丽 周航 万强
2017年12月出版 / 估价：89.00元
PSN B-2015-511-6/9

贵州蓝皮书
贵州民航业发展报告（2017）
著(编)者：申振东 吴大华　2017年10月出版 / 估价：89.00元
PSN B-2015-471-5/9

贵州蓝皮书
贵州民营经济发展报告（2017）
著(编)者：杨静 吴大华　2017年4月出版 / 估价：89.00元
PSN B-2016-531-9/9

贵州蓝皮书
贵州人才发展报告（2017）
著(编)者：于杰 吴大华　2017年9月出版 / 估价：89.00元
PSN B-2014-382-3/9

贵州蓝皮书
贵州社会发展报告（2017）
著(编)者：王兴骥　2017年6月出版 / 估价：89.00元
PSN B-2010-166-1/9

贵州蓝皮书
贵州国家级开放创新平台发展报告（2017）
著(编)者：申晓庆 吴大华 李泓
2017年6月出版 / 估价：89.00元
PSN B-2016-518-1/9

海淀蓝皮书
海淀区文化和科技融合发展报告（2017）
著(编)者：陈名杰 孟景伟　2017年5月出版 / 估价：85.00元
PSN B-2013-329-1/1

杭州都市圈蓝皮书
杭州都市圈发展报告（2017）
著(编)者：沈翔 戚建国　2017年5月出版 / 估价：128.00元
PSN B-2012-302-1/1

杭州蓝皮书
杭州妇女发展报告（2017）
著(编)者：魏颖　2017年6月出版 / 估价：89.00元
PSN B-2014-403-1/1

河北经济蓝皮书
河北省经济发展报告（2017）
著(编)者：马树强 金浩 张贵
2017年4月出版 / 估价：89.00元
PSN B-2014-380-1/1

河北蓝皮书
河北经济社会发展报告（2017）
著(编)者：郭金平　2017年1月出版 / 定价：79.00元
PSN B-2014-372-1/2

河北蓝皮书
京津冀协同发展报告（2017）
著(编)者：陈路　2017年1月出版 / 定价：79.00元
PSN B-2017-601-2/2

河北食品药品安全蓝皮书
河北食品药品安全研究报告（2017）
著(编)者：丁锦霞　2017年6月出版 / 估价：89.00元
PSN B-2015-473-1/1

河南经济蓝皮书
2017年河南经济形势分析与预测
著(编)者：王世炎　2017年3月出版 / 定价：79.00元
PSN B-2007-086-1/1

河南蓝皮书
2017年河南社会形势分析与预测
著(编)者：刘道兴 牛苏林　2017年4月出版 / 估价39.00元
PSN B-2005-043-1/8

河南蓝皮书
河南城市发展报告（2017）
著(编)者：张占仓 王建国　2017年5月出版 / 估价：89.00元
PSN B-2009-131-3/8

河南蓝皮书
河南法治发展报告（2017）
著(编)者：丁同民 张林海　2017年5月出版 / 估价：89.00元
PSN B-2014-376-6/8

河南蓝皮书
河南工业发展报告（2017）
著(编)者：张占仓 丁同民　2017年5月出版 / 估价：89.00元
PSN B-2013-317-5/8

河南蓝皮书
河南金融发展报告（2017）
著(编)者：河南省社会科学院
2017年6月出版 / 估价：89.00元
PSN B-2014-390-7/8

河南蓝皮书
河南经济发展报告（2017）
著(编)者：张占仓 完世伟　2017年4月出版 / 估价：89.00元
PSN B-2010-157-4/8

河南蓝皮书
河南农业农村发展报告（2017）
著(编)者：吴海峰　2017年4月出版 / 估价：89.00元
PSN B-2015-445-8/8

河南蓝皮书
河南文化发展报告（2017）
著(编)者：卫绍生　2017年4月出版 / 估价：88.00元
PSN B-2008-106-2/8

河南商务蓝皮书
河南商务发展报告（2017）
著(编)者：焦锦淼 穆荣国　2017年6月出版 / 估价：88.00元
PSN B-2014-399-1/1

黑龙江蓝皮书
黑龙江经济发展报告（2017）
著(编)者：朱宇　2017年1月出版 / 定价：79.00元
PSN B-2011-190-2/2

皮书系列 重点推荐 　地方发展类

黑龙江蓝皮书
黑龙江社会发展报告（2017）
著(编)者：谢宝禄　　2017年1月出版 / 定价：79.00元
PSN B-2011-189-1/2

湖北文化蓝皮书
湖北文化发展报告（2017）
著(编)者：吴成国　　2017年10月出版 / 估价：95.00元
PSN B-2016-567-1/1

湖南城市蓝皮书
区域城市群整合
著(编)者：童中贤　韩未名
2017年12月出版 / 估价：89.00元
PSN B-2006-064-1/1

湖南蓝皮书
2017年湖南产业发展报告
著(编)者：梁志峰　　2017年5月出版 / 估价：128.00元
PSN B-2011-207-2/8

湖南蓝皮书
2017年湖南电子政务发展报告
著(编)者：梁志峰　　2017年5月出版 / 估价：128.00元
PSN B-2014-394-6/8

湖南蓝皮书
2017年湖南经济展望
著(编)者：梁志峰　　2017年5月出版 / 估价：128.00元
PSN B-2011-206-1/8

湖南蓝皮书
2017年湖南两型社会与生态文明发展报告
著(编)者：梁志峰　　2017年5月出版 / 估价：128.00元
PSN B-2011-208-3/8

湖南蓝皮书
2017年湖南社会发展报告
著(编)者：梁志峰　　2017年5月出版 / 估价：128.00元
PSN B-2014-393-5/8

湖南蓝皮书
2017年湖南县域经济社会发展报告
著(编)者：梁志峰　　2017年5月出版 / 估价：128.00元
PSN B-2014-395-7/8

湖南蓝皮书
湖南城乡一体化发展报告（2017）
著(编)者：陈文胜　王文强　陆福兴　邝奕轩
2017年6月出版 / 估价：89.00元
PSN B-2015-477-8/8

湖南县域绿皮书
湖南县域发展报告 No.3
著(编)者：袁准　周小毛　黎仁寅
2017年3月出版 / 定价：79.00元
PSN G-2012-274-1/1

沪港蓝皮书
沪港发展报告（2017）
著(编)者：尤安山　　2017年9月出版 / 估价：89.00元
PSN B-2013-362-1/1

吉林蓝皮书
2017年吉林经济社会形势分析与预测
著(编)者：邵汉明　　2016年12月出版 / 定价：79.00元
PSN B-2013-319-1/1

吉林省城市竞争力蓝皮书
吉林省城市竞争力报告（2016~2017）
著(编)者：崔岳春　张磊　　2016年12月出版 / 定价：79.00元
PSN B-2015-513-1/1

济源蓝皮书
济源经济社会发展报告（2017）
著(编)者：喻新安　　2017年4月出版 / 估价：89.00元
PSN B-2014-387-1/1

健康城市蓝皮书
北京健康城市建设研究报告（2017）
著(编)者：王鸿春　　2017年8月出版 / 估价：89.00元
PSN B-2015-460-1/2

江苏法治蓝皮书
江苏法治发展报告 No.6（2017）
著(编)者：蔡道通　龚廷泰　　2017年8月出版 / 估价：98.00元
PSN B-2012-290-1/1

江西蓝皮书
江西经济社会发展报告（2017）
著(编)者：张勇　姜玮　梁勇　　2017年10月出版 / 估价：89.00元
PSN B-2015-484-1/2

江西蓝皮书
江西设区市发展报告（2017）
著(编)者：姜玮　梁勇　　2017年10月出版 / 估价：79.00元
PSN B-2016-517-2/2

江西文化蓝皮书
江西文化产业发展报告（2017）
著(编)者：张圣才　汪春翔
2017年10月出版 / 估价：128.00元
PSN B-2015-499-1/1

街道蓝皮书
北京街道发展报告No.2（白纸坊篇）
著(编)者：连玉明　　2017年8月出版 / 估价：98.00元
PSN B-2016-544-7/15

街道蓝皮书
北京街道发展报告No.2（椿树篇）
著(编)者：连玉明　　2017年8月出版 / 估价：98.00元
PSN B-2016-548-11/15

街道蓝皮书
北京街道发展报告No.2（大栅栏篇）
著(编)者：连玉明　　2017年8月出版 / 估价：98.00元
PSN B-2016-552-15/15

街道蓝皮书
北京街道发展报告No.2（德胜篇）
著(编)者：连玉明　　2017年8月出版 / 估价：98.00元
PSN B-2016-551-14/15

街道蓝皮书
北京街道发展报告No.2（广安门内篇）
著(编)者：连玉明　　2017年8月出版 / 估价：98.00元
PSN B-2016-540-3/15

地方发展类 | 皮书系列 重点推荐

街道蓝皮书
北京街道发展报告No.2（广安门外篇）
著(编)者：连玉明　2017年8月出版 / 估价：98.00元
PSN B-2016-547-10/15

街道蓝皮书
北京街道发展报告No.2（金融街篇）
著(编)者：连玉明　2017年8月出版 / 估价：98.00元
PSN B-2016-538-1/15

街道蓝皮书
北京街道发展报告No.2（牛街篇）
著(编)者：连玉明　2017年8月出版 / 估价：98.00元
PSN B-2016-545-8/15

街道蓝皮书
北京街道发展报告No.2（什刹海篇）
著(编)者：连玉明　2017年8月出版 / 估价：98.00元
PSN B-2016-546-9/15

街道蓝皮书
北京街道发展报告No.2（陶然亭篇）
著(编)者：连玉明　2017年8月出版 / 估价：98.00元
PSN B-2016-542-5/15

街道蓝皮书
北京街道发展报告No.2（天桥篇）
著(编)者：连玉明　2017年8月出版 / 估价：98.00元
PSN B-2016-549-12/15

街道蓝皮书
北京街道发展报告No.2（西长安街篇）
著(编)者：连玉明　2017年8月出版 / 估价：98.00元
PSN B-2016-543-6/15

街道蓝皮书
北京街道发展报告No.2（新街口篇）
著(编)者：连玉明　2017年8月出版 / 估价：98.00元
PSN B-2016-541-4/15

街道蓝皮书
北京街道发展报告No.2（月坛篇）
著(编)者：连玉明　2017年8月出版 / 估价：98.00元
PSN B-2016-539-2/15

街道蓝皮书
北京街道发展报告No.2（展览路篇）
著(编)者：连玉明　2017年8月出版 / 估价：98.00元
PSN B-2016-550-13/15

经济特区蓝皮书
中国经济特区发展报告（2017）
著(编)者：陶一桃　2017年12月出版 / 估价：98.00元
PSN B-2009-139-1/1

辽宁蓝皮书
2017年辽宁经济社会形势分析与预测
著(编)者：曹晓峰　梁启东
2017年4月出版 / 估价：79.00元
PSN B-2006-053-1/1

洛阳蓝皮书
洛阳文化发展报告（2017）
著(编)者：刘福兴　陈启明　2017年7月出版 / 估价：89.00元
PSN B-2015-476-1/1

南京蓝皮书
南京文化发展报告（2017）
著(编)者：徐宁　2017年10月出版 / 估价：89.00元
PSN B-2014-439-1/1

南宁蓝皮书
南宁法治发展报告（2017）
著(编)者：杨维超　2017年12月出版 / 估价：79.00元
PSN B-2015-509-1/3

南宁蓝皮书
南宁经济发展报告（2017）
著(编)者：胡建华　2017年9月出版 / 估价：79.00元
PSN B-2016-570-2/3

南宁蓝皮书
南宁社会发展报告（2017）
著(编)者：胡建华　2017年9月出版 / 估价：79.00元
PSN E-2016-571-3/3

内蒙古蓝皮书
内蒙古反腐倡廉建设报告 No.2
著(编)者：张志华　无极　2017年12月出版 / 估价：79.00元
PSN B-2013-365-1/1

浦东新区蓝皮书
上海浦东经济发展报告（2017）
著(编)者：沈开艳　周奇　2017年2月出版 / 定价：79.00元
PSN B-2011-225-1/1

青海蓝皮书
2017年青海经济社会形势分析与预测
著(编)者：陈玮　2016年12月出版 / 定价：79.00元
PSN B-2012-275-1/1

人口与健康蓝皮书
深圳人口与健康发展报告（2017）
著(编)者：陆杰华　罗乐宣　李杨
2017年11月出版 / 估价：89.00元
PSN B-2011-228-1/1

山东蓝皮书
山东经济形势分析与预测（2017）
著(编)者：李广杰　2017年7月出版 / 估价：89.00元
PSN B-2014-404-1/4

山东蓝皮书
山东社会形势分析与预测（2017）
著(编)者：张华　唐洲雁　2017年6月出版 / 估价：89.00元
PSN B-2014-405-2/4

山东蓝皮书
山东文化发展报告（2017）
著(编)者：涂可国　2017年11月出版 / 估价：98.00元
PSN B-2014-406-3/4

山西蓝皮书
山西资源型经济转型发展报告（2017）
著(编)者：李志强　2017年7月出版 / 估价：89.00元
PSN B-2011-197-1/1

皮书系列 重点推荐 — 地方发展类

陕西蓝皮书
陕西经济发展报告（2017）
著(编)者：任宗哲 白宽犁 裴成荣
2017年1月出版 / 定价：69.00元
PSN B-2009-135-1/5

陕西蓝皮书
陕西社会发展报告（2017）
著(编)者：任宗哲 白宽犁 牛昉
2017年1月出版 / 定价：69.00元
PSN B-2009-136-2/5

陕西蓝皮书
陕西文化发展报告（2017）
著(编)者：任宗哲 白宽犁 王长寿
2017年1月出版 / 定价：69.00元
PSN B-2009-137-3/5

上海蓝皮书
上海传媒发展报告（2017）
著(编)者：强荧 焦雨虹 2017年2月出版 / 定价：79.00元
PSN B-2012-295-5/7

上海蓝皮书
上海法治发展报告（2017）
著(编)者：叶青 2017年6月出版 / 估价：89.00元
PSN B-2012-296-6/7

上海蓝皮书
上海经济发展报告（2017）
著(编)者：沈开艳 2017年2月出版 / 定价：79.00元
PSN B-2006-057-1/7

上海蓝皮书
上海社会发展报告（2017）
著(编)者：杨雄 周海旺 2017年2月出版 / 定价：79.00元
PSN B-2006-058-2/7

上海蓝皮书
上海文化发展报告（2017）
著(编)者：荣跃明 2017年2月出版 / 定价：79.00元
PSN B-2006-059-3/7

上海蓝皮书
上海文学发展报告（2017）
著(编)者：陈圣来 2017年6月出版 / 估价：89.00元
PSN B-2012-297-7/7

上海蓝皮书
上海资源环境发展报告（2017）
著(编)者：周冯琦 汤庆合
2017年2月出版 / 定价：79.00元
PSN B-2006-060-4/7

社会建设蓝皮书
2017年北京社会建设分析报告
著(编)者：宋贵伦 冯虹 2017年10月出版 / 估价：89.00元
PSN B-2010-173-1/1

深圳蓝皮书
深圳法治发展报告（2017）
著(编)者：张骁儒 2017年6月出版 / 估价：89.00元
PSN B-2015-470-6/7

深圳蓝皮书
深圳经济发展报告（2017）
著(编)者：张骁儒 2017年7月出版 / 估价：89.00元
PSN B-2008-112-3/7

深圳蓝皮书
深圳劳动关系发展报告（2017）
著(编)者：汤庭芬 2017年6月出版 / 估价：89.00元
PSN B-2007-097-2/7

深圳蓝皮书
深圳社会建设与发展报告（2017）
著(编)者：张骁儒 陈东平 2017年7月出版 / 估价：89.00元
PSN B-2008-113-4/7

深圳蓝皮书
深圳文化发展报告(2017)
著(编)者：张骁儒 2017年7月出版 / 估价：89.00元
PSN B-2016-555-7/7

丝绸之路蓝皮书
丝绸之路经济带发展报告（2017）
著(编)者：任宗哲 白宽犁 谷孟宾
2017年1月出版 / 定价：75.00元
PSN B-2014-410-1/1

法治蓝皮书
四川依法治省年度报告 No.3（2017）
著(编)者：李林 杨天宗 田禾
2017年3月出版 / 定价：118.00元
PSN B-2015-447-1/1

四川蓝皮书
2017年四川经济形势分析与预测
著(编)者：杨钢 2017年1月出版 / 定价：98.00元
PSN B-2007-098-2/7

四川蓝皮书
四川城镇化发展报告（2017）
著(编)者：侯水平 陈炜 2017年4月出版 / 估价：85.00元
PSN B-2015-456-7/7

四川蓝皮书
四川法治发展报告（2017）
著(编)者：郑泰安 2017年4月出版 / 估价：89.00元
PSN B-2015-441-5/7

四川蓝皮书
四川企业社会责任研究报告（2016～2017）
著(编)者：侯水平 盛毅 翟刚
2017年4月出版 / 估价：89.00元
PSN B-2014-386-4/7

四川蓝皮书
四川社会发展报告（2017）
著(编)者：李羚 2017年5月出版 / 估价：89.00元
PSN B-2008-127-3/7

四川蓝皮书
四川生态建设报告（2017）
著(编)者：李晟之 2017年4月出版 / 估价：85.00元
PSN B-2015-455-6/7

皮书系列 重点推荐
地方发展类·国际问题类

四川蓝皮书
四川文化产业发展报告（2017）
著(编)者：向宝云 张立伟
2017年4月出版 / 估价：89.00元
PSN B-2006-074-1/7

体育蓝皮书
上海体育产业发展报告（2016~2017）
著(编)者：张林 黄海燕
2017年10月出版 / 估价：89.00元
PSN B-2015-454-4/4

体育蓝皮书
长三角地区体育产业发展报告（2016~2017）
著(编)者：张林 2017年4月出版 / 估价：89.00元
PSN B-2015-453-3/4

天津金融蓝皮书
天津金融发展报告（2017）
著(编)者：王爱俭 孔德昌
2017年12月出版 / 估价：98.00元
PSN B-2014-418-1/1

图们江区域合作蓝皮书
图们江区域合作发展报告（2017）
著(编)者：李铁 2017年6月出版 / 估价：98.00元
PSN B-2015-464-1/1

温州蓝皮书
2017年温州经济社会形势分析与预测
著(编)者：潘忠强 王春光 金浩
2017年4月出版 / 估价：89.00元
PSN B-2008-105-1/1

西咸新区蓝皮书
西咸新区发展报告（2016~2017）
著(编)者：李扬 王军 2017年6月出版 / 估价：89.00元
PSN B-2016-535-1/1

扬州蓝皮书
扬州经济社会发展报告（2017）
著(编)者：丁纯 2017年12月出版 / 估价：98.00元
PSN B-2011-191-1/1

长株潭城市群蓝皮书
长株潭城市群发展报告（2017）
著(编)者：张萍 2017年12月出版 / 估价：89.00元
PSN B-2008-109-1/1

中医文化蓝皮书
北京中医文化传播发展报告（2017）
著(编)者：毛嘉陵 2017年5月出版 / 估价：79.00元
PSN B-2015-468-1/2

珠三角流通蓝皮书
珠三角商圈发展研究报告（2017）
著(编)者：王先庆 林至颖
2017年7月出版 / 估价：98.00元
PSN B-2012-292-1/1

遵义蓝皮书
遵义发展报告（2017）
著(编)者：曾征 龚永育 雍思强
2017年12月出版 / 估价：89.00元
PSN B-2014-433-1/1

国际问题类

"一带一路"跨境通道蓝皮书
"一带一路"跨境通道建设研究报告（2017）
著(编)者：郭业洲 2017年8月出版 / 估价：89.00元
PSN B-2016-558-1/1

"一带一路"蓝皮书
"一带一路"建设发展报告（2017）
著(编)者：孔丹 李永全 2017年7月出版 / 估价：89.00元
PSN B-2016-553-1/1

阿拉伯黄皮书
阿拉伯发展报告（2016~2017）
著(编)者：罗林 2017年11月出版 / 估价：89.00元
PSN Y-2014-381-1/1

北部湾蓝皮书
泛北部湾合作发展报告（2017）
著(编)者：吕余生 2017年12月出版 / 估价：85.00元
PSN B-2008-114-1/1

大湄公河次区域蓝皮书
大湄公河次区域合作发展报告（2017）
著(编)者：刘稚 2017年8月出版 / 估价：89.00元
PSN B-2011-196-1/1

大洋洲蓝皮书
大洋洲发展报告（2017）
著(编)者：喻常森 2017年10月出版 / 估价：89.00元
PSN B-2013-341-1/1

皮书系列重点推荐 国际问题类

德国蓝皮书
德国发展报告（2017）
著(编)者：郑春荣　　2017年6月出版 / 估价：89.00元
PSN B-2012-278-1/1

东盟黄皮书
东盟发展报告（2017）
著(编)者：杨晓强　庄国土
2017年4月出版 / 估价：89.00元
PSN Y-2012-303-1/1

东南亚蓝皮书
东南亚地区发展报告（2016~2017）
著(编)者：厦门大学东南亚研究中心　王勤
2017年12月出版 / 估价：89.00元
PSN B-2012-240-1/1

俄罗斯黄皮书
俄罗斯发展报告（2017）
著(编)者：李永全　　2017年7月出版 / 估价：89.00元
PSN Y-2006-061-1/1

非洲黄皮书
非洲发展报告No.19（2016~2017）
著(编)者：张宏明　　2017年8月出版 / 估价：89.00元
PSN Y-2012-239-1/1

公共外交蓝皮书
中国公共外交发展报告（2017）
著(编)者：赵启正　雷蔚真
2017年4月出版 / 估价：89.00元
PSN B-2015-457-1/1

国际安全蓝皮书
中国国际安全研究报告(2017)
著(编)者：刘慧　　2017年7月出版 / 估价：98.00元
PSN B-2016-522-1/1

国际形势黄皮书
全球政治与安全报告（2017）
著(编)者：张宇燕
2017年1月出版 / 定价：89.00元
PSN Y-2001-016-1/1

韩国蓝皮书
韩国发展报告（2017）
著(编)者：牛林杰　刘宝全
2017年11月出版 / 估价：89.00元
PSN B-2010-155-1/1

加拿大蓝皮书
加拿大发展报告（2017）
著(编)者：仲伟合　　2017年9月出版 / 估价：89.00元
PSN B-2014-389-1/1

拉美黄皮书
拉丁美洲和加勒比发展报告（2016~2017）
著(编)者：吴白乙　　2017年6月出版 / 估价：89.00元
PSN Y-1999-007-1/1

美国蓝皮书
美国研究报告（2017）
著(编)者：郑秉文　黄平　　2017年6月出版 / 估价：89.00元
PSN B-2011-210-1/1

缅甸蓝皮书
缅甸国情报告（2017）
著(编)者：李晨阳　　2017年12月出版 / 估价：86.00元
PSN B-2013-343-1/1

欧洲蓝皮书
欧洲发展报告（2016~2017）
著(编)者：黄平　周弘　江时学
2017年6月出版 / 估价：89.00元
PSN B-1999-009-1/1

葡语国家蓝皮书
葡语国家发展报告（2017）
著(编)者：王成安　张敏　　2017年12月出版 / 估价：89.00元
PSN B-2015-503-1/2

葡语国家蓝皮书
中国与葡语国家关系发展报告·巴西（2017）
著(编)者：张曙光　　2017年8月出版 / 估价：89.00元
PSN B-2016-564-2/2

日本经济蓝皮书
日本经济与中日经贸关系研究报告（2017）
著(编)者：张季风　　2017年5月出版 / 估价：89.00元
PSN B-2008-102-1/1

日本蓝皮书
日本研究报告（2017）
著(编)者：杨伯江　　2017年5月出版 / 估价：89.00元
PSN B-2002-020-1/1

上海合作组织黄皮书
上海合作组织发展报告（2017）
著(编)者：李进峰　吴宏伟　李少捷
2017年4月出版 / 估价：89.00元
PSN Y-2009-130-1/1

世界创新竞争力黄皮书
世界创新竞争力发展报告（2017）
著(编)者：李闽榕　李建平　赵新力
2017年4月出版 / 估价：148.00元
PSN Y-2013-318-1/1

泰国蓝皮书
泰国研究报告（2017）
著(编)者：庄国土　张禹东
2017年8月出版 / 估价：118.00元
PSN B-2016-557-1/1

土耳其蓝皮书
土耳其发展报告（2017）
著(编)者：郭长刚　刘义　　2017年9月出版 / 估价：89.00元
PSN B-2014-412-1/1

亚太蓝皮书
亚太地区发展报告（2017）
著(编)者：李向阳　　2017年4月出版 / 估价：89.00元
PSN B-2001-015-1/1

印度蓝皮书
印度国情报告（2017）
著(编)者：吕昭义　　2017年12月出版 / 估价：89.00元
PSN B-2012-241-1/1

国际问题类 | 皮书系列重点推荐

印度洋地区蓝皮书
印度洋地区发展报告（2017）
著(编)者：汪戎　2017年6月出版／估价：89.00元
PSN B-2013-334-1/1

英国蓝皮书
英国发展报告（2016~2017）
著(编)者：王展鹏　2017年11月出版／估价：89.00元
PSN B-2015-486-1/1

越南蓝皮书
越南国情报告（2017）
著(编)者：谢林城
2017年12月出版／估价：89.00元
PSN B-2006-056-1/1

以色列蓝皮书
以色列发展报告（2017）
著(编)者：张倩红　2017年8月出版／估价：89.00元
PSN B-2015-483-1/1

伊朗蓝皮书
伊朗发展报告（2017）
著(编)者：冀开远　2017年10月出版／估价：89.00元
PSN B-2016-575-1/1

中东黄皮书
中东发展报告No.19（2016~2017）
著(编)者：杨光　2017年10月出版／估价：89.00元
PSN Y-1998-004-1/1

中亚黄皮书
中亚国家发展报告（2017）
著(编)者：孙力　吴宏伟　2017年7月出版／估价：98.00元
PSN Y-2012-238-1/1

　　皮书序列号是社会科学文献出版社专门为识别皮书、管理皮书而设计的编号。皮书序列号是出版皮书的许可证号，是区别皮书与其他图书的重要标志。

　　它由一个前缀和四部分构成。这四部分之间用连字符"-"连接。前缀和这四部分之间空半个汉字（见示例）。

《国际人才蓝皮书：中国留学发展报告》序列号示例

```
                  该品种皮书首次出版年份
  "皮书序列号"英文简称  │   本书在该丛书名中的排序
              ┌──┴──┐ ┌─┴─┐
         ┌─ PSN B-2012-244-2/4 ─┐
             │        │    │
         皮书封面颜色  │  该丛书名包含的皮书品种数
                    │
              本书在所有皮书品种中的序列
```

　　从示例中可以看出，《国际人才蓝皮书：中国留学发展报告》的首次出版年份是2012年，是社科文献出版社出版的第244个皮书品种，是"国际人才蓝皮书"系列的第2个品种（共4个品种）。

社会科学文献出版社　　　　　　　　　　　　**皮书系列**

❖ 皮书起源 ❖

"皮书"起源于十七、十八世纪的英国，主要指官方或社会组织正式发表的重要文件或报告，多以"白皮书"命名。在中国，"皮书"这一概念被社会广泛接受，并被成功运作、发展成为一种全新的出版形态，则源于中国社会科学院社会科学文献出版社。

❖ 皮书定义 ❖

皮书是对中国与世界发展状况和热点问题进行年度监测，以专业的角度、专家的视野和实证研究方法，针对某一领域或区域现状与发展态势展开分析和预测，具备原创性、实证性、专业性、连续性、前沿性、时效性等特点的公开出版物，由一系列权威研究报告组成。

❖ 皮书作者 ❖

皮书系列的作者以中国社会科学院、著名高校、地方社会科学院的研究人员为主，多为国内一流研究机构的权威专家学者，他们的看法和观点代表了学界对中国与世界的现实和未来最高水平的解读与分析。

❖ 皮书荣誉 ❖

皮书系列已成为社会科学文献出版社的著名图书品牌和中国社会科学院的知名学术品牌。2016年，皮书系列正式列入"十三五"国家重点出版规划项目；2012~2016年，重点皮书列入中国社会科学院承担的国家哲学社会科学创新工程项目；2017年，55种院外皮书使用"中国社会科学院创新工程学术出版项目"标识。

中国皮书网
www.pishu.cn

发布皮书研创资讯，传播皮书精彩内容
引领皮书出版潮流，打造皮书服务平台

栏目设置

关于皮书：何谓皮书、皮书分类、皮书大事记、皮书荣誉、
皮书出版第一人、皮书编辑部
最新资讯：通知公告、新闻动态、媒体聚焦、网站专题、视频直播、下载专区
皮书研创：皮书规范、皮书选题、皮书出版、皮书研究、研创团队
皮书评奖评价：指标体系、皮书评价、皮书评奖
互动专区：皮书说、皮书智库、皮书微博、数据库微博

所获荣誉

2008年、2011年，中国皮书网均在全国新闻出版业网站荣誉评选中获得"最具商业价值网站"称号；

2012年，获得"出版业网站百强"称号。

网库合一

2014年，中国皮书网与皮书数据库端口合一，实现资源共享。更多详情请登录www.pishu.cn。

权威报告・热点资讯・特色资源

皮书数据库
ANNUAL REPORT(YEARBOOK) DATABASE

当代中国与世界发展高端智库平台

所获荣誉

- 2016年，入选"国家'十三五'电子出版物出版规划骨干工程"
- 2015年，荣获"搜索中国正能量 点赞2015""创新中国科技创新奖"
- 2013年，荣获"中国出版政府奖・网络出版物奖"提名奖
- 连续多年荣获中国数字出版博览会"数字出版・优秀品牌"奖

成为会员

通过网址www.pishu.com.cn或使用手机扫描二维码进入皮书数据库网站，进行手机号码验证或邮箱验证即可成为皮书数据库会员（建议通过手机号码快速验证注册）。

会员福利

- 使用手机号码首次注册会员可直接获得100元体验金，不需充值即可购买和查看数据库内容（仅限使用手机号码快速注册）。
- 已注册用户购书后可免费获赠100元皮书数据库充值卡。刮开充值卡涂层获取充值密码，登录并进入"会员中心"—"在线充值"—"充值卡充值"，充值成功后即可购买和查看数据库内容。

数据库服务热线：400-008-6695
数据库服务QQ：2475522410
数据库服务邮箱：database@ssap.cn

图书销售热线：010-59367070/7028
图书服务QQ：1265056568
图书服务邮箱：duzhe@ssap.cn

1997~2017 皮书品牌20年 YEAR BOOKS

更多信息请登录

皮书数据库
http://www.pishu.com.cn

中国皮书网
http://www.pishu.cn

皮书微博
http://weibo.com/pishu

皮书博客
http://blog.sina.com.cn/pishu

皮书微信"皮书说"

请到当当、亚马逊、京东或各地书店购买，也可办理邮购

咨询/邮购电话：010-59367028　59367070
邮　　箱：duzhe@ssap.cn
邮购地址：北京市西城区北三环中路甲29号院3号楼
　　　　　华龙大厦13层读者服务中心
邮　　编：100029
银行户名：社会科学文献出版社
开户银行：中国工商银行北京北太平庄支行
账　　号：0200010019200365434